Más allá de la gesticulación.
Ensayos sobre teatro y cultura en México

Domingo Adame

Más allá de la gesticulación.
Ensayos sobre teatro y cultura en México

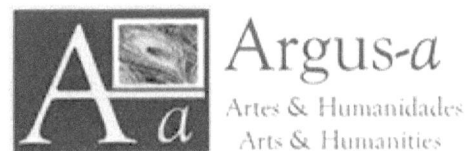

Buenos Aires, Argentina - Los Ángeles, USA
2017

Más allá de la gesticulación.
Ensayos sobre teatro y cultura en México

ISBN 978-1-944508-15-9

Ilustración de tapa: Vania Paola Bilem

© 2017 Domingo Adame

All rights reserved. This book or any portion thereof may not be reproduced or used in any manner whatsoever without the express written permission of the publisher except for the use of brief quotations in a book review or scholarly journal.

Editorial Argus-*a*
16944 Colchester Way,
Hacienda Heights, California 91745
U.S.A.

Calle 77 No. 1976 – Dto. C
1650 San Martín – Buenos Aires
ARGENTINA
argus.a.org@gmail.com

A Claudia, por hacerme sentir tan bien en su casa

Índice

Introducción ... 1

I. Conciencia de la gesticulación. Las aportaciones de Rodolfo Usigli ... 13

Rodolfo Usigli: teatro de la gesticulación
contra la simulación ... 13
Itinerario del *Itinerario del autor dramático*
de Rodolfo Usigli ... 29

II. Teatro y exilio ... 49
Max Aub en el contexto del teatro contemporáneo
en México ... 49

III. Construyendo a México desde la dramaturgia ... 61
La dramaturgia mexicana contemporánea
de 1950 a 1990 y sus temas fundamentales ... 61
Emilio Carballido: Dramaturgo de la modernidad
mexicana ... 73
El Retablo del gran relajo de Hugo Argüelles ... 83
La noche de Hernán Cortés de Vicente Leñero/
Luis de Tavira ... 91
Moctezuma II de Sergio Magaña ... 103
Olímpica de Héctor Azar ... 111
La escritura teatral de Hugo Salcedo vista
desde la perspectiva transdisciplinaria ... 117
Tradición y transdisciplinariedad en el teatro
de Óscar Liera ... 125

IV. Teatralidad y Cultura ... 139
Teatros y teatralidades en México en el siglo XX,
un acercamiento desde la complejidad ... 139

Crítica de la crítica: Posmodernidad y teatro mexicano del nuevo milenio	153
Los teatros regionales en los contextos nacional, global y planetario	175
Teatralidad india y comunitaria en México	181
Teatro Totonaca Contemporáneo	195
De la nación y las teatralidades bi-centenarias a la concepción de *transnación* y *transteatralidad*	205
V. Hacia el Transteatro	**217**
Rodolfo Valencia y el lenguaje del actor	217
De la ritualidad a la transteatralidad en el teatro de entre siglos en México	235
Experiencia *trans*-escénica y *trans*-cultural en El Tajín	247
Nicolás Núñez: *Esclavo por su patria*, violencia y muerte en el México contemporáneo	263
Para no concluir	**273**
Transteatro: El caso de *Puentes Invisibles*	273
Bibliografía	**279**
Bibliografía General	281
Lista de obras citadas	293
Lista de autores, instituciones y grupos citados citados	299

Introducción

"Si yo no hubiera nacido en Egipto, yo habría querido ser egipcio" es la frase de Mustapha Kamel, un militante nacionalista egipcio nacido en 1847, que da nombre a la novela corta de Alaa el Aswany *J'aurais voulu etre égyptien* (2009). Cuando conocí el libro me llamó la atención y me pregunté ¿Si yo no hubiera nacido en México, habría querido ser mexicano? Al leer la introducción coincidí con el autor quien decía que "esa era la frase más estúpida que podía decirse", pues más que aprecio por el lugar de origen expresaba la identificación con un sentimiento condicionado de pertenencia y que cualquiera podría decir en el lugar que hubiera nacido. Entonces me cuestioné sobre lo que significaba para mí haber nacido y crecido en México reconociendo que, además de todo lo inaceptable que tiene, disfruto su ecosistema generoso, sus más genuinas tradiciones y, en general, la bondad de su gente. Puedo, por eso, darme cuenta que me complace estar en cualquier otro lugar donde ni me ufano ni me siento en desventaja por mi origen, sino que estoy como "en mi casa" pues, antes y más allá de ser mexicano, soy un ser humano abierto a valorar y apreciar "lo otro", lo diferente.

Así, desde ese reconocimiento, deseo compartir los textos que integran este volumen y que forman parte de mi andanza a través de México y del Teatro.

Tres recuerdos de mi infancia en Chilpancingo —ciudad donde nací— viven en mi memoria y, entremezclados, configuran el mural de mi primer contacto con la realidad: 1) el niño que fui mira asombrado la danza de Tlacololeros cuyos personajes portan enormes máscaras y hacen sonar violentamente sus chirriones; 2) en la calle principal, en 1960, durante la Huelga por la autonomía universitaria, el ejército dispara contra una manifestación y mata a gente indefensa; y 3) como una aparición mágica aparece una carpa con un letrero que dice "Teatro Portátil Tayita".

Tradición, violencia y teatro fueron los cimientos de esa realidad plena de teatralidad. Los danzantes me asustaban y me producían gran curiosidad ¿qué había detrás de esas máscaras? Las fotos que vi en la prensa de la masacre me aterrorizaban ¿Por qué el gobernador había ordenado disparar contra el pueblo? Y la carpa me inquietaba ¿cómo podía contener en su interior *otra* realidad?

Hoy me doy cuenta que fue por todo ello que el teatro se convirtió para mí en una estrategia de conocimiento y, gracias a él, pude descubrir que hay distintas maneras de percibir la realidad y que México no es solo el país de la gesticulación, donde cada uno se pone la máscara que mejor le conviene, ocultando su verdadero rostro. No, han existido y existen muchos hombres y mujeres que, siguiendo los principios ancestrales de hacerse un "rostro y corazón", buscan tener su propia voz y encontrar "su lugar" para desde ahí compartir lo que poseen como herederos y regeneradores de una cultura conectada a la vez con la tierra y el cielo. El teatro y las diversas teatralidades que se despliegan en México[1] dan testimonio de ello.

¿Puede considerarse al teatro como una vía para conocer a México?

Todas las ramas del saber, especialmente las llamadas "ciencias humanas" y las artes, han hecho significativas aportaciones para permitirnos conocer a México. Gracias a ellas sabemos que a partir de la Conquista española, en el territorio de lo que hoy es este país, sus habitantes hemos vivido etapas de violencia, destrucción, manipulación y abusos inimaginables; que con los movimientos de Independencia y Revolución las cosas no cambiaron como se anunciaba y que la actualidad muestra un grave deterioro de las instituciones y del tejido social haciendo que se dude de la viabilidad del país, esto, además, lo confirmo por mi propia experiencia.

Pero, atendiendo la advertencia de Edgar Morin cuando dice que "nada está seguro, ni siquiera lo peor" (2003, 330), me considero uno de esos mexicanos que confían en un mejor porvenir porque he tenido la dicha de caminar por las calles de muchos de sus pueblos y ciudades, de convivir con su gente y percibir en sus rostros y actitudes una gama de expresiones: sonrisas francas, generosidad, angustia, sufrimiento, impotencia, incertidumbre, desconsuelo pero, sobre todo, esperanza. Aunque he visto también fisonomías que me producen temor y desconfianza.

¿Qué conocimiento de México nos ofrece el teatro?

Considero que el teatro se debe estudiar como movimiento cultural vivo, porque verlo solamente como disciplina artística es seguir manteniendo

---

[1] En 2004 publiqué *Teatros y teatralidades en México. Siglo XX*, donde propuse y desarrollé 5 teatralidades: India y comunitaria, Educativa y de orientación política, urbana-popular, dramática-burguesa y de investigación-experimentación.

el concepto reduccionista occidental, pues está presente —como la teatralidad— en distintas actividades que el ser humano realiza en comunidad y éstas, a su vez, se relacionan con otras manifestaciones en la vida del individuo y de la sociedad. Por eso creo necesario identificar en cualquier investigación de carácter cultural los niveles deterministas del *imprinting* cognitivo (Morin 2001) y su normalización, así como sus posibilidades de debilitamiento.

Los individuos conocemos, pensamos y actuamos de conformidad con paradigmas culturalmente grabados que definen nuestras visiones del mundo, los mitos y las ideas, las actividades y las conductas. Además, un gran paradigma está profundamente inscrito en la organización de una sociedad a la cual determina, tanto como ella lo hace con él. La doctrina, sabemos, es dogmática por naturaleza, se erige como poseedora de la verdad, a diferencia de la teoría que está abierta a la crítica. Bajo el "conformismo cognitivo", nos aclara Edgar Morin, hay mucho más que eso, hay un *"imprinting cultural"* que marca irreversiblemente el espíritu individual en su modo de conocer y actuar (2001, 29). La normalización, al controlar cualquier desviación de forma represiva o intimidatoria, se convierte en custodia del *imprinting*. Éste y la normalización operan recursivamente, así los modos de conocimiento de los individuos son elaborados por una cultura que produce dichos modos (2001, 30). Precisamente por eso se pueden reconocer cambios, de tal manera que es necesario considerar, por una parte, los constreñimientos sociales, culturales e históricos que inmovilizan y aprisionan al conocimiento y, por otra, las condiciones sociales, culturales e históricas que lo movilizan o liberan posibilitando su innovación y evolución.

El teatro, cuando deja de ser un alimento para el espíritu y se convierte en puro entretenimiento, se convierte en producto desechable como tantos de la sociedad de consumo. Divertir y ofrecer conocimiento al mismo tiempo es, en cambio, algo que el arte teatral logra cuando valora lo que nos hace ser humanos.

Rodolfo Usigli, desde una postura que puede considerarse franca y abierta, nos colocó a los mexicanos el rostro de gesticuladores, poniendo de ejemplo a los políticos —y en ello tenía razón, pues hoy observamos de qué manera han logrado perfeccionar esa caracterización—, pero otros creadores teatrales han observado distintos aspectos y nos muestran como un pueblo con humor, religiosidad, ingenio, solidaridad, fortaleza, ingenuidad y nobleza.

En mi caso, el teatro me ofreció la oportunidad de "conocer en vivo". Mi primera escuela, como espectador y luego como actor, fue la carpa Tayita "Gran compañía de drama, comedia y variedades selectas Padilla-Morones", como se anunciaba y que vi por primera vez en 1961 —estuvo activa de 1949 a 1975 recorriendo buena parte del país—. Lo primero que pensé es que se trataba de un circo, pero no, resultó algo muy diferente ¡era como si las radionovelas que por las noches escuchábamos en reunión familiar cobraran vida! ¡Me resultó maravilloso! Su repertorio estaba integrado por melodramas de Catalina D´Erzell[2] y obras de temática religiosa como *Jesús de Nazareth*, *El manto sagrado*, *San Martín de Porres*, *San Francisco de Asís* y por dramas de autores reconocidos como Rodolfo Usigli, Emilio Carballido, Antonio González Caballero,[3] Federico García Lorca y Rafael Solana,[4] entre otros. La mayor satisfacción que tuve fue haber formado parte de la compañía cuando contaba apenas 16 años.

---

[2] Catalina D´Erzell (Seudónimo de Catalina Dulché y Escalante) (Silao, 1897– Ciudad de México, 1950). Periodista, dramaturga, novelista, poeta, autora de libretos operísticos, actriz de cine silente, guionista y adaptadora de cine. Una de las principales dramaturgas de principios siglo XX. Reflejó los conflictos femeninos de su tiempo y se involucró en buscar cambios para la mujer del siglo XX. Novelas: *La inmaculada* (1920) y *Apasionadamente* (1928). Obras de teatro: *Cumbres de Nieve* (1923), *Chanito* (1923), *¡Esos hombres!* (1923), *El pecado de las mujeres* (1925), *Los hijos de la otra* (1930), *La razón de la culpa* (1928), *La ciénega* (1941) y *Maternidad* (1946). Premios: Palmas Académicas de Francia por la obra de teatro *Los hijos de Francia* (1945). Investigaciones sobre su obra: *Digo yo como mujer, Catalina D´Erzell* de Olga Martha Peña Doria y *De la sombra a la luz: el discurso de género en la obra de Catalina D´Erzell en el México post-revolucionario* de Zulema Berenice Castillo Baltazar.

[3] Antonio González Caballero (San Luis Potosí, 1927 – Ciudad de México, 2003). Dramaturgo. Creador del "método de actuación González Caballero". Fue profesor de actuación en el Instituto Andrés Soler, en La Escuela Nacional de Teatro, y en el Centro de Arte y Teatro de Emilia Carranza (1971 – 2003). Obras de teatro más representativas: *Señoritas a Disgusto* (1960), *El medio pelo* (1964). Premios: Juan Ruíz de Alarcón (1964), Premio Nacional de Literatura Juan Ruiz de Alarcón por su trayectoria como dramaturgo (1989).

[4] Rafael Solana (Veracruz, 1915 – Ciudad de México, 1992) Narrador y dramaturgo. Estudió en la Escuela Nacional Preparatoria y en las facultades de Derecho y Filosofía y Letras (1930-1937) de la Universidad Nacional Autónoma de México. Miembro de la llamada "Generación de Taller". Cofundador de las revistas *Taller Poético* y *Taller*. Fundador de la Asociación Mexicana de Críticos de Teatro, la cual dirigió hasta su muerte. Premios: Nacional de Periodismo de México (1979) y Nacional de Ciencias y Artes en el área de Lingüística y Literatura (1986).

Tiempo después, en 1979, a punto de concluir la licenciatura en Literatura dramática y Teatro por la Universidad Nacional Autónoma de México, recibí la invitación del maestro Rodolfo Valencia para integrarme al Programa de Arte Escénico Popular de la Secretaría de Educación Pública, donde él fungía como director artístico. Se me encomendó dirigir a un grupo de maestros bilingües de la huasteca hidalguense y veracruzana cuya lengua materna era el náhuatl. Para ellos sería su primera experiencia teatral, para mí la primera de trabajar con indígenas y de intentar reunir los dos Méxicos que en la infancia se me presentaron como separados.

En el proceso con el grupo había que comenzar desde cero hasta llegar a la creación de una obra original, a partir de su propia cosmovisión, en la cual se tratarían aspectos de la vida de sus comunidades y los problemas culturales, políticos, sociales, económicos y educativos que atravesaban. El reto era complejo, pero la ventaja fue contar con un método elaborado por el propio maestro Valencia que me sirvió de guía. Fue así que comencé un proceso de re-aprendizaje: todas las teorías, las técnicas, los métodos aprendidos en la universidad correspondían a un tipo de teatro considerado "universal": el teatro dramático europeo. A no ser por los seminarios de Investigaciones Escénicas a cargo del maestro Ignacio Cristóbal Merino Lanzilotti[5] y de Teatro Náhuatl a cargo de la muy apreciada Dra. María Sten[6] no hubiese sido posible para mí comprender la dimensión de la responsabilidad qué estaba asumiendo.

---

[5] Ignacio Cristóbal Merino Lanzilotti (Ciudad de México, 1942–). Dramaturgo y director. Egresado de la Facultad de Filosofía y Letras de la Universidad Nacional Autónoma de México, donde fue docente. Fundó la asociación civil "Teatro de Papel, A.C." y el espacio escénico "Carpa Geodésica". Como resultado de su investigación sobre el teatro de revista en México creó el espectáculo: *Las tandas del tlancualejo* (estrenada en 1975), que se mantuvo en cartelera por más de quince años. Algunas de sus obras de teatro son: *Suicidio Romance, Aguas cristalinas, Columna rota, Desilusión, El brillante negro, El lobo estepario* (inspirado en la novela de Herman Hesse), *Instantes contados* y *Presagio*.

[6] María Sten (Lukow, Polonia, 1917– Ciudad de México, 2007). Investigadora. Estudió letras francesas en La Sorbona y en México, un doctorado en la Facultad de Filosofía y Letras UNAM (1974) con el tema "El teatro náhuatl, un Olimpo sin Prometeo". Investigadora de las culturas Mesoamericanas, en especial la cultura Náhuatl. Fue profesora en la Facultad de Filosofía y Letras de la UNAM donde impartió cursos sobre Teatro Romántico y Teatro Moderno y seminarios sobre Teatro Polaco y Teatro Prehispánico. Entre sus obras de investigación destacan: *El teatro franciscano de la Nueva España* y el segundo volumen de *Teatro Náhuatl* de Fernando Horcasitas.

En mi actividad como promotor, director de grupos o actor de teatro comunitario he convivido con quienes, en sus pueblos, son guardianes de una tradición y con jóvenes que quieren utilizar el teatro para hablar, inclusive, de lo que rechazan de sus comunidades. Por eso puedo afirmar que la experiencia comunitaria nos sitúa en una nueva realidad y que estar alineados con los principios comunitarios implica mantener equidad, proporcionalidad y verticalidad,[7] de ese modo cualquier proyecto resulta viable y sustentable.

En la actualidad, cuando las artes se orientan, por un lado, hacia la ruptura de las fronteras y, por otro, hacia la espectacularidad tecno-cibernética, al teatro le toca jugar un papel transformador con respecto a la manera de comprender y representar a la persona, a la sociedad y al mundo.

Las artes no la tienen nada fácil en una época en la cual gran parte del mundo se entretiene frente a los aparatos electrónicos, otra busca desesperadamente cómo sobrevivir a guerras y pobreza, y otra más —la más pequeña— se sigue hinchando los bolsillos de dinero produciendo y contemplando plácidamente el espectáculo de la destrucción planetaria. Ante estos constreñimientos el teatro puede ser el espacio para la emergencia de una conciencia que se consagre a honrar lo humano.

¿Qué relación han establecido los teatristas con México y con el propio teatro?

Sería arduo intentar exponer la diversidad de relaciones establecidas por tantos creadores, pero si nos ubicamos en el siglo XX y atendemos al impacto que dejaron su obra y trayectoria, el modelo sería Rodolfo Usigli quien, podemos decir, vivió para México y el teatro. Su condición de hijo de inmigrantes orientó su afán de comprender al país en el que le tocó nacer y lo hizo siguiendo el paradigma moderno, más identificado con su herencia europea que con la cultura mexicana. Pero hay también otros teatristas menos conocidos —y muchos desconocidos— que han vivido la relación con México y el teatro de una manera diferente —podría decir "humilde" en su sentido etimológico de *humus* (tierra), es decir sin buscar el reconocimiento personal ni deseando obtener poder, y con esto no niego lo legítimo de esa

---

[7] La verticalidad a la que me refiero es a la que plantea la transdisciplinariedad. Es decir aquella que no se consigue por la ley de la gravedad, sino por la conciencia de existir en diferentes niveles de realidad (Nicolescu 2009a, 45).

búsqueda—. Menciono solo dos casos que para mí son ejemplares: Rodolfo Valencia, que pudiendo haber hecho "carrera" en el medio profesional citadino, decidió involucrarse con los indígenas y campesinos sin abandonar su trabajo de laboratorio y de formación en la capital del país. Otro es Nicolás Núñez quien, después de recorrer diversas escuelas de formación teatral en el mundo elaboró una propuesta de entrenamiento actoral basado en las culturas mesoamericanas y en la física cuántica. De ambos se habla en este libro, así como de Emilio Carballido, atento observador de los comportamientos sociales; Sergio Magaña, interesado en comprender la conquista de México y la situación contemporánea del país; Vicente Leñero, apasionado por descubrir el sentido de nuestra historia; Héctor Azar, consagrado al teatro como *Zoon theatrycon*; Óscar Liera, quien estableció un amoroso vínculo con su comunidad; y Hugo Salcedo, enraizado en el universo mítico de las culturas locales, rescatando el texto dramático y la referencialidad histórica. Hay muchos más que faltan, especialmente los creadores más actuales y mujeres admirables, aunque hago referencia a algunas de ellas como Elena Garro y Luisa Josefina Hernández.[8]

Soporte metodológico y contenido del libro

Por todo lo expresado, sostengo que el teatro ofrece la posibilidad de comprender mejor la realidad en la cual vivimos y de contribuir a transformarla, pues pone en juego asuntos sociales y culturales de relevancia, lo cual se confirma al entrar en contacto con su producción dramática y escénica, como intentaré mostrar en este libro en el cual reuno diversos ensayos —revisados y actualizados—, que fueron presentados algunos como ponencias en diversos eventos académicos y otros publicados como artículos en libros o en revistas tanto nacionales como internacionales. El soporte metodológico que los unifica es la transdisciplinariedad, estrategia que me parece pertinente para la comprensión-transformación de la problemática cultural que vive el mundo, y México en particular, pues permite visualizar la intercone-

---

[8] Hay investigadoras como Paloma López Medina y Olga Martha Peña Doria que han hecho una importante labor para estudiar el teatro producido por mujeres en México. Sobre los creadores actuales, por su cercanía, aún no se han producido suficientes estudios.

xión entre todos los elementos que la constituyen. Si bien existen otros enfoques que plantean la necesidad de atender al contexto, el problema es que lo hacen desde una perspectiva disciplinaria, es decir, parcial.

Ir más allá de la visión disciplinaria puede abrir el camino para superar las confrontaciones y las separaciones. Reconozco que la transdisciplinariedad no es la panacea —como señala su más activo promotor, el físico teórico Basarab Nicolescu—, pero sí creo que esta metodología permite enfrentar de manera integral, y sobre todo sustentable, los desafíos del presente.

La transdisciplinariedad plantea el advenimiento de un ser humano capaz de contender con todo aquello que está entre, a través y más allá de lo que se ha considerado como *Realidad* con una actitud que implica capacidad personal y social de mantener una orientación constante ante cualquier situación de la vida, uniendo efectividad y afectividad. Se armonizan así Sujeto y Objeto, espacio exterior (de la efectividad) y espacio interior (de la afectividad). Es precisamente debido a la falta de este acuerdo que se da, según Nicolescu "la disolución de la sociabilidad, la degradación de los lazos sociales, políticos e internacionales, la violencia creciente en las megalópolis, el refugio de los jóvenes en el capullo de las drogas y de las sectas, y las masacres perpetuadas sin cesar" (2009a, 65).

No se trata de estar *a favor* o *en contra* de una determinada posición, trampa en la que nos hacen caer los dogmas y totalitarismos y que se puede evitar por la concordancia entre el pensamiento y la propia experiencia de vida. De este modo puede existir un verdadero *diálogo* transdisciplinario "fundado sobre las pasarelas que unen, en su naturaleza profunda, los seres y las cosas" (Nicolescu 2009a, 68).

La Transdiciplinariedad es una emergencia para enfrentar desde la raíz la relación con el mundo y con todo lo viviente al ofrecer al Sujeto los medios para trascender los valores adversos, tan enraizados en nuestra cultura actual. Se precisan puentes de afecto y comprensión para lograr el reencantamiento de nuestra tan lastimada sociedad.

La metodología transdisciplinaria propuesta por Basarab Nicolescu se basa en la convicción de que, no obstante la crisis que hoy amenaza la supervivencia de la humanidad, hay esperanza de salir adelante en tanto seamos capaces de un nuevo nacimiento que ponga al Sujeto en relación con todas las cosas. Para ello se requiere la evolución del conocimiento en todos los campos, así sean de la ciencia, la educación o el arte pero, sobre todo, una comprensión abierta de la *Realidad*.

La mirada que aquí se propone motiva a estudiar a profundidad los desafíos que amenazan la vida humana, a saber: los conflictos irracionales que constelan la vida social, los conflictos asesinos que amenazan la vida de los pueblos y de las naciones con la consiguiente autodestrucción de nuestra propia especie. Para evitarlo, cada individuo está llamado a "encontrar su lugar" y a construir su "actitud transdisciplinaria" basada en el rigor, la apertura y la tolerancia, la cual implica mantener una postura vertical "cósmica y consciente" donde coexistan Objeto y Sujeto, efectividad y afectividad, masculino y femenino, así como diferentes *niveles de realidad* y de percepción. Nicolescu considera urgente la *feminización social* pues —advierte— el culto a la personalidad como extrema manifestación de la masculinidad es incompatible con la realidad multidimensional y multireferencial (2009a, 70).

Según Nicolescu hay tres axiomas que orientan la metodología transdisciplinaria:

I. El axioma ontológico: hay diferentes niveles de realidad del Objeto y, en consecuencia, diferentes niveles de realidad del Sujeto;

II. El axioma lógico: la transición de un nivel de realidad a otro está garantizado por la lógica del *Tercero incluido* (a diferencia de la lógica clásica del "tercero excluido") y

III. El axioma epistemológico: La estructura de todos los niveles de realidad aparece en nuestro conocimiento de la naturaleza, de la sociedad y de nosotros mismos, como una estructura compleja (2009a, 40-45).

La realidad es definida en esta perspectiva como lo que resiste a nuestras experiencias, representaciones, descripciones, imágenes y hasta nuestras formulaciones matemáticas. Es lo que resiste y es accesible a nuestro conocimiento (Nicolescu 2011a, 16), a diferencia de lo "Real" que es inaccesible.

En el paradigma disciplinario reduccionista y binario todo se reduce a sociedad, economía y medio ambiente. En él los niveles individual, espiritual y cósmico de realidad son completamente ignorados pues se permanece en un solo y mismo nivel de realidad, lo cual engendra únicamente oposiciones antagónicas. Permanecer en un solo nivel es por su propia naturaleza auto-destructor, pues se vive separado completamente de los otros niveles de realidad.

En esta visión transdisciplinaria, para que el Sujeto y el Objeto se puedan comunicar, se tiene que atravesar la zona de *no Resistencia*, que permite la emergencia del *Tercero oculto*, o sea, la dimensión de lo sagrado.

La transdisciplinariedad se refiere a la posibilidad de transitar libremente por diferentes niveles que, en el plano social son: el individual, el de comunidades geográficas o históricas (familia, nación), planetario, de comunidades en el ciber-espacio-tiempo y el cósmico (Nicolescu 2009b, 52).

El teatro, por su parte, nos muestra también que no se puede vivir aferrado a una sola manera de ver la realidad, por lo tanto este libro es una invitación para un reaprendizaje desde el teatro que permita ver con mayor claridad la complejidad de nuestra vida en comunidad.

Me parece necesario iniciar con una reflexión sobre las aportaciones del prolífico pensador y creador que fue Rodolfo Usigli, quien tuvo como propósito hacernos conscientes, para superarlo, del lastre de la gesticulación en nuestro comportamiento. Destaco también la importancia de su ensayo *Itinerario del autor dramático*, pionero en el campo de la teoría teatral en México.

Con el afán de ampliar la visión nacionalista que caracteriza los cursos de Teatro en México incluyo un texto a propósito del crítico y dramaturgo Max Aub, que si bien no nació en el país, hizo aportaciones muy significativas en el campo de la crítica y la dramaturgia. En ese mismo sentido hago referencia en el mismo ensayo a importantes escritores que también incursionaron en la dramaturgia como Alfonso Reyes y Octavio Paz, entre otros.

Estoy seguro que un estudio transdisciplinario de la creación dramática producida desde la independencia hasta la actualidad ofrecería una idea de México que contrastaría con la historia oficial. Esa tarea es necesaria y habría que hacerla con un amplio equipo de trabajo, queda pendiente por ahora pues, por mi parte, solo me concentro en un reducido grupo de autores y obras cuya actividad se ubica en la segunda mitad del siglo XX pero que, desde mi punto de vista, permite observar críticamente rasgos profundos de nuestra manera de ser.

Por privilegiar la visión hegemónica del teatro dramático europeo la diversidad cultural tampoco se ha reflejado en los estudios sobre teatro en México. En el capítulo Teatro y Cultura intento mostrar que hay mucho más que eso y abro mi campo de mirada a otras teatralidades —como la india y comunitaria— despojado de actitudes "evangelizadoras" o folclóricas.

Finalmente, en el último capítulo expongo con ejemplos de experiencias propias y de otros creadores lo que constituye mi aportación tanto a los estudios como a la práctica del teatro en México, a fin de convertir el hecho escénico en un acto vivo que nos muestre en nuestra compleja condición humana. No hay conclusión, pero el Transteatro y el evento denominado *Puentes Invisibles* es mi propuesta para ir más allá de todo lo que nos limita en lo teatral, en lo cultural y en lo humano.

Como se podrá percibir por su contenido, éste no es un libro destinado solo a lectores interesados en el teatro; mi intención es contribuir para que quienes desean conocer a México y/o su propio "Ser mexicano" encuentren en el teatro una perspectiva que amplíe su mirada y su comprensión.

Cada ensayo cuenta con su propia bibliografía pero, para no interrumpir la continuidad de la lectura —y puesto que en algunos textos se emplean las mismas fuentes— opté por integrarlas en una bibliografía general. Además, para los lectores que no están familiarizados con el contexto teatral incluyo como pié de página breves datos biográficos de aquellos creadores que cuentan con una producción suficiente como para ser estudiada. Una aclaración más es con respecto a las fechas entre paréntesis que siguen al nombre de una obra: se trata del año de su estreno y, en algunos casos, de su escritura, no de su publicación, pues cuando ésta se consigna va antecedida del apellido del autor y aparece en la bibliografía.

Últimos comentarios antes de entrar en materia

El momento actual que viven México y el mundo exige responder con una actitud que rebase el circulo vicioso de las confrontaciones motivadas sobre todo por la ambición, el odio y la venganza. Si el ser humano logra conservar, pese a tanto padecimiento, su capacidad de amar y crear, será posible alcanzar la convivencia no solo entre individuos y sociedades, sino con todas las especies que habitan el planeta, por muy diferentes que seamos.

¿Qué podemos hacer desde el teatro? ¿Cómo puede ayudar el teatro para cambiar la realidad de México?

En un homenaje realizado a la inolvidable Elena Garro en el centenario de su nacimiento señalé que ella nos dejó muchas pistas en su vida y en su obra, pero que, para mí, la más poderosa era mantener la verticalidad, como lo muestra con su admirable personaje Felipe Ángeles: luchar pero no valiéndose del terror, de la violencia, de las armas, sino con aquello que sale del alma, con el amor, con lo sagrado, con la palabra verdadera pues "El terror es el arma de los débiles; a la espada más cruel se le vence con la palabra, que es más poderosa" (Garro 1991, 411).

Con la palabra, sí, pero también con el silencio y trabajando permanentemente para la evolución de la conciencia —el mejor laboratorio para la inclusión del *Tercero oculto* y para la coexistencia de diferentes niveles de realidad, como propone la transdisciplinariedad—. Por eso concuerdo con Nicolescu en cuanto a que hoy en día la evolución no puede ser otra que una "revolución de la inteligencia que transforma nuestra vida individual y social en un acto tanto estético como ético, el acto de revelación de la dimensión poética de la existencia" (2009a, 68).

Es esa la dimensión que puede situarnos "más allá de la gesticulación" como indica el título del libro, tal vez ahí nos podremos encontrar como seres verdaderos.

I. Conciencia de la gesticulación. Las aportaciones de Rodolfo Usigli

Rodolfo Usigli: teatro de la gesticulación contra la simulación*

Desde mi punto de vista, la teatralidad en la obra de Rodolfo Usigli[9] puede entenderse a partir de la oposición entre gesticulación y simulación. Su proyecto, enmarcado dentro del paradigma de la modernidad y del sistema político emanado de la Revolución Mexicana, revela claramente los conflictos a los que tuvo que enfrentarse y que resumo en uno: la contradicción entre un discurso que propone el progreso y el mejoramiento de la condición social del individuo y la carencia de una base ética para hacer que, por encima de todo, la persona fuera valorada en su plena condición humana.

Ante esto, observo que el dramaturgo se asumió como un sujeto para quien existir significaba hacerse merecedor del título de "persona" vinculada a una comunidad. Y es aquí donde el sentimiento nacionalista, propio de su época, se ensancha: su comunidad es la teatral, es decir la de todos los individuos —hombres y mujeres— que creen que la acción de mostrarse y transformarse auténticamente ante la libre contemplación del otro, da por resultado seres más verdaderos.

Pero esta comunidad existe dentro de otra "no-teatral" a la que el teatro puede "teatralizar", es decir "humanizar". Es así como entiendo el sentido de su auto-designación como *"Ciudadano del teatro"* y es posible afirmar que su compromiso cívico con esta polis sin fronteras, sin clases, sin prejuicios, sin dogmas, lo cumplió a cabalidad pues más allá de contradicciones o de fobias y filias, su legado teatral es testimonio de una sincera objetivación espiritual.

---

[9] Rodolfo Usigli (Ciudad de México, 1905 – 1979). Estudió en el Conservatorio Nacional. Realizó estudios de Arte Dramático en la Universidad de Yale, Estados Unidos. Fundador del Teatro de Medianoche. Colaborador de la revista *Contemporáneo*s. En el teatro se desempeñó como crítico, dramaturgo, director, docente e investigador. Escribió ensayos sobre historia, teoría y técnicas teatrales. Su trabajo y técnicas teatrales inspiraron a toda una generación de dramaturgos en la que destacaron Emilio Carballido, Sergio Magaña, Luisa Josefina Hernández y Jorge Ibargüengoitia. Algunas de sus obras más representadas son: *El Gesticulador* (1937); *La familia cena en casa* (1942) y la trilogía "antihistórica" *Corona de sombra* (1943), *Corona de Fuego* (1960 y *Corona de Luz* (1963). Se desempeñó como diplomático. El Centro Nacional de Investigación Teatral del Instituto Nacional de Bellas Artes lleva su nombre. Fue Premio Nacional de Ciencias y Artes en Literatura y lingüística (1972).

Su ciudadanía teatral puede reconocerse en los siguientes principios y acciones:

I. Nunca dejó de creer y luchar por el teatro.

II. Se compenetró exhaustivamente del conocimiento teatral de su época.

III. Abrió caminos y generó los espacios para que las nuevas generaciones de teatristas se prepararan en mejores condiciones.

IV. Construyó sólidos edificios y espaciosos jardines para ser habitados y disfrutados por otros ciudadanos teatrales de los más distintos orígenes. Y finalmente, como ya señalé al inicio:

V. Entendió al teatro como un lugar donde la gesticulación —como un mecanismo artístico— sirviera para acabar con la simulación —mecanismo social—, que hacía de la vida cotidiana el reino de la hipocresía, la falsedad y la mentira.

Me concentraré en este último aspecto por considerar que, además de proveer de una estrategia para la comprensión de su obra, otorga vigencia al pensamiento usigliano. Afirmo que Usigli es productor de un "Teatro de la gesticulación" contra la simulación. La simulación es lo que *"aparenta ser"* sin *"ser"*, la gesticulación es aquello que, sin aparentar, *"es"* lo que *"no es"*. Se trata, como podemos darnos cuenta, de un procedimiento oximorónico.

Cuando en 1938 Usigli concluye su "Epílogo sobre la hipocresía del mexicano" a propósito de *El gesticulador*, obra con la que se le reconoce como indiscutible creador teatral, expresa su anhelo de que su drama se consuma "en el fuego de la acción de un mexicano menos hipócrita y capacitado para alcanzar una objetivación sincera de su espíritu" (1979, 477). Deja a los mexicanos del porvenir, donde nos incluye, la tarea de contestarla.

Usigli abrevó sus conocimientos —y en particular los teatrales de la vida cotidiana y del teatro que se representaba en el México de su época— en el teatro universal y en su contacto directo con otras culturas. Bebió en todas esas fuentes a la vez pues, para su desgracia, no existían en el país la casi veintena de instituciones que hoy otorgan el título de "Licenciado en teatro" —no de igual valor cívico pero sí, se entiende, con la misma significatividad social—.

En el pensamiento y acción teatral de Usigli está situada, en primerísimo lugar, su preocupación por la formación profesional, específicamente universitaria, de los teatristas mexicanos. Todos los egresados de las licenciaturas en teatro del país somos deudores de su esfuerzo pero, sobre todo, somos los más obligados para seguir alimentando el espíritu crítico y ético que promovió y para dar respuesta a la pregunta sobre la hipocresía y falta de sincera objetivación del mexicano.

¿Cuáles fueron los determinismos culturales que lo llevaron a hacer tan severa afirmación? En primer lugar los de una sociedad donde todo era y sigue siendo "política" —o tal vez habría que decir, para ser más precisos y coherentes: "politiquería", pues la política no es en sí misma una actividad degradante— y, en segundo, los de un teatro hecho al gusto "de los abarroteros", según sus propias palabras.

Contexto político y teatral (1900-1940)

Durante el siglo XX México conoció las mayores transformaciones desde su configuración como nación independiente. En la primera mitad vivió el fin de la dictadura porfirista, el movimiento revolucionario que incluyó cruentas luchas por el poder, la guerra cristera, un fallido intento de socialismo, la construcción de un partido de estado y el inicio de la modernización.

En lo que corresponde al periodo previo a la elaboración del texto arriba indicado encontramos que a partir de las elecciones fraudulentas de julio de 1910, en las cuales el triunfo le fue adjudicado nuevamente a Porfirio Díaz, dio inicio la lucha armada. Luego de la toma de posesión de Madero el año de 1911 comienza el teatro sangriento de la Revolución: primero los asesinatos de Madero y Pino Suárez mediante el golpe de estado de Victoriano Huerta, luego el de Venustiano Carranza, quien encabezó el movimiento constitucionalista que logró darle al país su primera Constitución social en 1917 —si bien los constitucionalistas extinguieron los ideales revolucionarios representados por la Convención de Aguascalientes apoyada por Francisco Villa y Emiliano Zapata, también asesinados—. Después caería Álvaro Obregón quien vio frustrado así su intento de reelección.

Los gobiernos posrevolucionarios, desde Obregón a Cárdenas, consideraron la educación como elemento básico para la formación de "ciudadanos civilizados", así como la fundación de instituciones democrático-liberales. Durante el gobierno de Plutarco Elías Calles (1924-1928) se buscó incorporar al indio a la civilización, es decir: homogeneizar a la sociedad bajo un idioma común: el castellano. El Estado moderno mexicano basado en la centralización, desde la cual controlaban a los grupos étnicamente diferenciados mediante políticas de unificación y de "identidad nacional", se constituyó durante el "maximato" de 1928 a 1934; posteriormente, en el gobierno de Cárdenas, se intentó transformar en un Estado nacional, articulado y dinámico, de tal forma que también modificó el papel de los intelectuales y artistas quienes se introdujeron individualmente por el camino de la crítica y pusieron en tela de juicio la herencia de los valores revolucionarios (Monsiváis 1981).

Los discursos de cada ámbito se fueron ajustando a las nuevas realidades, no obstante el nacionalista predominó sobre los demás. Desde los inicios de la Revolución, el Estado fomentó el "nacionalismo cultural" que buscó la unificación bajo el paradigma simplificador de la cultura dominante. Surgieron así la "Escuela Mexicana de Pintura", la "Escuela nacionalista" que en el ámbito musical produjo obras dentro del más puro estilo indigenista y en el plástico el "muralismo", la "novela y el cine de la revolución", los "ballets folclóricos" que hasta la actualidad son la muestra más palpable de la cosificación y petrificación de las tradiciones, el "teatro regional mexicano" y el "teatro mexicano de masas".

El Teatro de revista ocupó el lugar de mayor importancia en los espectáculos que se representaron en la ciudad de México durante las tres primeras décadas del siglo XX (Olavarría y Ferrari 1961, 803). El contenido nacionalista estuvo presente en todo el género; sin embargo, la Revista política puede ser considerada la más cercana a un teatro de crítica social.[10]

En cuanto al Teatro dramático cabe recordar que en México, a principios del siglo XX, se vivía la última etapa de una estética porfirista, así como la influencia del neorrealismo francés y español. Se trataba de un teatro de entretenimiento, con actores hechos "en las tablas", con mínimas condiciones de producción, que reflejaba la huella colonial y el fervor nacionalista,

---

[10] No hubo personaje de la vida pública que no estuviera sujeto al escarnio, aun y cuando los autores e intérpretes se expusieran a represalias por parte de los afectados. Pero también se empleó para congraciarse con los gobernantes en turno. De este modo la crítica que se hacía al sistema resultaba intrascendente, pues era avalada por el mismo sistema.

hecho más con intuición que con conocimiento, sostenido por sus relaciones con el poder, con un ambiente plagado de complacencias y animadversiones.

La producción dramática del nuevo siglo XX, tuvo como una de sus líneas la influencia del Romanticismo, o bien del Realismo y del Naturalismo, en tanto copia de esos mismos movimientos en Europa.

El año de 1923 marcó el inicio de una nueva etapa para la dramaturgia mexicana con la conformación de la Unión de Autores Dramáticos. En 1925 se creó el Grupo de los Siete[11] llamado de Los Pirandellos, debido a la fuerte influencia que el autor italiano ejerció en ellos. La Comedia Mexicana[12] fue un movimiento apoyado eventualmente por el Estado, surgió en los años veinte para impulsar el teatro nacional, escénica y dramatúrgicamente con una orientación comercial y conservadora, por lo que prevaleció el estilo decadente español. Para atraer al público de clase media se propuso hacer un tipo de teatro donde lo político, ideológico o estético quedara subordinado a lo "nacional".

Por lo que respecta a las vanguardias y a la experimentación, su espíritu hizo eco en quienes rechazaban el estado del arte y la cultura nacional, dando lugar al estridentismo. De ahí provienen las primeras iniciativas para modificar el rumbo del teatro burgués en México que culmina en 1924 con la creación del Teatro del Murciélago y el Teatro Sintético con influencia de Marinetti.

---

[11] Integrado por: José Joaquín Gamboa (1878 – 1931), obras de teatro más representativas: *Teresa* o *La Carne, La muerte, El hogar, El día del Juicio, El diablo tiene frío, Vía Crucis*; Víctor Manuel Díez Barroso (1890-1936), obras de teatro más representativas: *Véncete a ti mismo, Uno de tantos ensayos, Una farsa, Estampas, Nocturno, Siete obras en un acto*; Carlos Noriega Hope (Ciudad de México, 1896-1934), obra de teatro representativa: *La señorita voluntad*; Francisco Monterde (1894- 1985), obra de teatro representativa: *Oro negro*; Ricardo Parada León (1902- 1972), obras de teatro más representativas: *La agonía, La esclava, Los culpables, Sin alas, El dolor de los demás, El porvenir del Dr. Gallardo;* y los hermanos Carlos Lozano García (1902-1985) y Lázaro Lozano García (1899-1973), obras de teatro más representativas: *Al fin mujer, La incomprendida, Estudiantina, Hombre o demonio , Hembra*.

[12] Realizaron su primera temporada teatral de julio de 1925 a enero de 1926, en el teatro Virginia Fábregas, representando cuarenta obras de autores mexicanos.

En 1928 apareció el Teatro de Ulises,[13] que proponía un teatro conceptual, de "esencia literaria" (Usigli 1932, 92), opuesto al modelo predominante y al nacionalismo. Julio Bracho[14] siguió el camino iniciado por "Ulises" y fundó y dirigió en 1931, con una subvención del Estado, un grupo experimental que denominó Escolares del Teatro. En 1932 el Teatro de Orientación inició su trabajo sostenido económicamente por la Secretaría de Educación Pública, constituyó el intento más duradero de teatro renovador de los años treinta.[15] Finalmente, con el propósito de acercarse a un público masivo, proletario o rural y de hacer un teatro de temática social, surgió en

---

[13] Constituido por destacados intelectuales bajo el mecenazgo de María Antonieta Rivas Mercado (Ciudad de México, 1900 – París, 1931), la mayoría de ellos miembros de Los Contemporáneos. Algunos de sus integrantes fueron: Salvador Novo; Celestino Gorostiza; Xavier Villaurrutia; Julio Castellanos (Ciudad de México, 1905 – 1947); Clementina Otero (1909 – 1996); Julio Jiménez Rueda (Ciudad de México, 1896 – 1960), obras de teatro más representativas: *Como en la vida* (1919), *Lo que ella no pudo prever* (1923), *La caída de las flores* (1923), *La silueta de humo* (1927); Manuel Rodríguez Lozano (Ciudad de México, 1896 – 1971), quien formo parte de la contracorriente de la Escuela Mexicana de Pintura. El Teatro de Ulises tuvo su sede en Mesones número 42 en la ciudad de México e inició sus actividades en enero de 1928.

[14] Julio Bracho (Durango, 1909 – Ciudad de México, 1978). Director de teatro y cine. Fundador del grupo teatral Escolares del Teatro. En la Sala Orientación de la SEP, estrenó *La más fuerte* de Strindberg. Introdujo el teatro en escuelas nocturnas de arte para trabajadores y organizó el grupo Trabajadores del Teatro. Algunos de sus filmes son: *Crepúsculo* (1945), *Rosenda* (1948) y *El monje blanco* (1945).

[15] La dirección de este nuevo grupo corrió a cargo de Celestino Gorostiza principalmente. En sus cinco temporadas el grupo dio una visión panorámica del teatro universal. Puede ser considerado una síntesis del movimiento experimental en lo concerniente al papel del director como autoridad en la escena, a la actuación que exigía el entrenamiento de la memoria del actor, a la formación de público, y a la organización del grupo eliminando el vedetismo y las primeras figuras. El trabajo escenográfico estuvo a cargo de artistas como Agustín Lazo (Ciudad de México, 1896 –1971), pionero del surrealismo en el arte mexicano; Julio Castellanos; Rufino Tamayo (Oaxaca, 1899 – Ciudad de México, 1991), muralista del movimiento que floreció en el período de entreguerras ; Gabriel Fernández Ledezma (Aguascalientes, 1900 – Ciudad de México, 1983), cuyo trabajo fue reconocido con dos becas Guggenheim y la Medalla José Guadalupe Posada. Miembro del Salón de la Plástica Mexicana; y Julio Prieto (Ciudad de México, 1912 – 1977), realizador de la escenografía de más de quinientas obras teatrales, diseñador de las instalaciones del Teatro de los Insurgentes, del Teatro Jiménez Rueda y del Teatro Ferrocarrilero. El Teatro Xola en la Ciudad de México, fue rebautizado con su nombre en su honor.

1932 el Teatro de Ahora[16] impulsado por Juan Bustillo Oro[17] y Mauricio Magdaleno.[18]

En cuanto a la actividad escénica, hasta antes de los movimientos renovadores, solo el Teatro de revista constituyó una alternativa al teatro dramático burgués.

Del "Teatro de la simulación" al "Teatro de la gesticulación"

En el discurso usigliano "la verdad" tiene un predominio absoluto sobre otros conceptos. Acorde a los valores de la civilización occidental —cristianismo, ética burguesa, progreso— solo la verdad podría ser garante de las relaciones entre individuos, de ahí que en su programa pedagógico-teatral ésta fuera condición indispensable. Por eso en sus escritos se encuentran frases como las siguientes: "solo la verdad puede fascinar" (1979, 453), "por la falta de verdad el mexicano es incapaz de ser buen actor, buen dramaturgo" (loc. Cit.), o cuando en *El gesticulador* dice a través de Miguel: "No te das cuenta de que quiero la verdad para vivir, de que tengo hambre y sed de verdad, de que no puedo respirar ya en esta atmósfera de mentira" (Usigli 1997, 790).

---

[16] Este experimento teatral deseaba ser un "teatro político hispanoamericano, a través de los temas mexicanos", tanto texto y puesta en escena deberían estar estrechamente relacionados con la situación social y política del México contemporáneo, con el país que se rehacía después de la Revolución, la cual se proponía interpretar desde la escena, y en donde lo social se entendía como imagen de la situación política, como protesta y lucha frente a ella, lejos de los conflictos individualistas del teatro burgués. Contó con el apoyo de la Secretaría de Educación Pública.

[17] Juan Bustillo Oro (Ciudad de México, 1904 –1989). Dramaturgo, director, y guionista de cine. En 1932 creó, junto con Mauricio Magdaleno, el Teatro de Ahora, para el que escribieron piezas teatrales acerca de la Revolución Mexicana. Obras de teatro más representativas: *Los que vuelven* (1932), *San Miguel de las Espinas* (1933). Premio Ariel Medalla Salvador Toscano y Premio Ariel de Oro.

[18] Mauricio Magdaleno (Villa del Refugio, 1906 – Ciudad de México, 1986). Escritor y periodista. Estudió en la Escuela Nacional Preparatoria (1920-1923), en la Facultad de Altos Estudios (1924-1925) y en la Universidad Central de Madrid (1932-1933). Colaboró en los periódicos El Nacional, El Universal y Excélsior. Obras de teatro más representativas: *Pánuco 137* (1933), *Campo Celis* (1935), *Concha Bretón* (1936), *Sonata* (1941), *Tierra grande* (1945) y *El ardiente verano*. Premio Nacional de Lingüística y Literatura 1981.

Entonces, para cambiar el teatro había que cambiar a México cuya verdad, diagnosticaba el maestro, era "una larga obra de las mentiras mexicanas" (1979, 458) producida en las fábricas de la Colonia y de la Revolución. Es aquí donde Usigli asume su papel de demiurgo. Con la autoridad que le daba el conocimiento de las teorías y las técnicas teatrales, así como de la historia y de la sociedad mexicanas, emprende su tarea guiado por su propósito de lograr "la sincera objetivación de su espíritu" para poner en su justo lugar a la simulación. Esta, me parece, es la gran lección del maestro que trasciende hasta nuestros días: mientras nuestras acciones cotidianas no se rijan por una compromiso ético, por un compromiso genuino con el saber y el hacer, seguiremos viviendo en la hipocresía, prolongando hasta el infinito la lista de mentiras mexicanas que, para el maestro, era necesario llevar al escenario para llegar así a la verdad de México.

Es así como va tomando forma el que llamamos "Teatro de la gesticulación" el cual, partiendo de la "hipocresía natural del mexicano", o sea de la simulación, podría hacer que éste (el mexicano) "[llegara] por fin a tierras teatrales" donde aparecería la verdad que, al ser descubierta, modificaría su conducta mentirosa. Este proceso se vislumbraba arduo pues, decía Usigli: "No puede el mexicano moderno vencer en solo un giro de sol una conducta que se ha convertido en una segunda naturaleza desde hace siglos" (1979, 462) y que ha vuelto infinita "la capacidad mexicana de gesticulación" (1979, 473). Habría pues que llevar las máscaras a su espacio natural: el teatro y, a través de él, formar ciudadanos conscientes de sus roles y compromisos sociales.

En la dialéctica de la máscara que oculta y muestra a la vez, Usigli busca la explicación de la conducta del mexicano cuya gran tragedia, decía, era la falta de conciencia de este doble funcionamiento, pues al ocultar exhibimos lo que ocultamos y al exhibir ocultamos lo que exhibimos (2002, 137). Entonces, a partir de las diferencias culturales, se pregunta ¿cuál es el verdadero rostro del mexicano, el del indio, el del mestizo, o el del criollo?, y responde: no conocemos rostros, solo máscaras: el rostro del indio se "disimula" detrás de una gran máscara de silencio. El rostro del mestizo se disfraza con la máscara de la gesticulación, y el rostro del criollo se esconde tras una máscara de superioridad, de civilización y de cultura (2002, 138).

La conclusión a la que llega es que no hay nada más contradictorio que un mexicano, siendo el político la mayor aproximación al verdadero mexicano, pues el político perfecciona, duplica o triplica las máscaras. Por lo tanto, afirma, el mexicano es hipócrita (actor en el sentido helénico): enfrenta la realidad con una máscara (2002, 141).

Octavio Paz,[19] en la línea del pensamiento usigliano, caracterizó a los mexicanos como "cerrados a sí mismos y al mundo", pues "colocan una máscara entre la realidad y su persona". Se trata, según el poeta, de seres que simulan hasta alcanzar niveles superiores de realidad, encontrando en ello placer: "simulando nos acercamos a nuestro modelo y a veces el gesticulador, como lo ha visto con hondura Usigli, se funde con sus gestos, los hace auténticos" (1997, 44).

Al comparar al actor del aquí llamado "Teatro de la simulación", o sea al mexicano, con el actor/hipócrita del "Teatro de la Gesticulación" —también en nuestra definición— Paz intenta desvelar el problema de la verdad. La diferencia "es que el simulador jamás se entrega y se olvida de sí, pues dejaría de simular si se fundiera con su imagen" (1997, 46), o sea, traducido a nuestro problema: el mexicano, en su proceder cotidiano, jamás se entrega y se olvida de sí pues dejaría de ser mexicano si se fundiera con su imagen. Ontológicamente, entonces, el mexicano no tiene verdad, no "es"; "pero el actor —continua Paz—, si lo es de veras, se entrega a su personaje y lo encarna plenamente, aunque después, terminada la representación lo abandone como su piel la serpiente" (1997, 46). Esto quiere decir que quien es consciente de que juega a representar entra y sale de esa realidad sin dejar de ser. Aquí aparece una notable diferencia entre uno y otro teatro, en el primero la ficción sirve para negar lo que se quiere afirmar; en el segundo la ficción permite afirmar lo que en aquél se niega.

Con miras al perfeccionamiento de esta teatralidad mexicana Paz agregó otro ingrediente: la disimulación que conduce al mimetismo, o sea al cambio de apariencia —estado ideal de los demagogos mexicanos, afirma el

---

[19] Octavio Paz (Ciudd de México, 1914-1998).

Poeta, escritor, ensayista y diplomático mexicano. Recibió la Beca Guggenheim (1943) e inició sus estudios en la Universidad de California, Berkeley. Participante del grupo Poesía en voz alta. Colaboró con las revistas *Esprit*, *Revista Mexicana de Literatura* y *El Corno Emplumado*. Ensayos: *El laberinto de la soledad* (1950), *Sor Juana Inés de la Cruz o las trampas de la fe* (1982); Poemarios: *Libertad bajo palabra* (1949), *¿Águila o sol?* (1951), *Piedra de sol* (1957); y la obra de teatro : *La hija de Rappaccini* (1956). Entre otros premios fue galardonado con el Miguel de Cervantes (1981), el Nobel de Literatura (1990) y Premio Nacional de Ciencias y Artes en Lingüística y Literatura (1977).

poeta con resonancias usiglianas—. La mejor expresión del disimulo la veía en "El indio que se funde con el silencio que lo rodea [...] se disimula tanto su humana singularidad que acaba por abolirla" (1997, 44). Pero cuando Paz presenta el último gran componente de este teatro del cual todos formamos parte: *el ninguneo*, o sea negarse y negar al otro, aparece el verdadero escenario en el que nos encontramos: el silencio.

Así como en el "Teatro de la hipocresía" se encuentran resonancias del "Teatro de la Actuación/Representación", en éste se encuentran innumerables testimonios de aquél. Mencionaré solo dos ejemplos, ambos provenientes de la Teatralidad popular urbana.

El primero es la mofa que en *El país de los cartones* (1915) se hace de una lacra social, el viejo "dos caras", que describe satíricamente la gesticulación política:

> Muy buenas, señores; /aquí estoy yo al pelo,/ lo mismo que siempre, cambiando y corriendo./Yo subo, yo bajo,/yo corro, yo vuelo;/
> me escondo, me cambio,/me obsequio, me vendo,/me doy a millones
> y siempre contento./Serví a Don Porfirio,/y fui su barbero,
> ¡y fui gran amigo /después, de Madero!/Ensalcé a la porra,
> pero no me dieron/lo que yo pedía,/y dejé a Madero;/me fui con Orozco
> huyendo en Conejos,/hasta que con Félix/me puse yo al pelo;
> me pasé con Huerta,/y a Carvajal luego,/y al entrar Carranza
> le arrojé el sombrero./Anduve con Villa/tranquilo y contento,
> y fui con Zapata,/y ahora solo espero/ver si me dan algo
> en este gobierno,/porque con Carranza/estoy ya resuelto
> a ser fiel ahora…¡si me da algún puesto! (Ortega *et al.* 1915, 6-7).

El segundo corresponde al periodo post-sesenta y ocho y se trata de *Las tandas del tlancualejo* de Ignacio Merino Lanzilotti, obra que es un homenaje al Teatro de Revista y se planteó como una búsqueda del ser nacional. En el cuadro 19 el "Truhán", arquetipo del mexicano, es confrontado por un "coro de bubosos" y un "coro de rataplanas" que le quitan (cada coro) nueve máscaras:

Truhán:
¿Qué, no me dejan ser nadie?
¿Qué, tengo que disfrazarme?
¿A poco no paso hambres?
¿Creen que no se de desmadres?

Coro de bubosos: (Salen bailando danzón)
¿Qué es lo que hay que pagar?
¿No nos cuesta hasta la risa?
¿Nada se puede salvar?
¿Por qué corren tanta prisa?

Viejo jamelgo (*Cantando con bastante ritmo*):
"Si tienes buen corazón, deja que mire tu rostro"

Truhán: (*Respondiendo a la canción*)
El mundo es de perdición
Y ni que yo fuera un monstruo

Coro de bubosos:
¡Cuántos falsos juramentos!
Puedes mirarme a la cara

Truhán (*Cambiando presto su máscara por la de un veloz venado*):
¿Qué tienen mis pensamientos?
Yo fui nacido a la mala.

Coro de bubosos:
¿Qué es lo que tan codo escondes
que no acabas de nacer?

Truhán (*Cambiando a máscara de pájaro*):
Ansina en aquellos montes,
me enseñaron a perder.

Coro de bubosos (*Mirando también al público*):

Si tienes buen corazón
Deja que mire tu rostro (Lanzilotti 1979, 29-91).

Finalmente, del silencio en el que hemos permanecido surge el grito, y el "Teatro de la hipocresía" se comienza a desintegrar para dar lugar al "Teatro del desenmascaramiento".[20] Por eso resulta pertinente mencionar aquí la respuesta que emergió precisamente de la región que Usigli, y Paz después, llamaron "del silencio": la de los pueblos indios. Apareció un rostro-máscara, o dicho de otro modo, una máscara que oculta un rostro que se muestra: la Máscara zapatista, para decirle al mundo —Usigli y Paz incluidos—: Atención, no todo lo mexicano es mentira y gesticulación, no estamos condenados como pueblo a la hipocresía, hay que comparar y diferenciar el tamaño y sentido de las máscaras, hay que jugar alegre y no seriamente con ellas. Usamos máscaras para ser vistos pues nadie nos miraba cuando teníamos el rostro descubierto. De esta manera los zapatistas confrontaron a aquellos que siempre han acaparado las miradas sin tener rostro, pues lo han perdido bajo la doble o triple máscara que alguna vez lo ocultó.

La nueva máscara

Además de su obsesión por la verdad, es imposible dejar de ver en el pensamiento de Usigli una idea fija: el teatro. ¿Cómo si no entender que la

---

[20] Sobre el discurso de las máscaras y los silencios zapatistas Dalia Ruiz Ávila en "El silencio y su significación: Análisis del discurso zapatista", señala que los rebeldes: "han expuesto un discurso límite del silencio, basado en la ruptura de los significados característicos de otro discurso. La explicación otorgada por el grupo rebelde, en relación con esta práctica discursiva en el documento *México 1998. Arriba y abajo: máscaras y silencios*, se vincula ampliamente con símbolos como ocultar y callar, mostrar y hablar, máscaras que ocultan pero también muestran y silencios que callan al mismo tiempo que hablan. Una reflexión acerca de ellos y sus interrelaciones proporciona elementos para entender este fin y principio de siglo en México". Y agrega "¿Qué son y qué significan las máscaras? ¿Son ellas acompañantes de la simulación? Si todas las transformaciones/metamorfosis tienen algo de misterio y de vergüenza, puesto que lo ambiguo se produce en el momento en que algo se modifica para ser ya otra cosa, pero aún sigue siendo lo que era, entonces en la presencia de la máscara está latente un cuestionamiento a las relaciones verdadero y falso, real e imaginario, que atraviesan el principio de igualdad y la negación de la referencia: "Por si hubiera duda de quién lo tripula y dirige, el mascarón de proa luce ¿un pasamontañas? Sí, un pasamontañas, la máscara que devela el silencio que habla" (2002).

hipocresía/simulación, en la perspectiva de la creación teatral, fuera vista como virtud? Pero también tenía fijo un tipo de teatro: el realista.

El dramaturgo marcó sin duda una *desviación* con respecto a los condicionamientos culturales que lo determinaban a seguir un modo de pensar y actuar. Se opuso a reproducir los estereotipos y las doctrinas sociales. Para él las máscaras del indio, del mestizo y del criollo tenían que caer para que apareciera el "rostro del mexicano", que tal vez —decía— sería una máscara: la del espíritu (2002, 144). Es decir el rostro de la gesticulación transparente, ya no el de aquél actor o actriz que en pleno nacionalismo se conmovía hasta las lágrimas cuando en el extranjero se le aplaudía más por mexicano (a) que por actor (o actriz), o del que en un ostentoso escenario urbano es capaz de hacer el elogio desmedido de los indios y otros marginados pero es incapaz de trabajar junto a ellos para cambiar su situación, o de los que lanzan peroratas en contra de los que detentan cualquier tipo de poder, pero se muestran serviles ante ellos cuando intentan conseguir sus favores; sino el rostro de un sujeto complejo que trabaja en la búsqueda de formas posnacionales de identidad que sustituyan el modelo integracionista, paternalista y autoritario (Bartra 303-310).

Usigli, como tantos otros creadores teatrales comprometidos con la sociedad y con el arte, nos enseñó que las máscaras teatrales, cuando son jugadas con seriedad, hacen caer las máscaras sociales, de ahí la importancia de conocer el funcionamiento de la teatralidad. El ser humano ofrece en el acto teatral simulacros de sí mismo, es fuente y primer objeto de la teatralidad, la cual ha sido empleada desde las primeras sociedades humanas en múltiples actividades de la vida cotidiana. El oxímoron, figura esencialmente dialógica que es su fundamento, permite reconocer la importancia y necesidad de la contradicción en las representaciones humanas: la oposición entre dos elementos favorecida intencionalmente no solo no es absurda sino, por el contrario, contiene un potencial ilimitado de significación (Adame 2005a, 498). Entonces, al confrontar las ideas de Usigli y su concepción del teatro con el contexto social y el teatro actual se abre un amplio espacio del que puede emerger una mejor comprensión de México y del teatro.

Es así que surge una última pregunta ¿quién sería, es ahora y será mañana el portador de esa nueva máscara? Podemos ensayar una respuesta también en tres tiempos. En el pasado pudo haber sido un mexicano orgulloso de su "identidad nacional", aquél actor o actriz que, como ya mencioné, se conmovía hasta las lágrimas cuando en el extranjero se le aplaudía más por mexicano(a) que por actor (o actriz); hoy es un hombre o una mujer que asume las diferencias, el actor o actriz que lo mismo representa un clásico europeo en un teatro a la italiana de cualquier ciudad, que trabaja en un proyecto de teatro comunitario; y en el futuro próximo sería un sujeto complejo que, al actuar, busca desde la incertidumbre establecer contacto consigo mismo, con los demás y con el cosmos.

En el primer caso (pasado) como señala Bartra (182) la identidad se fue esfumando cada vez que se quería definir al ser nacional; en el segundo (presente), también siguiendo a Bartra, nos encontramos en la búsqueda de formas posnacionales de identidad que sustituyan el modelo integracionista, paternalista y autoritario (303-310). Finalmente, en el tercero (futuro) habrá que reconocer con Edgar Morin, que:

> El sujeto no es una esencia, no es una sustancia, pero no es una ilusión. Es necesaria una reorganización conceptual que rompa con el principio determinista clásico (…) Se necesitan las nociones de autonomía/dependencia, la noción de individualidad, la de autoproducción, la de bucle recursivo, es necesario también asociar unas nociones antagónicas como el principio de inclusión y el de exclusión. Hay que concebir al sujeto como el que da unidad e invariancia a una pluralidad de personajes, de caracteres, de potencialidades" (2000, 169-182).

La disyunción máscara-rostro ha dejado de ser operativa, hoy necesitamos decir transdisciplinariamente: máscara y rostro, pero no solamente, pues en el retorno indispensable a la sabiduría de nuestros antiguos mexicanos habría que agregar el corazón. Así pues máscara, rostro y corazón serán los tres elementos requeridos por todo teatro y teatralidad de seres humanos "verdaderos", es decir "complejos y transdisciplinarios".

A más de cien años de su natalicio el "Ciudadano del teatro" refrenda su ejemplaridad. Permanece de pie ante las ciudades en ruinas listo para emprender de nuevo la construcción del espacio de convivencia donde el teatro ya no estará solo, como tampoco las artes, las ciencias, los hombres, las mujeres, tampoco los pueblos... El espacio común planetario donde la verdad, como quería el Maestro, será —sin metáfora alguna— una flor hermosa que todos cultivaremos.

* Una versión de este ensayo se publicó en *Investigación Teatral* 9/10 enero-diciembre (2006a). pp. 45-53

Itinerario del *Itinerario del autor dramático* de Rodolfo Usigli*

Introducción

En 1940 La Casa de España en México publicó *Itinerario del autor dramático* de Rodolfo Usigli, texto que hasta el 2005 se reeditó con motivo del centenario del dramaturgo.

¿Qué fue lo que determinó la primera y la actual edición? ¿Cuál fue su trascendencia? ¿Su impacto? ¿Qué ocurrió en los 65 años que transcurrieron entre una y otra publicación? ¿Qué teatro se hacía en México? ¿Quiénes y cómo lo hacían? ¿Por qué escribió Usigli el *Itinerario*? ¿Cuáles son sus aportaciones? ¿Qué objetivos logró? ¿Qué propuestas teóricas surgieron en estos 65 años? ¿Se produjeron nuevas preceptivas? ¿Cómo se ha estudiado la dramaturgia nacional? ¿Qué alternativas surgieron? ¿Cuál es la vigencia del *Itinerario*?

Responder a estas interrogantes de manera exhaustiva implicaría realizar un estudio de mayores dimensiones al que aquí nos proponemos, sin embargo nos sirven de guía en la búsqueda del conocimiento sobre el conocimiento del teatro en el país, por ello vamos a explorar las ideas, los principios, conceptos, criterios y categorías sobre las ideas, los principios, conceptos, criterios y categorías usiglianas, pues de lo que se trata, finalmente, es de implicarnos y de reproblematizar las relaciones entre el sujeto, la sociedad, la vida y el mundo.

No podemos desconocer que el punto de partida de esta reflexión es la primera edición que detonó un movimiento de creación e investigación inimaginable sin ella y que, en gran medida, le dio consistencia a la actividad teatral en nuestro país. El acontecimiento que hoy rememoramos con motivo de los setenta años de La Casa de España, formó parte de un gran Proyecto Cultural de la institución; se inserta, además, dentro del movimiento social liderado por Lázaro Cárdenas y que pretendía cambiar el rumbo de la Revolución Mexicana, a la que Usigli cuestionó severamente.

Considero que la obra teórica —y habría que decir toda la producción— de Usigli es, ante todo, una búsqueda de conocimiento y más aún de autoconocimiento. ¿De qué conocimiento tenía urgencia?, o dicho de otro modo ¿Qué necesitaba conocer? ¿Cuál fue su estrategia? ¿Cuáles fueron sus preguntas? Y en cuanto a quienes en la actualidad nos acercamos a ella ¿Qué luz nos arroja sobre las maneras de conocer el teatro? ¿Qué nos revela su itinerario con respecto al conocimiento sobre el teatro en México?

Trayectoria, ética teatral y actitud teórica

La pasión de Rodolfo Usigli por el teatro se manifestó desde muy temprana edad. Aunque autodidacta, estudió lengua francesa en la Alianza Francesa de México e hizo también estudios sobre teatro en el Conservatorio Nacional y, en 1936, obtuvo una beca de la fundación Rockefeller para estudiar en la Escuela de Arte Dramático en la Universidad de Yale, estudios que compartió con Xavier Villaurrutia.[21] Esta experiencia es la que suscitó su interés por la teoría y de ella surgirá el *Itinerario del autor dramático*. En 1933 impartió cursos de Historia del Teatro en la UNAM donde, dos años después, asumió la dirección de los cursos de teatro intentando la creación de una escuela de teatro de nivel universitario. Este proyecto cristalizaría hasta 1960 como licenciatura en Arte Dramático en la Facultad de Filosofía y Letras. De 1938 a 1939 fue jefe de la sección de Teatro del Departamento de Bellas Artes de la Secretaría de Educación Pública. En 1940 funda y dirige el Teatro de medianoche, donde da a conocer piezas importantes de la dramaturgia de entonces. En 1971 organiza el Teatro Popular de México y en 1979 recibe el Premio Nacional de Letras.

Como teórico e historiador del teatro, aparte de su pensamiento diseminado en los prólogos y epílogos de su obra dramática y en artículos varios, escribió dos obras fundamentales en este campo: *México en el teatro* (1932) e *Itinerario del autor dramático* (1940), a las que se suman *Caminos del teatro en México* (1933) y *Anatomía del teatro* (1966). Su obra se encuentra reunida en cinco volúmenes publicados por el Fondo de Cultura Económica (1963 — segunda reimpresión en 1997—, 1966, 1979, 1996 y 2005).

El pedagogo-creador entendió bien la lección de la modernidad teatral: hacer del teatro una "escuela de ciudadanos", por eso se llamó a sí

---

[21] Xavier Villaurrutia (Ciudad de México, 1903 – 1950). Escritor y dramaturgo. Formó parte del grupo llamado Los Contemporáneos; junto a Salvador Novo fundó el Teatro de Ulises y la revista homónima. Fue becado por la Fundación Rockefeller en la Universidad de Yale (1935). Obras de teatro más representativas: *Autos profanos* (1943), *Invitación a la muerte* (1944), *La mulata de Córdoba* (1948), *Tragedia de las equivocaciones* (1951).

mismo "Ciudadano del teatro", consciente de lo limitado que resultaban las ciudadanías nacionales —aunque creía en ellas— pues de no haber sido así no se hubiera aplicado a la enorme tarea de crear "el teatro mexicano". Ese objetivo del dramaturgo se entiende dentro de las expectativas generadas por el movimiento revolucionario de 1910.

Al autonombrarse "Ciudadano del teatro" asumía un compromiso ético-estético y político con su *polis* teatral transnacional, mismo que intentó cumplir a cabalidad.

Su magno proyecto

Rodolfo Usigli se fijó como meta la creación de un teatro mexicano, "nacional por su temática y realista en su estilo", a fin de convertirse en instrumento de crítica social, de ahí su axioma: "Un pueblo sin teatro es un pueblo sin verdad". Decía:

> Nuestra clase media no va al teatro porque es culta, sensible al buen arte y no lo encuentra en él. Cuando vaya, porque los autores, las empresas y los actores integren un verdadero experimento nacional, las compañías dejarán de requerir, llegarán hasta temer las subvenciones y renunciarán a representar mamotretos extranjeros. Cuando a la buena producción dramática europea de todas las épocas, organizada en forma de repertorio, se sume un buen teatro realista mexicano, será posible ir hacia un teatro poético que será la más grande hazaña del espíritu nativo (1979, 446).

Para él, entre más local fuera la temática o la anécdota, mayor sentido de universalidad alcanzaría, siempre y cuando ese teatro tuviera la fuerza y *calidad formal* para sostenerse a sí mismo. Esta *calidad formal* se convirtió en su obsesión, de ahí su acercamiento —personal y epistolar— con Georges Bernard Shaw; pero también con Ibsen, Strindberg y sobre todo con Pirandello, de quienes recibió la influencia conceptual y estructural. Cada una de sus obras se plantea un reto formal trazado por él mismo en su *Itinerario*: ajustarse a las unidades de tiempo, acción y lugar (*Noche de estío*, 1933-1955); desarrollar una comedia (*Estado de secreto*, 1935); estructurar una pieza aristotélica de corte psicológico (*El niño y la niebla*, 1936), o social (*El gesticulador*, 1938); ya el melodrama (*Aguas estancadas*, 1938-1939); ya en verter al teatro mexicano el ímpetu, el vigor de la tragedia clásica (*Corona de fuego*, 1960).

Al hablar de Usigli y de las teatralidades mexicanas resulta inevitable situarse en el terreno de la cultura, pues su intención fue precisamente que el teatro pudiera existir en México como expresión del ser nacional. Su acción, entonces, tuvo un sentido político y para alcanzar sus fines, se valió del teatro. Emprendió su lucha contra una sociedad donde todo era "política" y contra un teatro hecho al gusto "de los abarroteros".

Esta lucha la llevó a cabo desde distintos frentes: la creación dramática, la investigación y teorización, la difusión del teatro universal y mexicano, la crítica social, la fundación de escuelas y la enseñanza.

El concepto de "verdad" en el discurso usigliano

Hemos visto ya cómo en el discurso usigliano "la verdad" predomina sobre otros valores (Usigli 1979, 453; Usigli 1997, 790).

Además de su obsesión por la verdad, es imposible dejar de ver en el pensamiento de Usigli la idea fija del teatro. Pero un teatro verdadero, es decir, el rostro de la gesticulación transparente que nada oculta, el rostro de un hombre o una mujer que asume y respeta todo tipo de diferencias, el actor o actriz que usa la máscara no para fingir, sino para descubrir su verdadero rostro y ayudar a otros a encontrarlo.

El *Itinerario del autor dramático*

Para Rodolfo Usigli, el conocimiento de la teoría dramática era una necesidad "de carácter nacional": necesidad para dramaturgos y críticos de teatro, además para un público carente de educación teatral. De este modo emprendió "la compilación limitada de las teorías esenciales existentes desde Aristóteles a la fecha" (1940, 7).

La primera parte del *Itinerario...* orienta, en una especie de preceptiva dramática, a aquel que se propone escribir un texto para la escena y revisa los géneros y los estilos de acuerdo con conceptos tradicionales. En la sección "Una investigación...", abunda sobre las ideas vertidas en el *Itinerario* y reflexiona sobre los géneros (tragedia y comedia con subgéneros derivados de ellas), en relación con los estilos (dos estilos "manantiales": el clásico y el romántico, de los que surge un tercer estilo manantial: el realismo). De los estilos ofrece un panorama histórico y observa sus modos de ser, sus alcances, menciona a sus representantes más ilustres; cuando lo considera conveniente incluye piezas dramáticas mexicanas, y no deja de analizar los estilos en relación con la sociedad en que se generan y con el arte en general.

En términos generales el *Itinerario...* expone las características que debe tener el dramaturgo: capacidad de síntesis y de creación, dominio de una técnica para el manejo de elementos como diálogo, progresión, ritmo y extensión de la pieza. Subrayó dos aspectos básicos: la "visualización" de la acción y la caracterización de los personajes, tarea más compleja por incluir la expresión hablada, las reacciones psicológicas y los movimientos sujetos a una "identidad de valores."

La "visualización", decía Usigli, preexiste a la escritura de la obra y consiste en la objetivación de la trama y de los personajes —concreción del espacio, movimiento, colores—. Su insistencia en realizar una puesta en escena previa refleja el propósito de garantizar la presencia de "teatralidad" en el texto dramático. El dramaturgo mexicano indicaba también que, con el fin de lograr una "interpretación exacta" del texto por parte de los actores, el autor debería incluir indicaciones siempre funcionales y jamás literarias o reflexivas.

El autor de "El gesticulador" sugería escribir para un público determinado, con condición de perdurabilidad literaria, con sujeción a las limitaciones y recursos de un escenario, teniendo en mente a los actores que harían posible la realización de "su obra"; conocer el tema y ambiente de su drama a la perfección, recurrir a la economía de recursos y caracteres, vigilar el desarrollo de los personajes —permitiendo que cobraran "vida propia" y, ante todo, buscar la unidad interior de la obra— (Usigli 1940, 9-31).

Además de dramaturgo y teórico del teatro Rodolfo Usigli ejerció la dirección escénica, por eso, en el *Itinerario*, le dedicó un espacio importante a esta función. Consideró al director de escena, en el sentido moderno del término, como el único renovador del teatro. En torno a las concepciones de Appia, Craig, Fuchs, Stanislavsky y Jouvet, entre otros, y el modo en que contribuyen a la transformación del arte escénico, señala "Son estas teorías [...] las que llevan al teatro a igualar el contenido con el continente, el espíritu con la forma visual, y le permiten alcanzar una unidad que no tuvo nunca antes" (1940, 113).

En el *Itinerario...* habla de los beneficios que aportó al teatro la aparición del director, uno de ellos, la búsqueda de equilibrio en la puesta en escena para alcanzar la unidad de conjunto: el montaje ya no se hace pensando en el lucimiento de "la estrella" (Usigli 1940, 167-168). No obstante, coloca su trabajo en segundo término, después del dramaturgo. El teatro dependía del texto y los directores tenían que ser "intérpretes respetuosos" y no "recreadores de poemas dramáticos". Esta concepción motivó su conflicto, en tanto dramaturgo, con el director de la puesta en escena de *Corona de Sombra*, el creador japonés Seki Sano,[22] conflicto que repercutió favorablemente en el teatro mexicano pues hizo surgir una nueva generación de teatristas que, en cada uno de los campos, tomó en cuenta las aportaciones de ambos maestros.

El Itinerario *visto por la investigación y la crítica del teatro en México*

Cuando se compara con la investigación y la crítica literaria, la teatral se halla en franca desventaja; y esto no sucede únicamente en México, sino en todo el mundo. Las excepciones se pueden encontrar en aquellos países con fuerte tradición teatral o que han impulsado programas de investigación permitiendo el despliegue de la creación y el surgimiento de una sólida y continua actividad de reflexión y análisis sobre el teatro, no solo en su aspecto dramatúrgico, sino escénico.

En México predominó, durante la mayor parte del siglo XX, un discurso *logo* y *eurocéntrico* en la teoría y la crítica teatral que buscó afanosamente la correspondencia del teatro que aquí se producía con los modelos aristotélicos y/o con los lenguajes escénicos predominantes en Europa. En la obra ensayística de Rodolfo Usigli —particularmente en el periodo que va de 1930 a 1950— es donde se localiza el material teórico y crítico más sobresaliente de este largo periodo, si bien se encuentran junto a él artistas e intelectuales

---

[22] Seki Sano (Tientsin, Japón, 1905 – Ciudad de México, 1966). Actor, director de teatro y activista político. Llegó a México en calidad de exiliado político procedente de Nueva York, perseguido por el gobierno japonés. Durante su juventud participó en la renovación teatral japonesa y después en la vanguardia teatral soviética. Introdujo en México el método de Stanislavski. Fundó, con apoyo del Sindicato Mexicano de Electricistas, el Teatro de las Artes (1939) y otros importantes centros de formación teatral. Algunas de sus puestas en escena en México fueron: *La coronela* (1940), en colaboración con la coreógrafa Waldeen; *La rebelión de los colgados* (adaptación de la novela homónima de Bruno Traven, 1942); *Un Tranvía llamado deseo*, de Tennessee Williams; *Prueba de fuego*, de Arthur Miller; *El rey Lear*, de William Shakespeare; *Corona de sombra*, de Rodolfo Usigli.

como Xavier Villaurrutia, Salvador Novo[23] y Celestino Gorostiza,[24] quienes, con sus textos, se interesaron en la profesionalización del arte (Adame, Fediuk, Rivera 2008b, 107-136). Sus contemporáneos siguieron sus propias trayectorias y difícilmente se hallan testimonios de encuentros entre ellos que favorecieran el desarrollo de una actitud crítica y dialógica.

Fue solo hasta 1966 cuando en el ciclo de conferencias titulado "¿Qué pasa con el teatro en México?" concurrieron dramaturgos, directores y críticos especializados, entre otros: Salvador Novo, Rodolfo Usigli, Celestino Gorostiza, Rafael Solana, Héctor Azar, Seki Sano, Alejandro Jodorowsky[25] y Carlos Solórzano. Los tres tópicos del debate fueron: la posición teórica frente a la creación dramática, la realización de esa posición teórica y

---

[23] Salvador Novo (Ciudad de México, 1904 –1974). Poeta, ensayista, dramaturgo e historiador. Estudió Lenguas en la Universidad Nacional Autónoma de México. Miembro del grupo Los Contemporáneos. Fundador, junto con Xavier Villaurrutia, del Teatro de Ulises (1927), y de la revista *Contemporáneos* (1928) y fundador del Teatro "La capilla". Colaboró con Carlos Chávez en la fundación del Instituto Nacional de Bellas Artes. Miembro de la Academia Mexicana de la Lengua (1952), Cronista de la Ciudad de México (1965). Obras de teatro más representativas: *Don Quijote*, adaptación para niños (1948), *La culta dama* (1948), *Yocasta o casi* (1970), *La guerra de las gordas* (1963), *A ocho columnas* (1970). Autor del libro: *10 lecciones de técnica de actuación teatral* (1951). Premio Nacional de Lingüística y Literatura (1967).

[24] Celestino Gorostiza (Villahermosa, 1904 – Ciudad de México, 1967). Dramaturgo, director de cine y teatro. Realizó estudios superiores en el Instituto Científico y Literario de Aguascalientes. Cofundador del Teatro de Ulises y del Teatro de Orientación. Impartió clases de actuación en la Escuela de Arte Dramático y fue director del Instituto Nacional de Bellas Artes (1958 -1964). Miembro numerario de la Academia Mexicana de la Lengua, y de la Academia Mexicana de Artes y Ciencias Cinematográficas. Premio Juan Ruiz de Alarcón (1952), Palmas Académicas, la Legión de Honor de Francia y Premio Nacinal de Ciencias y Artes en Lingüística y Literatura (1967). Obras de teatro más representativas: *La Malinche* (1958), *La leña está verde* (1958), *El color de nuestra piel* (1952), *La mujer ideal* (1943), *Ser o no ser* (1934), *La escuela del amor* (1933), *El nuevo paraíso* (1930).

[25] Alejandro Jodorowsky (Tocopilla, Chile, 1929 –). Escritor, dramaturgo, director de cine y teatro. Alumno del filósofo Gaston Bachelard. Estudió pantomima en París con Étienne Decroux (1953). Formó parte de la compañía de teatro de Marcel Marceau y del grupo surrealista de André Bretón. Fundador del Teatro de Títeres como parte del Teatro Experimental de la Universidad de Chile y cofundador del "Movimiento Pánico". Creador de la técnica "Psicomagia". En México, dirigió más de cien obras de teatro de vanguardia. Algunas de sus obras de teatro son: *La princesa Araña (1958)*, *Melodrama sacramental* (1965), *Zaratustra* (1970), *El Juego que todos jugamos* (1970), *Ópera pánica* (2001), *Escuela de ventrílocuos* (2002), *Las tres viejas* (2003), *Sangre real* (2007).

la reflexión sobre si los participantes habían alcanzado los fines que se propusieron frente al teatro. En las opiniones vertidas por los participantes se observan principalmente dos actitudes: por un lado, otorgar el papel protagónico al texto y a los autores dramáticos como creadores y representantes del teatro nacional y, por otro, concebir al teatro como hecho de representación, con o sin sustento en el texto dramático y valorar los espectáculos en la medida en que son formas de reflejar a la sociedad de ese tiempo.

En 1991, con el propósito de retomar el ánimo crítico de 1966, se efectuó el ciclo de conferencias "25 años después, qué pasa con el teatro en México" organizado por la Universidad Nacional Autónoma de México.

De gran relevancia para el surgimiento de una crítica académica fue la creación del Centro Nacional de Investigación Teatral Rodolfo Usigli del Instituto Nacional de Bellas Artes (CITRU) en 1981 y la fundación de la Asociación Mexicana de Investigación Teatral (AMIT) en 1993. Otro proyecto significativo fue el que impulsaron el CITRU, la AMIT y la Universidad de Perpignan para crear en esta institución francesa en 1993 el Centro Europeo de Estudios sobre Teatro Mexicano, cuyo principal animador, Daniel Meyran, es autor de uno de los más completos estudios sobre el maestro (1993). Tanto el CITRU, la AMIT como la Universidad de Perpignan han organizado coloquios y publicado artículos y libros en torno a la obra de nuestro autor.

El CITRU publicó en coedición con la UNAM en 1996 el libro de Ramón Layera *Usigli en el Teatro. Testimonios de sus contemporáneos, sucesores y discípulos* (1996). El cual se convierte en carta de navegación para la presente travesía por encontrarse ahí la mayoría de los testimonios sobre el impacto y la trascendencia del *Itinerario* que aquí consignamos.

En opinión del destacado académico e investigador universitario Carlos Solórzano (1919-2011), reconocido por su labor de difusión de la dramaturgia latinoamericana, el gran mérito del *Itinerario* reside en que por primera vez un autor mexicano reflexionaba acerca de los problemas universales del teatro (Layera 1996, 115). Aquí se percibe la analogía con el proyecto usigliano de instalar a México en la dimensión del teatro, lo cual solo podría ocurrir mediante el conocimiento de los principios y modelos del teatro occidental.

El investigador francés Daniel Meyran, especialista en semiótica teatral y en estudios de la cultura, dice que el *Itinerario…* responde a dos necesidades: 1) De información y formación sobre la profesión teatral; y 2) De informar y formar al espectador (1993, 66-67). La propuesta de Usigli supone cumplir un compromiso social, pero no solamente: al ver el texto teatral como texto-representación, o sea la acción y la situación dramática unidos, el dramaturgo se revela como un atento observador del fenómeno teatral que se estaba gestando y que culminaría con la autonomía del lenguaje teatral del lenguaje literario. Por otra parte Meyran hace hincapié en que se trata del único manual de composición dramática que existe en México y que reivindica por primera vez el aprendizaje de una técnica dramática rigurosa (Layera 1996, 71).

Por su parte, el dramaturgo e investigador de la Universidad de Guadalajara Guillermo Schmidhuber,[26] no duda en admitir que los libros de historia y composición dramática de Rodolfo Usigli "tuvieron un impacto en la formación de la nueva generación de dramaturgos", pero su influencia, dice, "no ha sido reconocida". "Estos escritos suyos fundamentaron el teatro mexicano e influyeron en la generación inmediata de Emilio Carballido y compañía, pero fueron posteriormente olvidados. Creo que Luisa Josefina Hernández[27] y Emilio Carballido crearon sus propias teorías y olvidaron mencionar la parte que de ellas provenía del Maestro" (Layera 1996, 258).

---

[26] Guillermo Schmidhuber (Ciudad de México 1943 –). Dramaturgo. Crítico de la obra de sor Juana Inés de la Cruz, en especial de su dramaturgia. Destaca su hallazgo de los textos *Protesta de la fe* y *La segunda Celestina*, comedia atribuida a sor Juana y que fue publicada con un prólogo de Octavio Paz. Obras de teatro más representativas: *El ritual del degüelle* (2013), *Aniversario de papel* (2012), *Cuarteto para llorar una ausencia* (2011), *Travesía a la libertad* (2009), *Alcanzar al unicornio* (2004), *¿Quién cabalga el caballo de Troya?*, (2000), *La ventana* (1983), *El robo del penacho de Moctezuma* (1980), *Los héroes inútiles* (1981), *Nuestro Señor Quetzalcóatl* (1978). Premios a su obra crítica: José Vasconcelos (1995) por sus aportaciones a la Hispanidad, y Nacional de Ensayo Alfonso Reyes (1995) del Gobierno del Estado de Nuevo León y CONACULTA.

[27] Luisa Josefina Hernández (Ciudad de México, 1928 –). Dramaturga y novelista. Egresada de la Facultad de Filosofía y Letras y Maestra en Letras, con especialidad en Arte dramático. Fue becaria de la Fundación Rockefeller (1955). Profesora emérita de la Universidad Nacional Autónoma de México. Obras de teatro más representativas: *Aguardiente de caña* (1951), *Botica modelo* (1954), *Los frutos caídos* (1955), *Los huéspedes reales* (1956), *La paz ficticia* (1960), *Apocalipsis cum figuris* (1982). Premio Xavier Villaurrutia (1982), Premio Nacional de Teatro Juan Ruiz de Alarcón (2000) y Premio Nacional de Ciencias y Artes en el área de Literatura y Lingüística (2002).

Para Armando Partida Tayzan,[28] académico e investigador de la UNAM, es indiscutible la influencia que el *Itinerario* ejerció, teórica y académicamente, en particular a partir de la segunda mitad del siglo XX, y agrega "Hoy sigue prevaleciendo en el medio profesional su punto de vista sobre los géneros dramáticos, junto con muchas interpretaciones realizadas por sus discípulos" (2004, 15).

El estudioso de la historia y teorías del teatro en México Octavio Rivera al revisar los ensayos de Usigli de manera general y el *Itinerario* de manera particular, observa que estos lo colocan frente a su propia producción y el dramaturgo se convierte en crítico y exégeta de sí mismo:

> De tal modo, mediante sus ensayos, inscribe su obra en el pensamiento cultural y teatral del México contemporáneo, por sí solo se abre un espacio que no elimina el del otro, sino que, en el mejor de los casos, busca motivar la creación y el crecimiento de otros espacios creativos conscientes de sí mismos, de su valor en la cultura del país (cfr. Adame *et al.* 2008b, 125).

Por mi parte, en *Elogio del Oxímoron*, señalé que:

> Más allá del sentido logocéntrico y la distancia que media entre esta caracterización [la del *Itinerario*...] y la concepción actual del teatro, destacan en

---

[28] Armando Partida Tayzan (Tecuala, Nayarit, 1937–). Profesor, investigador y periodista cultural. Estudió Lengua y Literatura Rusas (1960-1965) en la Universidad de la Amistad de los Pueblos Patrice Lumumba, Moscú; la Maestría en Estudios Latinoamericanos y el Doctorado en Literatura Mexicana (1999), ambos en la Facultad de Filosofía y Letras de la UNAM. Cofundador de las revistas especializadas de teatro *La Cabra*, *Artes Escénicas* y *Gala Teatral*. Como editor fue responsable de investigación de la *Colección Teatro mexicano, historia y dramaturgia*, veinte volúmenes temático-antológicos de los siglos XVI al XIX, editados por la Dirección General de Publicaciones del Consejo Nacional para la Cultura y las Artes. Entre sus obras de investigación teatral destacan: *El teatro de evangelización del siglo XVII* (1992); *Dramaturgos mexicanos 1970-1990, Bibliografía crítica sobre 35 dramaturgos* (1998); *Se buscan dramaturgos I* (Entrevistas, 2002); *Se buscan dramaturgos II. Panorama Crítico* (2002); *Escena mexicana de los noventa* (2003). Recibió la medalla Pushkin/MAPRIAL (1985) por su labor como traductor e investigador de la lengua y la literatura rusas.

ella tres aspectos: primero, el autor dramático es uno más de los participantes en la creación teatral; segundo, su función es dotar de estructura dramática al teatro y, por último, no puede escribir sin tener presente que lo hace para una representación escénica. En lugar de pensar en el autor dramático omnipotente y omnipresente, lo reconoce como productor de una configuración dramática, plasmada en un texto siempre en espera de su verificación escénica para convertirse en hecho teatral (Adame 2005a, 307-308).

La investigadora Paloma López Medina Ávalos ve el *Itinerario...* como producto de una urgencia por definir el quehacer teatral en una especie de poética mexicana. La prueba de la versatilidad del pensamiento usigliano se halla precisamente en sus discípulos autores. La generación de dramaturgos del medio siglo o los llamados Precursores lo mismo dieron productos fincados en el canon heleno que nuevas estructuras dramáticas bajo una singular apropiación de las propuestas vanguardistas europeas. Las innovaciones estéticas y literario-dramáticas de la generación de los cincuenta tienen su punto de partida en la gran galería de autores vanguardistas y del realismo europeo que Usigli procuró integrar en la formación intelectual de estos jóvenes autores: Chejov, Pirandello, Strindberg, O´Neill, Miller y muchos más que conformaron el universo de propuestas que incitaron a los jóvenes dramaturgos en la búsqueda de alternativas de escritura dramática. Si bien halló en los principios aristotélicos la base fundamental de su formulación teórica sobre la práctica dramatúrgica, no hay que olvidar que en su formación existe también el conocimiento derivado de la metodología académica norteamericana (López 2006, 66).

Para concluir este apartado menciono a Christopher Domínguez Michael quien, en una reseña a propósito de la aparición del tomo V del *Teatro completo*, dice que el *Itinerario del autor dramático* no es solamente un libro para la enseñanza pues sobrepasa:

Las pulcras lecciones que el maestro se tomó la molestia de redactar para sus alumnos. Nadie en México, dijo José Emilio Pacheco[29] con razón, ha dominado tan absolutamente su materia como él y estas lecciones lo comprueban, en su calidad de breve historia del arte dramático en el momento del siglo pasado en que Usigli lo estudió. Solo cabría reprocharle la avaricia que lo lleva a no citar muy cumplidamente sus fuentes, falta quizá justificable en quien, como Usigli, creía que la originalidad solo preocupa a quienes no la poseen, siendo una virtud que para el auténtico artista solo es un merecido adorno. Original, si acaso, quien viaja al origen (2006, 74).

Quienes desde la investigación y la crítica nos hemos expresado en torno al *Itinerario* coincidimos en ubicarlo como matriz de una nueva época del Teatro en México, que hizo comprenderlo como un sistema, es decir, como relación entre todos los componentes del teatro y no solo como suma de elementos.

El Itinerario *visto por los discípulos directos e indirectos del maestro*

Usigli ejerció la enseñanza teatral y la promoción; fue maestro de las nuevas generaciones de autores y alentó la formación de actores y de públicos. El aprendizaje de aquellos valores, considerados como los más elevados del quehacer escénico, debería ser para ambos: creadores y espectadores. En el afán de dar a conocer su visión del teatro, sus objetivos, su valor artístico y su función dentro de la sociedad que lo producía, lo animaba una intención pedagógica. El autor de *El gesticulador* se propuso despertar la conciencia nacional del teatro y asentar su importancia en el desarrollo cultural de la nación.

---

[29] José Emilio Pacheco (Ciudad de México, 1939 – 2014). Poeta, narrador, ensayista y traductor. Miembro de la llamada "Generación del Medio Siglo". Estudió derecho y letras en la Universidad Nacional Autónoma de México. Colaboró en la revistas *Medio Siglo* y *Estaciones* y en la columna *Inventario* del suplemento *Diorama de la Cultura* del periódico *Excélsior*. Novelas: *Morirás lejos* (1967) y *Las batallas en el desierto* (1981). Premios: Magda Donato (1967), Xavier Villaurrutia (1973), Nacional de Lingüística y Literatura de México (1992), Octavio Paz (2003), Pablo Neruda (2004), García Lorca (2005), Reina Sofía de Poesía Iberoamericana y el Cervantes (recibidos ambos en 2009).

Emilio Carballido, Luisa Josefina Hernández, Raúl Moncada Galán[30] y Héctor Mendoza,[31] además de Sergio Magaña y Jorge Ibargüengoitia recibieron directamente el magisterio usigliano en la Facultad de Filosofía y Letras de la UNAM. Los cuatro primeros exponen su testimonio sobre la influencia del *Itinerario*

Emilio Carballido señala:

> A mí el *Itinerario del autor dramático* no me interesaba mayormente. Para mí esos libros no presentaban una problemática que fuera esencial para mí en ese momento…en realidad, esos libros eran y son inaccesibles. Esos libros son de la década del treinta y Usigli fue mi maestro en los años cincuenta (Layera 1996,126).

Luisa Josefina Hernández dice: "no tengo la menor idea del efecto que tuvieron los libros de historia del teatro y de composición dramática (de Usigli)" (Layera 1996, 148-149). Sin embargo, previamente, en el homenaje que el CITRU organizó en la UNAM con motivo del décimo aniversario del fallecimiento del dramaturgo había señalado:

---

[30]Raúl Moncada Galán (Ciudad de México, 1927–) Dramaturgo, promotor cultural. Realizó estudios en la escuela nacional de Música y en la Facultad de Letras de la UNAM. Ha sido becario del Centro Mexicano de Escritores y del Fondo Nacional de la Cultura y las Artes de Morelos. Fundador y coordinador del primer: "Taller Literario en Morelos", y de los grupos: "Taller de teatro del Instituto Regional de Bellas Artes (IRBAC)", y el "Grupo de arte dramático" del Instituto Mexicano del Seguro Social en Morelos. Cuenta con más de 70 obras de teatro representadas, Entre sus libros se encuentran: *Charla de café con… los hermanos Serdan*(2009) *y Las siete lunas de la Reina Roja* (2013).

[31]Héctor Mendoza (Pénjamo, Guanajuato, 1932 – Ciudad de México, 2010). Dramaturgo, director de teatro, catedrático y académico. Cursó letras hispánicas en la Facultad de Filosofía y Letras de la Universidad Nacional Autónoma de México y estudió en la Escuela Nacional de Arte Teatral. Becado por el Centro Mexicano de Escritores y por la Fundación Rockefeller (1957) para estudiar dirección escénica en la Universidad de Yale y en el Actor's Studio. Dirigió más de 70 puestas en escena y fue autor de más de 40 obras de teatro. Algunas de sus obras son: *Salpícame de amor* (1964); *Los asesinos ciegos* (1969); *Las gallinas matemáticas* (1981); *Noches islámicas* (1982); *El día en que murió el señor Bernal dejándonos desamparados* (1985) y *La desconfianza* (1990). Premio Juan Ruiz de Alarcón 2004 y Premio Nacional de Ciencias y Artes en Bellas Artes (1994).

en el *Itinerario* la preocupación de Usigli —como teórico— concierne al desarrollo y condiciones del escritor como dramaturgo. La teoría, como actividad abstracta no era su principal preocupación. Rodolfo Usigli comprendía el teatro a través de las teorías aristotélicas aplicadas en forma estricta, tanto en su obra como en la cátedra: exigía de sus alumnos nada menos que la composición anual de dos obras con los requisitos de la *Poética* cumplidos al extremo. Esta manera de pensar lograba en el alumno un manejo consciente de su material, lo cual significaba que como escritor, podía dejar de ser aristotélico en cualquier momento, pues el hecho de cumplir con esta exigencia no significaba que, desde su propio punto de vista, le pareciera ineludible, más bien lo contrario (Hernández 1992, 43-44).

Por su parte Héctor Mendoza, señaló:

Hace muy poco estuve releyendo el *Itinerario del autor dramático* del maestro Usigli y sí me sorprendí de lo poco que finalmente habla Rodolfo Usigli acerca de géneros y estilos dramáticos. Yo, hasta entonces, había creído que hablaba mucho más exhaustivamente de lo que él realmente dice. Eso lo tenía así como metido en la cabeza. Pero, obviamente lo que él dice sigue siendo válido, verdadero y básico. Que hoy sepamos muchísimo más del asunto, que hoy hablemos muchísimo más de eso, bueno, eso es otra cosa. Pero el que tuvo el enorme mérito de comunicar, de comenzar a sistematizar, a hablar de la teoría, de la técnica del escritor dramático, pues fue él. Y ahí está, en su libro. Es decir, no hay duda. No cabe la menor duda de que Usigli tiene un mérito y un valor enorme como pionero (Layera 1996, 160-161).

Raúl Moncada Galán, quien se consideró su alumno y amigo

hasta su muerte, expresa:

> Durante muchos años el libro *Itinerario del autor dramático* fue el único texto de que pudieron valerse los jóvenes autores de provincia para orientarse en la materia; ya que en esos momentos no existían talleres literarios ni había forma alguna de estudiar composición dramática. Desafortunadamente, la pésima difusión que dichos libros tuvieron, así como la falta de nuevas ediciones, hicieron que tales textos pasaran casi inadvertidos (Layera 1996, 170).

Hugo Argüelles y Vicente Leñero lo reconocen como su maestro, aunque de manera indirecta.

Vicente Leñero apunta:

> Con los libros de teoría de Usigli, lo que ha ocurrido es que se desconocen por completo. Las nuevas generaciones de dramaturgos, de creadores, de hombres de teatro, no conocen esos libros. Si no los han podido leer, entonces, poco han influido esos libros, por desconocidos. Pienso que para otra generación, la generación de sus discípulos directos (hablo de Luisa Josefina Hernández, de Emilio Carballido, de Jorge Ibargüengoitia), bueno pues, fueron la Biblia, fue donde mamaron la leche de su preocupación por el teatro mexicano. Siento que ningún otro autor se preocupó en ese momento en sistematizar sus ideas sobre el teatro mexicano (Layera 1996, 187).

Si bien en el siguiente comentario Leñero se refiere a *México en el Teatro*, es decir, en torno a sus preocupaciones de carácter histórico, es evidente que, con respecto a la teoría, de igual modo, "la falta de contrapuntos y contrastes impidió, incluso, que el pensamiento de Usigli avanzara más en ese aspecto" (Layera 1996, 188).

Hugo Argüelles señaló:

> los libros del maestro Usigli naturalmente que ayudaron a la formación de nuevos dramaturgos, tanto que para mí el *Itinerario del autor dramático* es, y lo sigue siendo, un libro de consulta, absolutamente. Ahora bien, yo a mi vez como maestro, pues, he formado mi taller y de él han salido, y lo digo con orgullo, los mejores dramaturgos de México en este momento. Hablo desde luego de Sabina Berman,[32] Víctor Hugo Rascón Banda,[33] Jesús González Dávila[34]...Por tanto, ellos se formaron en mi teatro y mucho de lo que han aprendido de mí es lo que yo aprendí del maestro Usigli y, desde luego, de su *Itinerario del autor dramático*. Yo sí quisiera (que) se editaran de nuevo y no solamente en las obras completas del maestro sino que siendo libros de consulta, yo creo que deberían de estar en todas las escuelas de teatro de México. Pero esto es una sugerencia (Layera 1996, 207).

---

[32] Sabina Berman (Ciudad de México, 1956 –). Dramaturga, narradora, directora y guionista. Estudió psicología y letras mexicanas en la Universidad Iberoamericana y dirección teatral en el Centro de Arte Dramático, A.C. Obras de teatro más representativas: *Rompecabezas* (1982), *La maravillosa historia de Chiquito Pingüica* (1984), *Muerte súbita* (1988), *Entre Villa y una mujer desnuda* (1993), *Molière* (2000), *Feliz nuevo siglo doktor Freud* (2002). Premios: Juan Ruiz de Alarcón, Nacional de Periodismo y Nacional de Obras de Teatro.

[33] Víctor Hugo Rascón Banda (Uruáchic, Chihuahua, 1948 – Ciudad de México 2008). Abogado y Dramaturgo. Egresó de la Universidad Nacional Autónoma de México, donde cursó la licenciatura, la maestría y el doctorado en Derecho. Escribió para teatro, televisión y cine. Fue presidente de la Sociedad General de Escritores de México y de la Federación de Sociedades Autorales. Miembro de Academia Mexicana de la Lengua (2007). Obras de teatro más representativas: *Contrabando, Sabor de Engaño, Tabasco Negro, Los ejecutivos, La mujer que cayó del cielo, Hotel Juárez* y *La malinche*. Premio Juan Rulfo (1992) y Nacional de Dramaturgia Juan Ruiz de Alarcón 2001.

[34] Jesús González Dávila (Ciudad de México, 1940 – 2000). Dramaturgo. Estudió en la Escuela de Teatro del Instituto Nacional de Bellas Artes. Fue profesor en la escuela de la Sociedad General de Escritores de México. Obras de teatro más representativas: *La fábrica de juguetes* (1970), *Polo, pelota amarilla* (1970) *De la calle (*1984), *Muchacha del alma* (1988), *El jardín de las delicias, Los desventurados (*1985). Premios: Celestino Gorostiza, Rodolfo Usigli, Nacional de Teatro, Medalla Nezahualcóyotl y El Heraldo de México.

Discípulo de dos alumnos directos del maestro, Luis de Tavira se ha caracterizado por realizar simultáneamente su labor creativa y de reflexión sobre el hecho teatral:

> Si acudimos a algún tipo de edificio teórico previo, a algún tipo de propuesta o pensamiento sobre nuestro teatro necesariamente recalamos en Usigli. Tal como lo señalé yo recibí su influencia a través de sus discípulos. En particular, debo destacar a dos que de alguna manera trasladan pensamientos de Usigli o aportaciones suyas a nuestro teatro. Una de ellas es Luisa Josefina Hernández que es quizá en este momento la expositora teórica de teatro más consistente y sólido que hay en México... El otro camino es el de Héctor Mendoza, que es un hombre integral del teatro, es un dramaturgo que perteneció al taller de dramaturgia de Usigli por un lado pero es también un director de escena —yo diría, el introductor del concepto de puesta en escena en México— y de esta manera un antagonista de Usigli (Layera 1996, 222-223).

Es notable la diversidad de puntos de vista, como diferente y significativa es la producción artística de todos estos creadores, lo cual, en primer lugar, permite reconocer un acierto pedagógico: la misión de Usigli fue poner a disposición de quienes se interesaban en la dramaturgia las herramientas y principios conceptuales, técnicos y metodológicos para su ejercicio; no trató de crear una capilla que le rindiera pleitesía y repitiera lo que para él tenía sentido. En segundo lugar se puede observar que, de manera natural, se fue generando una red que muestra los puntos de contacto entre quienes, directa e indirectamente, se nutrieron de "las enseñanzas de Don Rodolfo".

También es necesario recordar que, en el proceso de conocer, cada persona construye su conocimiento conforme interactúa con todos los elementos que intervienen en dicho proceso. La actitud con la que uno se sitúe es fundamental para el aprendizaje que se adquiera.

El Itinerario, *modelo de la producción dramática de Usigli*

Antes de terminar este viaje considero pertinente mencionar el análisis del investigador Alejandro Ortiz Bulle-Goyri[35] sobre la obra cumbre de Usigli, donde se percibe el rigor con que el maestro aplicaba sus teorías. Apunta Ortiz:

> *El gesticulador* no intenta ser un teatro de tesis política, sino presentar una postura ética ante la realidad. Por ello en la obra no se hacen juicios de carácter partidista o ideológico. No hay contraposición de valores, sino un testimonio sobre el juego de simulaciones políticas en las que se convirtió la Revolución Mexicana. No hay una postura maniquea, sino una preocupación por ahondar en la discusión en torno a la llamada identidad nacional, a lo que Usigli llamaba *la hipocresía del mexicano*. Rodolfo Usigli denomina esta obra como *pieza* siguiendo el modelo que se plantea en su *Itinerario del autor dramático*. Ciertamente, el protagonista de *El gesticulador* no tiene *altura social*. No obstante, el carácter y las acciones de César Rubio pueden alcanzar el sentido de lo trágico, al encarnar la lucha del hombre frente a sus propias circunstancias y frente al poder establecido. Aspectos que dentro de la dramaturgia latinoamericana han adquirido una connotación muy específica, que ofrece variantes al modelo griego clásico de tragedia y

---

[35] Alejandro Ortiz Bulle-Goyri (Ciudad de México, 1958). Estudió Literatura Dramática y Teatro. Doctor en Estudios Ibéricos y Latinoamericanos por la Universidad de Perpignan (Francia). Ha sido miembro del Centro de Investigaciones Ibéricas y Latinoamericanas de la Universidad de Perpignan. Forma parte del Sistema Nacional de Investigadores; sus líneas de investigación son el teatro mexicano postrevolucionario y el teatro de Rodolfo Usigli. Profesor e investigador de tiempo completo en la Universidad Autónoma Metropolitana, donde además ha coordinado la Especialización en Literatura Mexicana del siglo XX. Fue Presidente y es miembro de la Asociación Mexicana de Investigación Teatral y profesor de asignatura en el Colegio de Literatura Dramática y Teatro, de la Facultad de Filosofía y Letras de la UNAM.

que se ha dado en llamar *tragedia latinoamericana* (en Adame 2004, 144).

Como se puede observar, Usigli sigue con tal fidelidad las normas establecidas en el *Itinerario*...que llega incluso a reducir la dimensión trágica de su propia obra. Este, entre otros, es un rasgo de la modernidad de nuestro poeta dramático, quien en otras circunstancias tal vez habría procedido como Lope de Vega en su *Arte nuevo de hacer comedias*: recomendar a los autores, en la hora de la creación, encerrar con once llaves todos los preceptos.

Precisamente, entre los estudios que contribuyen a ubicar la obra de tan relevante creador en el contexto temporal y espacial de su época y su geografía, José Ramón Alcántara destaca su papel de constructor de la modernidad teatral, no solo en México, sino en Latinoamérica, al plantear el problema de la identidad (2005, 9-22). Pero, además, ayuda a comprender el sentido de la verdad como representación, teatralidad o gesticulación —en sentido inverso al que cuestiona en su obra paradigmática—, que es el punto final de su itinerario como teórico, creador y, sobre todo, como sujeto:

> La modernidad lleva en su propuesta una estética que busca la recuperación de la conciencia de "representación", esto es, de que la realidad —y, por consiguiente, las verdades que sobre esta se construyen— no puede estar sujeta al criterio de la racionalidad objetiva porque ésta también es una construcción, es decir, una "representación". El arte, por tanto, no "imita" la realidad sino que es una de las múltiples formas en que es representada. Y es precisamente porque el arte no pretende, ni puede, ser una "imitación" de la realidad como sostenía el neoclasicismo ilustrado, su virtud entonces es revelarse a sí mismo como "arte-facto", lo que permite alejar la discusión sobre la verdad de sí mismo y dirigirla al cuestionamiento de la "verdad" de la realidad (Alcántara 2006, 16-17).

Comentario final

¿Qué conocimiento tenemos ahora del *Itinerario*, de Usigli, de la teoría y del teatro en México?

Ante la coincidencia casi unánime de creadores, investigadores, pedagogos y críticos de los beneficios que el *Itinerario del autor dramático* ha representado para el teatro en México, y en vista del largo periodo que media entre una y otra edición, no podemos más que admitir que la noción de "paradoja" nos permite comprender la complejidad del fenómeno. Conocer e investigar haciendo uso y apropiándose de la paradoja, resulta central para un re-aprendizaje pertinente. El itinerario del *Itinerario* nos descubre la necesidad de utilizar nuestro potencial humano para superar las visiones reduccionistas, fragmentarias y cerradas, a favor de la unidad/múltiple y de la dialógica alteridad/identidad, y es a partir de esta multiplicidad dialógica que el legado usigliano encuentra su lugar dentro del escenario de la complejidad.

El teatro en México ya no tiene como misión fomentar la "conciencia nacionalista" ni establecer un solo modelo dramatúrgico. Por el contrario, la alteración, deconstrucción y reinterpretación de las estructuras y de las obras existentes es una práctica cotidiana.

Es así que creadores, pensadores y espectadores del teatro del siglo XXI tenemos la oportunidad de contender no solo con conocimientos teóricos, estéticos y artísticos significativos, sino con herramientas a través de las cuales nos damos cuenta que conocemos nuestro conocer. De este modo podemos establecer un vínculo "efectivo y afectivo" (Nicolescu 2009a, 64-68), a la vez que asumir un compromiso ético con el teatro, la sociedad y la humanidad toda.

*Una versión de este ensayo se presentó en El Colegio de México y está publicada en Valender, James y Gabriel Rojo (eds.) "Los refugiados españoles y la cultura mexicana" *Actas de las Jornadas celebradas en España y México para conmemorar el septuagésimo aniversario de La Casa de España en México (1938-2008)*. México: El Colegio de México, A.C. 2010. pp. 461-482.

II. Teatro y exilio

Max Aub en el contexto del teatro contemporáneo en México*

La dimensión ética y creativa de Max Aub[36] alcanza, cada vez más, mayor relevancia conforme adquirimos mayor conocimiento de la complejidad del ser humano y de los procesos de creación, es decir, conforme dejamos de definir a la persona por uno solo de sus componentes, sea éste biológico, social o cultural. La riqueza de pensamiento y la manera de plasmarlo en su producción dramática nos revelan, ante todo, al gran humanista que fue. Veo su obra como un gran esfuerzo por comprender al individuo en su comportamiento personal y social, pero, sobre todo, de escapar de los límites disciplinarios.

La estrategia dialógica de su proceder, su concepción del sujeto, remite a las teorías de Edgar Morin, pues se situó en el centro de su propio mundo pero englobado en una subjetividad comunitaria (Morin 2002, 186-236).

El objetivo que me propongo en este trabajo es situar la obra de Max Aub en el contexto del teatro contemporáneo en México. Para ello tomaré en cuenta los siguientes aspectos: su concepción del teatro y la forma en que ésta se relaciona con otras que se desarrollaron paralelamente en el país que eligió para su exilio, los vínculos que estableció con el movimiento teatral mexicano, sus aportaciones e influencias. Por último, intentaré ofrecer una explicación de la escasa representación de sus obras.

Me anima ante todo el deseo de superar las actitudes nacionalistas y excluyentes que caracterizan a la mayoría de las historias del teatro en México,[37] pues la era planetaria actual nos invita a tomar conciencia de la comunidad de destino que une a todos los seres humanos, es decir, a mirar de una

---

[36] Max Aub (París, 1903 – Ciudad de México, 1972). Novelista, dramaturgo, poeta y crítico español de origen francés. Perteneció a la Generación del 27. Vivió en Madrid durante la Guerra Civil Española y dirigió en Valencia el grupo teatral universitario *El Búho*. Ocupó el puesto de Secretario del Consejo Nacional del Teatro (1937) en España. Obras de teatro más representativas: *Una botella* (1924), *El desconfiado prodigioso* (1924), *Narciso* (1928), *Morir por cerrar los ojos* (1944), *El rapto de Europa* (1946), *No* (1952), *El cerco* (1968).

[37] Veamos algunos ejemplos: Yolanda Argudín solo señala que "el teatro en los años cincuenta también se enriquece con las aportaciones de los extranjeros, la mayoría españoles, que a finales de los años treinta emigraron a México, personalidades como

manera prismática e incluyente.

Concepción del teatro

Max Aub, político y polígrafo, llegó a México en 1942 como parte del exilio español, luego de la derrota republicana en la Guerra Civil. En este país vivió hasta su muerte en 1972. Entre sus diferentes actividades creativas destaca la relacionada con el teatro. Según su propio testimonio, su primera experiencia como escritor correspondió al mundo teatral. Gracias al teatro también pudo dar cauce a sus inclinaciones políticas y literarias. Las razones que él mismo cita para justificar su orientación sirven para aclarar su concepción del teatro:

> Siempre tuve mayor facilidad para decir lo que tengo que decir a través de varias personas que no por mi boca, o mi ecuanimidad ante la vida me hizo pensar que el teatro era la mejor manera en que podía exponer mis ideas. No se trataba de un gusto por la notoriedad teatral o por la escena, sino una manera de exponer desde distintos puntos de vista... el parecer de mis personajes (1972).

En este comentario observamos otro de los valores epistémicos del teatro ya señalados por Aristóteles en su *Poética*. El estagirita señalaba entre las partes de la tragedia a la *dianoia* o exposición de las ideas y al *ethos* o la conducta que determinaba la toma de decisiones de los personajes representados. El menor gusto por la escena recuerda la tan discutida afirmación atribuida al pensador griego de que la *opsis* o espectáculo "seduce al alma, mas [se halla] muy alejada del arte y [es] lo menos propio de la poética" (Aristóteles 1987).

Pero, paradójicamente, los primeros ejercicios dramáticos de Aub,

---

Max Aub..."(1986). En la parte correspondiente a México en *Escenario de dos mundos. Inventario teatral de Iberoamérica* (1988), José Antonio Alcaraz (Ciudad de México, 1938 – 2001) solo hace referencia a Aub como autor de una de las obras que el Teatro Estudiantil Autónomo, dirigido por Xavier Rojas (Puebla, 1921- Ciudad de México, 2010). Por su parte, Antonio Magaña Esquivel (2000) lo omite por completo en *Imagen y realidad del teatro en México*.

como afirma Joseph Lluís Sirera, corresponden a un teatro rico en teatralidad, en efectos antiilusionísticos (2002), donde se percibe la influencia de la vanguardia teatral europea (Copeau, Dullin, Craig), pero también del Siglo de Oro español. Además, el mismo Sirera alude al conocimiento que tuvo de las teorías de Evreinov sobre teatralidad.[38] Todo esto revela su natural inclinación hacia la escena, tendencia que se enfrentaría con su vocación literaria, cuya forma de expresión por antonomasia ha sido la palabra.

Por lo tanto, en el caso de Aub —como en el de cualquier otro creador—, no se puede hablar de una concepción acabada y estática, sino de puntos de vista móviles que orientaron su práctica y que, al manifestarse, posibilitaron en ocasiones, o impidieron en otras, la interacción con el receptor.

Y, en efecto, en la vasta obra de nuestro autor se observa la confluencia de distintas tradiciones del teatro occidental, siendo aquellas donde predomina la palabra como soporte de un discurso político y del sentido lúdico las que sirven de fuente al teatro que escribió en México. La palabra, como ha señalado Silvia Monti, fue el medio que empleó para reconciliarse con su condición de exiliado:

> Para el exiliado, hombre sin raíces que ha perdido las referencias espacio-temporales, la palabra se convierte en un medio para restaurar el orden en el caos [...] de ahí la urgencia de escribir, de narrar y de

---

[38] Recordemos que Nicolás Evreinov consideraba la teatralidad como un instinto: "el de transformar las apariencias de la naturaleza". Asimismo veía en la "voluntad de teatro" un impulso que se encuentra en todos los hombres, tanto como el juego en los animales. Cualidad universal, condición pre-estética: el gusto del travestismo, el placer de generar ilusión, de proyectar simulacros de sí mismo y de lo real hacia el otro. En este acto que lo transporta y lo transforma el hombre parece ser el punto de partida de la teatralidad: es la fuente y el primer objeto. El proceso fundador de la teatralidad es pre-estético: hace un llamado a la creatividad del sujeto, pero precede a la creación como acto estético y artístico terminado. La teatralidad, en su sentido más amplio, pertenece a todos. La concepción de Evreinov está ligada a la antropología y a la etnología y no exclusivamente al teatro. Al acercar la teatralidad a lo cotidiano, Evreinov se arriesga a hacer desaparecer la especificidad de la teatralidad escénica, pero a la vez otorga a la teatralidad una extensión que merece ser explorada. Lo que Evreinov observa es que, antes de ser un fenómeno teatral, la teatralidad es una trascendencia que puede ser inducida sin pasar por el estudio empírico que supondría la observación de las distintas prácticas teatrales (Féral, 1988).

narrarse [...] objetivar su pensamiento, sus dudas, sus esperanzas a través de los personajes ocultándose detrás de ellos. Así se explica la incesante producción dramática de Aub en los primeros años del exilio [...] así se explica también la insistencia en las primeras piezas en unos pocos temas relacionados con las dramáticas experiencias vividas: el desarraigo, la delación, la lucha contra la injusticia, falta de libertad y por supuesto España como telón de fondo al mismo tiempo añorada y rechazada (2002, 8-9).

El sentido lúdico aparece en las piezas agrupadas en sus *Obras Completas* bajo el rubro de "Diversiones". Estas obras sirven a su propósito de ironizar sobre el mundo, especialmente Dramoncillo, obra en la que Aub elabora una *mise en abîme* del teatro "convencional" o de representación.

El "hombre de teatro", nunca dejó de luchar con el "dramaturgo". Decía: "lo que importa es el juego de espejos entre el actor y el espectador, o sea, la relación humana entre el artista que hace su oficio y el espectador que ha pagado por ver actuar al artista y por enterarse de lo que yo, el autor, he escrito" (Kemp 1997).

La contradicción entre dos formas de teatro se hace evidente en esta cita: por un lado, la del "teatro de arte", que reivindican los creadores a principios del siglo XX, y por otro, la del "teatro de diversión" que, sustentada desde fines del XIX, llega hasta nuestros días y de la que difícilmente pueden escapar siquiera los teatristas más lúcidos.

El teatro en México

En ocasión del Congreso Internacional sobre Max Aub celebrado en Valencia en 1993, señalé que "a fines de los años cuarenta el trabajo para dar cuerpo y vida al teatro mexicano mostraba ya sus frutos, aunque no los suficientes para que la idea de su inexistencia pudiera ser desechada" (Adame 1996).

Al afirmar lo anterior pretendía explicar cómo los proyectos teatrales emanados de la Revolución de 1910 —sustentados en la consigna de "unificación nacional" cuyo paradigma era el mestizaje racial y cultural— se habían asumido como "padres de la nueva patria teatral", cuando en realidad el teatro —que como dice Fischer-Lichte, existe donde quiera que haya una cultura (1999, 13)— podía reconocerse desde tiempos remotos en las sociedades prehispánicas, que contaban con un sistema de representación simbólico-espectacular de gran riqueza y complejidad.[39]

Existía, es cierto, una posición reductora que soslayaba la autonomía del imaginario indígena con respecto a la visión occidental que pretendía crear un "Teatro Mexicano" como expresión de la clase dominante urbana e ilustrada; cuando lo pertinente habría sido reconocer la existencia de teatros o de teatralidades que correspondieran a las distintas culturas que conforman el país. Por ejemplo: El Teatro indio y comunitario, presente sobre todo en el medio rural, pero también en el urbano, un teatro que mantiene la herencia de las culturas prehispánicas y se apropia, para sus fines, de elementos occidentales (Jiménez 1992); el Teatro popular urbano, que aunque de origen europeo, se convirtió —debido a la incorporación del lenguaje y de tipos populares— en la forma más representativa durante las tres primeras décadas del siglo XX; el Teatro educativo y de orientación política, promovido por los gobiernos revolucionarios con un carácter didáctico y propagandístico que se difundió en las poblaciones rurales; el Teatro dramático de herencia burguesa europea, que se desarrolla sobre todo en las grandes ciudades, y el Teatro de experimentación y de investigación escénica, que rompe con las formas decimonónicas y advierte permanentemente sobre la necesidad de nuevas relaciones con la realidad.

Es evidente que las afinidades de Max Aub fueron con el teatro dramático de herencia europea y con el de experimentación y renovación escénica.

Relación con el teatro en México

Por su producción dramática puede afirmarse que Aub nunca abandonó su condición de exiliado: los asuntos, los personajes, las estructuras mismas de sus obras así lo revelan. *Tránsito* de 1947 trata directamente del exilio español y de la guerra civil: el protagonista Emilio es un refugiado español que está en tránsito mientras llega el momento de regresar a España.

---

[39] Pilar Moraleda interpretó mi comentario en un sentido diferente: "En las ponencias de Bernardo Giner de los Ríos y de Domingo Adame se traza el panorama de esos años en los que autores como Villaurrutia, Usigli y Gorostiza crearon, prácticamente de la nada, el teatro mejicano" (1996).

El último piso de 1944 es protagonizada por Tamara, una exiliada rusa que huye de la dictadura comunista. *A la deriva* de 1947 tiene una estructura muy sencilla: dos personajes y un escenario único, el cuarto de un hotel pobre. Un hombre y una mujer "de la calle" descubren que son marido y mujer (se habían perdido de vista a los pocos meses de casados al verse obligados a dejar el país a causa de su militancia socialista); ella es ahora espía de la policía francesa. Para el creador la delación es el peor de los delitos, siendo consecuencia de la falta de libertad vivida bajo los regímenes policiales. Otras dos obras, *Los guerrilleros* y *La cárcel*, comparten un mismo resorte escénico: el miedo a que entre los componentes del grupo exista un delator. *No* de 1952 es una crítica a la división del mundo en dos bloques: comunista y capitalista.

A pesar de la distancia temática que separa estas obras del contexto socio-cultural inmediato, Aub estuvo en contacto con el ámbito escénico local. Entre 1947 y 1949 ejerció la función de crítico escribiendo semanalmente sobre el teatro en México. También publicó *Las maneras de representar*, un conjunto de once artículos en los que expuso los principios que, a su juicio, conforman el arte teatral. Dio clases de "Historia del teatro" y "Composición dramática" en la UNAM y formó parte, por breve tiempo, de una "Comisión de repertorio" en el INBA. Todas estas actividades confirman su interés por colaborar en la formación ética y estética de los artistas y de los públicos.

En cuanto a lo que el teatro o las teatralidades en México aportaron a Aub, el dato más preciso remite al interés que despertó en él la obra de Xavier Villaurrutia pues tanto su lenguaje como su fascinación con la muerte lo dejaron impactado, tanto así que escribió *Nuevo tercer acto*, como otro posible desenlace de *Invitación a la muerte*, de Villaurrutia. Éste, de hecho, constituyó su único intento de escribir "teatro mexicano". En algún momento comentó:

> He escrito cuentos mexicanos y seguiré escribiéndolos. Hasta tengo todavía sin hacer una gran novela mexicana. He hecho muchas películas mexicanas, malas, habladas en ese falso mexicano que hablan incluso los mexicanos más auténticos en el cine. Pero ¿teatro mexicano? (Aub en Kemp 1997).

El intento de Aub de escribir "teatro mexicano", a juzgar por lo que se infiere de su *Nuevo tercer acto*, se reduce a la mención de lugares que forman parte de la geografía nacional y a la evocación de ciertos ambientes, como el mercado de San Cosme en el Distrito Federal, "todo residuos, basura, despojos, olor de podrido, y el suelo recubierto de lodo, cáscaras, y pellejos" (Aub 2002, 430). Esto demuestra lo limitado que era la noción que tenía Aub acerca del teatro mexicano. En contraparte, resulta difícil encontrar en alguno de sus textos el testimonio de que escribía "teatro español" y, sin embargo, lo era en tanto que mostraba personas y situaciones ligadas profundamente a la sociedad y cultura españolas. Pero más allá de cuestiones de cultura nacional, lo que verdaderamente importa, como dice Silvia Monti, "es que los casos que se representan tienen validez universal y podrían ocurrir en cualquier parte del mundo" (2002, 11).

El problema de la representación

Entre 1940 y 1970 la producción teatral en México era predominantemente comercial, por un lado, e institucional, por otro, siendo esta última la encargada de otorgar subsidios a grupos experimentales. Las obras que se representaban comercialmente tenían que contar con el respaldo de la Unión de Autores Dramáticos, mientras que las que lo hacían con el apoyo de las instituciones gubernamentales debían tener el beneplácito de algún funcionario cultural. Con los grupos renovadores había mayores posibilidades de dar a conocer a los autores nuevos o marginados por los circuitos hegemónicos.

Max Aub tuvo contacto con el teatro comercial a raíz del estreno de *La vida conyugal*,[40] con el institucional, en su calidad de miembro de una comisión del INBA; con el universitario, como profesor de la UNAM; y con los grupos renovadores, con motivo del estreno que realizó el Teatro Estudiantil Autónomo[41] de *Una proposición decente*. Es decir que sus relaciones con

---

[40] *La vida conyugal* se estrenó profesionalmente el 4 de septiembre de 1944 en el Teatro Fábregas dentro de la temporada de la compañía Teatro de México. Tuvo como propósito contribuir a elevar la calidad del teatro en México. La dirección estuvo a cargo de Celestino Gorostiza quien, apoyado en su experiencia como director y en un elenco de actores provenientes (casi todos ellos) del Teatro de Orientación, realizó el montaje con rigor y creatividad.

[41] Xavier Rojas (Puebla, 1921 – Ciudad de México, 2010) creo en 1947 el itinerante Teatro Estudiantil Autónomo en el que presentó obras clásicas y modernas, así como corridos dramatizados. Los montajes se presentaban al aire libre en la ciudad de México y pueblos de los alrededores con un mínimo de escenografía y/o utilería.

el medio teatral eran propicias para lograr la escenificación de sus obras. Sin embargo, éstas no se montaron.

Al intentar explicarse su ausencia de los escenarios, el propio dramaturgo alude a la carga política de sus temas, a su postura vanguardista, al gran número de actores que requerían sus obras mayores, por ejemplo *San Juan*.[42] Si sus obras no se escenificaban, también pensaba que era "porque no era ni nacional, ni extranjero" (Moraleda 1996, 228).

La razón lo asiste solo en parte, pues teatro con carga política, vanguardista y con gran número de actores había en México por lo menos desde fines de la década de los veinte. Sí era un obstáculo importante, en cambio, su condición de exiliado que, en un país como México en busca de su identidad nacional, tendía a convertirlo en un extraño.

Esto redujo las posibilidades de Aub quien, en lugar de emprender una intensa lucha para conseguir el propósito de todo autor dramático —sorprende que, como participante en la formación de El Búho en Valencia, no haya intentado aquí algo semejante—, decidió continuar su camino escritural:

> he llegado a la conclusión de que ya mis obras no se hacen... no me importa absolutamente nada la manera con que escribo el teatro con tal de que sea teatro, de que no me importa absolutamente nada la progresión del argumento, de que no me importa absolutamente nada lo que he enseñado durante tantos años en sindicatos y universidades acerca de la construcción dramática y la historia del teatro, sino, pura y sencillamente, que me importa hacer hablar a mis personajes,

---

[42] De *San Juan* decía Octavio Paz que le parecía meritorio que Aub se atreviera a abordar el género trágico abandonado por los dramaturgos contemporáneos. Los personajes le parecían una mezcla de realismo y poesía, el diálogo eficaz con monólogos de "belleza patética", pero sobre todo admiraba su dramaticidad: "la obra de Aub es teatro. No poesía en teatro, ni teatro poético, sino teatro verdadero, sustentado en la realidad de nuestra época y animado por la imaginación. Y ésta es la única forma en que la poesía puede ser teatro: dramatizándose." Octavio Paz (1943, 319). *San Juan* aborda el tema de la intolerancia y las minorías perseguidas (un grupo de judíos a bordo del barco San Juan en 1938 que no pueden desembarcar porque no hay nación que los acepte) por lo que es de gran actualidad.

hacerlos plantear los problemas del día, para que los espectadores vean cuál es mi manera de enfocar los problemas y entablar así un auténtico diálogo entre la escena y el espectador a través de esta distancia que es el arte (Domenech y Monleón 1971).

En el énfasis que Aub pone en el diálogo de sus personajes reside, desde mi punto de vista, la mayor debilidad de su gran fortaleza creativa: su excesiva confianza en la palabra. El teatro no puede escribirse de cualquier manera: para ser teatro debe ser una escritura fijada en el cuerpo del actor.

Un hombre de su tenacidad podría haber logrado, como Usigli, Carballido o Argüelles, por citar solo algunos de los dramaturgos mexicanos más representados, convencer a cuanto empresario o funcionario fuera necesario para alcanzar sus fines. Si no lo hizo, queremos suponer, fue por una decisión que —como todas en su vida— tomó libremente. Con toda seguridad prefirió exiliarse de los escenarios con tal de seguir expresando sus ideas y aspirando a un nivel poético que en dichos escenarios apenas se alcanzaba.

Exiliados ¿o auto-exiliados? de la escena

En el sentido del exilio de los escenarios Max Aub comparte un sitio con otros dramaturgos mexicanos —con el ya citado Xavier Villaurrutia, pero también con Alfonso Reyes[43], Octavio Paz, Carlos Fuentes[44], Juan José

---

[43] Alfonso Reyes (Monterrey, 1889 – Ciudad de México, 1959). Ensayista, crítico, poeta y narrador. Estudió leyes en la Escuela Nacional de Jurisprudencia. Junto con Henríquez Ureña, Antonio Caso y José Vasconcelos fundó el Ateneo de la Juventud. Miembro de número de la Academia Mexicana de la Lengua (1940) la cual también dirigió (1957 – 1959). Fue catedrático y fundador de El Colegio Nacional. Premio Nacional de Literatura (1945). Premio del Instituto Mexicano del Libro (1953). Premio de Literatura Manuel Ávila Camacho 1953. Fue nombrado doctor honoris causa por la Universidad de Princeton (1950), la Universidad de La Sorbona (1958) y la Universidad de California en Berkeley. Obra de teatro más representativa: *Ifigenia Cruel*.

[44] Carlos Fuentes (Panamá, 1928 – Ciudad de México, 2012). Narrador y ensayista. Licenciado en leyes por la Universidad Nacional Autónoma de México, se doctoró en el Instituto de Estudios Internacionales de Ginebra, Suiza. Cofundador de la *Revista Mexicana de Literatura*. Escribió también teatro y guión cinematográfico. Obras de teatro más representativas: *El tuerto es rey* (1970) y *Orquídeas a la luz de la luna* (1982). Premios: Cervantes (1987), Príncipe de Asturias de las Letras (1994) y Gran Cruz de la Orden de Isabel la Católica (2008).

Arreola[45], entre otros—, quienes, a pesar de aportar una nueva concepción al teatro y pese a suministrarle una fuerte dosis de poesía, paradójicamente, no tuvieron fortuna escénica.

Xavier Villaurrutia, quien practicó la actuación y la dirección, llegó al teatro por la vía de la poesía, por eso fue puesto en duda el valor teatral de sus obras (Nomland 1967, 293). Lo mismo que Aub, cultivó el acto único en sus "autos profanos": *Parece mentira* de 1933, *¿En qué piensas?* de 1934, *Ha llegado el momento* de 1939, *Sea usted breve* de 1938 y *El ausente* de 1951, obras que tienen como hilo conductor un cuestionamiento de la realidad o falsedad de la existencia.

Alfonso Reyes ha sido con toda seguridad el menos representado. Incursionó en el teatro con *Ifigenia cruel*, estrenada en 1934 por el teatro Orientación, y con *Landrú*, opereta estrenada en 1953, con una reposición en 1966. Otras de sus obras son *Égloga de los ciegos* (1925) y *El pájaro colorado* (1928). Acerca de *Ifigenia cruel* hay opiniones encontradas: según Nomland, "apenas puede llamarse teatro ya que es por completo estática y más bien un recital dramático que una obra" (1967, 257). Mientras que para Héctor Azar "el diseño estructural de *Ifigenia cruel* contiene los ingredientes modulares de la tragedia clásica griega, y don Alfonso lo hizo de igual manera que los trágicos helenos diseñaron el trazo de sus obras maestras" (1982, 172).

Octavio Paz escribió una sola obra dramática, *La hija de Rappaccini*, la cual constituye un parámetro para distinguir entre literaturidad y teatralidad en el texto dramático. Paz sabía que la creación dramática era solo una parte de la obra teatral en el camino a su concretización escénica, para lo cual era necesario contar con un equipo creativo que asumiera el texto y que compartiera el mismo compromiso y la misma exigencia creativa que éste contenía. Paz se dio cuenta de que él no podría hacerse cargo de esa tarea, la cual correspondía a quienes habían determinado consagrarse por entero al teatro, así como él había elegido la literatura.

La hija de Rappaccini se estrenó en 1956 en una interpretación debida a Poesía en voz alta; posteriormente ha tenido dos reposiciones, una de ellas

---

[45] Juan José Arreola (Ciudad Guzmán, Jalisco 1918 – Guadalajara 2001). Actor y narrador. Fundador del grupo teatral Poesía en voz alta de la UNAM. Entre sus obras más representativas se encuentran: *Tercera llamada, tercera, o comenzamos sin usted* (1971) y *La hora de todos* (1954). Premios: Nacional de Lingüística y Literatura, Nacional de Periodismo, Condecoración oficial de Artes y Letras Francesas por el gobierno francés.

en versión operística. Fue escrita partiendo de una visión del teatro que reivindicaba no solo el lenguaje poético, sino también el sentido lúdico y ritual del teatro como elementos que permanecen anclados profundamente en la inefable naturaleza humana.

Juan José Arreola, actor en su juventud, estudió teatro en París con Jean Louis Barrault y Louis Jouvet. Sin embargo a su regreso a México se hizo escritor profesional. Precisamente su participación en Poesía en voz alta fue como director literario. Sus incursiones dramáticas consistieron en dos obras breves, *Tercera llamada, tercera, o comenzamos sin usted* y *La hora de todos* (1955), puestas en escena ocasionalmente por grupos universitarios.

Carlos Fuentes es autor de tres obras de teatro: *El tuerto es rey* (1960), *Todos los gatos son pardos* (1969), que en su versión de 1990 cambió a *Ceremonias del alba*, y *Orquídeas a la luz de la luna*, estrenada por el Loeb Drama Theatre de Cambridge en 1982. Consecuente con su vocación literaria, Fuentes piensa que, así como la poesía y luego la narrativa, han logrado expresar el ser mexicano, el "gran teatro" surgirá cuando hayamos rescatado nuestra voz. En ese sentido, considera válida cualquier iniciativa: "las gentes que están organizando teatro en las calles, en las carpas, tratando de darnos expresión, están llenando el gran vacío de nuestras voces que data de hace muchísimos siglos". Finalmente, se asume como un autor cuyas obras tienen que ser ejecutadas y lamenta la escasa representación de sus obras (Monleón 1978, 152).

Por todo lo expuesto es evidente que la obra de Aub comparte la misma problemática que la de estos destacados autores, cuya producción y recepción exigen una determinada competencia intelectual, como no ocurre con el teatro destinado a públicos masivos y hecho con fines didácticos o de entretenimiento.

Es entonces de lamentar que en los ámbitos donde se fomenta el ejercicio sistemático del pensamiento —las universidades y los centros culturales— un teatro con estas características no haya sido ni sea una práctica constante.

Por fortuna, el hecho de que las obras de Aub se hayan publicado nos permite albergar la esperanza de que en el futuro, conforme las sociedades se vuelvan más humanas y más creativas, dichas obras encuentren no solo interlocutores atentos, sino también los tan deseados escenificadores.

*Una versión de este ensayo se presentó en 2003 en El Colegio de México durante las "Jornadas Max Aub", con motivo del centenario del natalicio de Max Aub y publicado en Valender, James y Gabriel Rojo (eds.) *Homenaje a Max Aub*. México: El Colegio de México, Centro de Estudios Lingüisticos y Literarios, 2005, pp. 145- 157.

III. Construyendo a México desde la dramaturgia

La dramaturgia mexicana contemporánea de 1950 a 1990 y sus temas fundamentales*

Consideraciones generales

En la producción dramática en México durante las décadas que van de 1950 a 1990 es posible encontrar tres aspectos distintivos: 1) el dominio de una técnica dramatúrgica adquirida sobre todo en las cátedras de teoría y composición dramática iniciadas por Rodolfo Usigli en la Universidad Nacional Autónoma de México en 1947, así como en sus textos teóricos y dramáticos; y por el contacto de los dramaturgos con la producción de autores extranjeros contemporáneos; 2) la asimilación de una noción de escritura teatral en función de la puesta en escena, que se fundamenta en la teatralidad, es decir, la manera específica de la enunciación teatral, y 3) el tratamiento de nuevos temas y la incorporación de perspectivas y enfoques distintos de los abordados en las décadas precedentes.

Este último aspecto será tratado en el presente trabajo, en el que tomaré algunas de las obras más representativas de dramaturgos cuya producción da inicio o se consolida en la segunda mitad del siglo veinte, para reconocer el tratamiento que les dan a los temas referentes a la vida en provincia o en la ciudad de México, a la situación política y a la historia nacional,[46] temas privilegiados por los dramaturgos mexicanos durante las cuatro

---

[46] La revisión de la producción del periodo revela que, en efecto, los temas mencionados destacan sobre otros. Citaré algunos autores y títulos. Han escrito sobre asuntos provincianos: Emilio Carballido, *Rosalba y los Llaveros, la hebra de oro* y *La danza que sueña la tortuga;* Hugo Argüelles, *Los prodigiosos, Los cuervos están de luto* y *Los gallos salvajes;* Antonio González Caballero, *El medio pelo, Las vírgenes prudentes* y *Señoritas a disgusto;* Luisa Josefina Hernández, *Los frutos caídos, Historia de un anillo* y *Los sordomudos;* Jorge Ibargüengoitia, *Clotilde en su casa;* Rafael Solana, *Debiera haber obispas,* Héctor Azar, *El alfarero, El corrido de Pablo Damián;* y Carlos Olmos, *La rosa de oro* y *El eclipse.*
En cuanto a temática urbana, específicamente de la ciudad de México, se puede citar, entre otros a José Revueltas con *El cuadrante de la soledad;* Sergio Magaña con *Los signos del zodíaco* y *El pequeño caso de Jorge Lívido;* Ignacio Retes con *El aria de la locura* y *Una ciudad para vivir;* Luis G. Basurto con *Cada quien su vida* y *Los reyes del mundo;* Héctor Azar con *Olímpica* y *La apassionata;* Wilberto Cantón con *Malditos;* Emilio Carballido con sus obras en un acto recopiladas bajo el título *D.F.;* Vicente Leñero con *Los albañiles* y *Los hijos de Sánchez;* Willebaldo López , con *Los arrieros con sus burros por la hermosa capital* y *Vine,*

décadas señaladas y que tienen como referente la realidad histórica y social del país. La constante presencia de estos temas en la dramaturgia nacional puede ser explicada por las propias características del contexto social. En México, en el aspecto económico, la segunda mitad del siglo veinte inició con la intención de un avance sostenido, mientras que en lo político se gestaba una mayor participación de la población y el surgimiento de nuevas organizaciones sociales. No obstante, el desarrollo económico no ha seguido una trayectoria ascendente, ni se ha traducido en beneficios para toda la población.

La industrialización del país fomentó el nacimiento de una clase obrera que se estableció, sobre todo, en las grandes ciudades. Se impulsó el sector comercial y de servicios, así como la educación técnica y profesional. Esto, aunado al relativo descuido que sufrió la actividad agrícola, significó un retroceso en el desarrollo económico y social de pequeñas y medianas poblaciones, así como la emigración del campo a la ciudad. El "desarrollo establecido" anunciado por el gobierno de Miguel Alemán (1946-1952) se estancó a partir de los años setenta hasta alcanzar, en los ochenta, un estado crítico que alteró considerablemente la vida del país. Es por ello que se inició una "reordenación económica", para abatir la inflación e impulsar el crecimiento productivo.

El sistema político se mantuvo por más de seis décadas bajo el control del Partido Revolucionario Institucional (PRI), aunque se abrieron espacios para la oposición en los poderes legislativos federal y de los estados,

---

vi y mejor me fui; Elena Garro con *Parada de San Ángel;* Óscar Villegas con *Atlántida,* y Jesús González Dávila con *El jardín de las delicias, Los niños prohibidos* y *De la calle.*

Los temas políticos son los más abordados. Emilio Carballido ha escrito *Un pequeño día de ira, Silencio, porros pelones, ya les van a echar su máiz;* Rafael Bernal, *El maíz en casa*; Jorge Ibargüengoitia, *El atentado;* Luisa Josefina Hernández, *La paz ficticia;* Humberto Robles Arenas, *Los desarraigados;* Hugo Argüelles, *Retablo del gran relajo;* Héctor Azar, *La incontenible vida del respetable Sr. Ta Ka Brown;* Felipe Santander, *El extensionista, Los dos hermanos, Y el milagro;* Óscar Liera, *El jinete de la divina providencia;* Vicente Leñero, *Nadie sabe nada;* Guillermo Schmidhuber, *El robo del penacho de Moctezuma,* y Víctor Hugo Rascón Banda, *Playa Azul.*

A propósito de la historia nacional han escrito: Sergio Magaña, *Moctezuma II, Cortés y la Malinche;* Emilio Carballido, *Cantata a Hidalgo, Almanaque de Juárez;* Elena Garro, *Felipe Ángeles;* Luisa Josefina Hernández, *Quetzalcóatl;* Federico S. Inclán, *Los dos Juárez, El tesoro de Cuauhtémoc;* Óscar Liera, *El oro de la Revolución Mexicana;* Vicente Leñero, *Martirio de Morelos;* Willebaldo López, *Yo soy Juárez;* Juan Tovar, *Las adoraciones, Manga de clavo, La madrugada,* y Sabina Berman, *Águila o sol.*

así como en ayuntamientos y gobiernos estatales hasta llegar en el 2000 al poder ejecutivo.

En el período que se estudia han ocurrido diversos movimientos de descontento social: el movimiento "henriquista" que intentaba llevar a la presidencia de la República a un candidato independiente (al general Miguel Henríquez Guzmán) y que fue reprimido en 1952; la movilización magisterial de 1956, reactivada en 1989; el movimiento ferrocarrilero de 1958; la lucha campesina de Rubén Jaramillo, asesinado en 1962; las guerrillas en los estados de Chihuahua y Guerrero. La muestra más evidente del resquebrajamiento del sistema político y de sus instituciones fue la represión del movimiento estudiantil de 1968. En 1988, durante la campaña electoral por la presidencia de la República, la población expresó su descontento ante la situación económica, política y social del país y se manifestó a favor del candidato del Frente Democrático Nacional. Sin embargo, el triunfo le fue otorgado al candidato del PRI.

Como se ha visto, el escenario social de México muestra, a lo largo de esos cuarenta años, imágenes que conforman una realidad heterogénea e inestable. Esto ha ocasionado que los valores y las normas que rigen la convivencia se alteren y, en consecuencia, se aspire a nuevas formas de relación y comportamiento.

El teatro ha estado atento a la evolución de la sociedad mexicana. De ahí que, en su conjunto, la producción dramática de la segunda mitad del siglo XX haya integrado un discurso que expresa los sentimientos y las ideas del mexicano de ese tiempo en su búsqueda por una vida plena en lo individual y en lo social, sin atavismos ni falsas expectativas, sin abusos ni marginación, sin injusticia ni manipulación, muy diferente a lo que acontece al entrar en vigor el proyecto neoliberal. Se trata del discurso de una sociedad que parecía haber entrado en su etapa de madurez y que aspiraba al cambio, alimentada por una fuerte tradición que, antes de ser estática, se regeneraba para corresponder a las circunstancias de su época.

Obras sobre la vida en provincia

Esta dramaturgia se acerca al mundo provinciano lejos del costumbrismo y la nostalgia. Lo observa críticamente, a fin de explicar y comprender mejor los mecanismos sociales que crean relaciones satisfactorias.

En este apartado revisaré *Los frutos caídos* de Luisa Josefina Hernández y *El eclipse* de Carlos Olmos,[47] una obra que representa con creces esta temática es *Rosalba y los Llaveros* de Emilio Carballido la cual se analiza también en este libro (ver p. 75 en este libro).

Los frutos caídos (Hernández 1981) se desarrolla en una pequeña ciudad de provincia a la que llega Celia, el personaje principal, proveniente de la ciudad de México. El motivo que la guía es vender sus propiedades —la casa familiar y una huerta—, las cuales hasta esa fecha han sido administradas por su tío Fernando, quien vive ahí con Magdalena, su mujer, Dora, su hija adoptiva, y la tía Paloma, una anciana hermana del abuelo de Celia. La visita genera una gran inquietud en el matrimonio, debido a que se han acostumbrado a vivir rutinariamente, sin preocuparse por el porvenir o por darle un sentido a su existencia. Después de varios incidentes, Celia renuncia a su propósito original y anuncia que solo venderá la huerta, pero no la casa, a la cual regresará algún día cuando, como fruto caído, llegue el momento de "pudrirse en el suelo".

Así todo continúa igual: Celia regresará a su vida de hastío en la ciudad de México y los demás continuarán su interminable rutina. El fruto caído remite, simbólicamente, a la vida que no fue aprovechada en su momento de madurez, época para tomar decisiones y realizar acciones. Es, por lo tanto, un fruto desperdiciado, inútil. La pieza se manifiesta contra el absurdo de desperdiciar la vida por estar sujeto a las convenciones sociales (Foster 1984, 41).

El eclipse (Olmos 1991) es una pieza en dos actos ubicada en una pequeña población costera del estado de Chiapas. La cercanía de un eclipse de sol sirve de marco simbólico para mostrar la frustración, el aislamiento, el temor, la insatisfacción y la falta de perspectivas en las que viven los seis personajes de la pieza, cinco de ellos miembros de una familia del pueblo: la abuela, la hija, la nuera y dos nietos, y otro proveniente de la ciudad de México. La presencia del forastero —que va en busca del nieto, con el cual ha

---

[47] Carlos Olmos (Tapachula, Chiapas, 1947 – Ciudad de México, 2003). Dramaturgo. Estudió actuación y dramaturgia en la Escuela Nacional de Arte Teatral. Fue becario del Centro Mexicano de Escritores (1971, 1975). Escritor de exitosas telenovelas mexicanas como *En carne propia, El extraño retorno de Diana Salazar y Cuna de lobos*. Obras de teatro más representativas: *Tríptico de juegos, Lenguas muertas, Las ruinas de Babilonia, El dandy del Hotel Savoy, Final de viernes, La rosa de oro, El presente perfecto*.

tenido relaciones sexuales— desencadena los sentimientos que habían permanecido "eclipsados", los cuales —debido al temor que produce el inminente fenómeno natural— adquieren dimensiones inusitadas. El miedo a lo desconocido se presenta con agudeza, tanto en sus causas como en sus efectos, y la relación homosexual es abordada sin ningún sensacionalismo, por lo que adquiere sostenido interés. Otros asuntos de la pieza son: los problemas que ocasiona la falta del varón en la casa, la presencia de nuevas religiones, la influencia de la televisión y las nuevas condiciones económicas que privilegian la inversión extranjera. Las costumbres, arraigadas por muchos años, aparecen como obstáculo para enfrentar los nuevos desafíos. Después del eclipse, sin embargo, el futuro antes incierto permite atisbar la posibilidad de cambiar la vida que hasta ese momento habían llevado.

En *El eclipse* están presentes elementos que se encuentran en *Los frutos*: el aislamiento, los temores, el peso de las costumbres, pero también se incorporan otros nuevos: la relación homosexual y el tratamiento de los personajes femeninos.

Las dos obras tienen en común que el personaje que desencadena las acciones no es provinciano, sino capitalino, lo cual permite la confrontación de valores. Pero si el capitalino tiene la función de agente transformador, también es transformado, lo que da cuenta de la relación dialéctica que siempre ha existido en México entre la provincia y la capital del país. Hay en la provincia un estado de letargo social generalizado que no corresponde al propósito de desarrollo económico y cultural iniciado a mediados de este siglo.

Obras sobre la vida en la ciudad de México

Corresponde ahora el turno a *Los signos del zodíaco* de Sergio Magaña y a *Cada quien su vida* de Luis G. Basurto,[48] las cuales muestran dos enfoques

---

[48]Luis G. Basurto (Ciudad de México, 1920 – 1990). Dramaturgo y director. Estudió Derecho y la maestría en letras en la Universidad Nacional Autónoma de México, así como técnica cinematográfica en Hollywood. Fue director de la Unión Nacional de Autores y de la Compañía de Repertorio del INBA. Obras de teatro más representativas: *Los diálogos de Suzette, Cada quien su vida, El escándalo de la verdad, Miércoles de Ceniza, Con la frente en el polvo, El candidato de Dios, Corona de sangre*. Premios: Medalla de oro de la SOGEM; Medalla Agustín Lara de la Sociedad de Compositores; Premio Juan Ruiz de Alarcón (1956, 1967, 1986, 1990).

sobre la marginación urbana. La diferencia del tratamiento del tema en obras posteriores, como *De la calle* de Jesús González Dávila, reside en que en estas últimas se incrementa la carga de violencia y se clausura cualquier posibilidad de modificar la vida. Observamos que un elemento que agudiza esta diferencia radica en el crecimiento desmesurado de la ciudad, que en los años cincuenta contaba con cinco millones de habitantes y en los ochenta llegó a los veinte.

Los signos del zodíaco (Magaña 1981) transcurre en una vecindad de los años cuarenta en la ciudad de México. Los personajes son los inquilinos, la dueña del inmueble y dos "extraños": un abogado y un amigo. Aparecen también maromeros y músicos —pregoneros— e invitados a una posada que se celebra en la vecindad. Son dos los espacios en los que se desarrolla la acción: el patio de la vecindad, como espacio común, y las viviendas donde habitan individuos frustrados, marcados por una relación conflictiva consigo mismos, con sus familiares y con el resto de los moradores. Su situación económica y social es deprimente y, en lugar de aceptarla, construyen una realidad ficticia que corresponde a lo que aspiran a ser y no a lo que son. Uno de los personajes, Pedro Rojo, el "comunista", es el único que parece tener puestos los pies en la tierra. Pedro defiende a sus vecinos ante cualquier injusticia y los estimula a salir de la vecindad como una forma de liberación, aunque, paradójicamente, él se resiste a dejar ese lugar.

Los personajes más decididos modifican su vida salvando innumerables obstáculos y a costa de perpetuar la infelicidad de sus familiares. Otros, en cambio, permanecen en la mediocridad y la rutina. Al final, irónicamente —la obra concluye con el nacimiento del "Salvador"—, la vecindad se convierte en una cárcel de la cual nadie puede salir y donde el crimen y la resignación parecen ser las únicas alternativas de vida.

Magaña logra crear un verdadero microcosmos, donde habitan personajes disímbolos expuestos a una lucha por sobrevivir en un ámbito que los rebasa y sin tener los medios para hacerlo (Solórzano 1973, 220).

Cada quien su vida (Basurto 1981) es una obra sobre la prostitución y el vicio, mezclados con la religiosidad. La acción transcurre entre la noche de un 31 de diciembre y el amanecer del día siguiente y se desarrolla en un cabaret situado en un barrio popular de la ciudad de México. La obra carece de un hilo conductor, y son más bien los diversos incidentes que ocurren entre los personajes del cabaret los que desencadenan las acciones. Así, los celos entre las prostitutas, la explotación de la que son víctimas, la imposibilidad del amor, la soledad, la salvación a través de la fe, son algunos de los tópicos de la obra. Las situaciones dramáticas surgen de manera efectista, como la muerte del pianista del cabaret, dada a conocer por una de las prostitutas y que convierte el burdel en un templo donde se reza en memoria del difunto; o la muerte de un parroquiano que es arrollado por un tranvía. La "Siempreviva", personaje central, es una prostituta entrada en años, a la cual el autor caracteriza como alcohólica, agresiva, autosuficiente, mitómana, sufrida, solidaria, creyente y generosa, es decir, que reúne los polos melodramáticos del bien y el mal.

De manera simbólica, la fiesta de año nuevo se convierte en una celebración de la miseria humana, la cual solo puede trascenderse mediante la fe en Dios. De ahí que en *Cada quien su vida* se plantee la resignación para aceptar el destino que Dios ha otorgado a cada persona. Aquí aparece la diferencia fundamental con respecto a *Los signos del zodíaco*, pues en la obra de Magaña se cuestiona el acatamiento del "destino divino" que Basurto propone.

Los signos es una obra marcada por la modernidad, cuya visión emancipadora es motivo de cambio y desarrollo; no así *Cada quien su vida*, que aparece como un texto anacrónico y cuyo planteamiento refleja solo parcialmente la problemática de los marginados de la ciudad.

Obras con temas políticos

La injusticia social, el caciquismo, el abuso contra las comunidades indígenas, la crítica al rumbo que tomó la Revolución, son algunos de los temas que han sido tratados por los dramaturgos surgidos en la segunda mitad de este siglo. En ellos puede reconocerse la impronta del Teatro de Ahora y de las comedias "impolíticas", así como de *El gesticulador* de Rodolfo Usigli.

La organización popular, el contubernio prensa-gobierno y la corrupción se abordan en *El jinete de la divina providencia* de Óscar Liera, *Nadie sabe nada* de Vicente Leñero y *Playa Azul* de Víctor Hugo Rascón Banda (estas dos últimas serán comentadas enseguida) y *El jinete de la Divina Providencia* en el ensayo dedicado a Óscar Liera (ver p. 125 en este libro).

Nadie sabe nada (Leñero 1989) es un "*thriller* en dos actos", donde Leñero desarrolló una técnica de discurso teatral cuya característica principal es el manejo de distintos tiempos y espacios. La situación que plantea la obra tiene como trasfondo un robo de documentos "altamente confidenciales" sustraídos del escritorio del presidente de la República. En tanto que la acción se concentra en el propósito —de quién se apoderó de los documentos— de hacerlos públicos, a través de un periodista amigo suyo, y la respectiva búsqueda de los papeles por parte de la policía y los agentes del gobierno.

La acción se inicia cuando el licenciado Salcido hace del conocimiento del periodista, Pepe, que tiene en su poder documentos valiosos. Pepe, en su afán de conseguirlos, atraviesa por una serie de incidentes que van mostrando distintas realidades cotidianas de la gran ciudad de México: el crimen, la corrupción, la locura, el chantaje, el peligro, la soledad y el miedo.

El licenciado Salcido es asesinado sin que nadie sepa dónde quedaron los papeles, de los cuales nadie sabe a ciencia cierta qué contienen. Pepe continúa la búsqueda, motivado por varias razones. Por otra parte, la dirección del periódico entra en contacto con las autoridades judiciales para garantizarles que no publicarán nada, con lo que se evidencia el contubernio prensa-gobierno. Además, se muestra la brutal forma de operar de la policía judicial y el conflicto entre sectores del gobierno encargados de la vigilancia y la seguridad nacional.

Al final, Pepe obtiene los documentos y los entrega a un agente: un "soplón" obtiene la recompensa, el agente es estrangulado y los papeles quedan en poder de la máxima autoridad judicial.

Nadie sabe nada muestra cómo opera la maquinaria gubernamental en complicidad con la prensa para ocultar cualquier información que no convenga a sus intereses. Precisamente por la relación directa con asuntos y personajes de la vida política del momento en México, las representaciones de la obra, en 1988, fueron suspendidas temporalmente y se reanudaron luego de "pequeños ajustes" al texto, lo que constituye uno de los casos más recientes de censura en el país y que recuerda las amenazas que sufrió otra de las obras de Leñero, *Martirio de Morelos*, en 1983.

Playa Azul (Rascón Banda 1991) presenta, en un microcosmos familiar, la descomposición de todo un sistema de valores, construido con base en relaciones políticas marcadas por el servilismo y la corrupción.

La acción de la obra, precedida por un desastre natural —un temblor que contribuye a darle un aliento trágico—, transcurre en un hotel desvencijado de la costa del Pacífico mexicano. Ahí han sido convocados por "El ingeniero" —jefe de la familia, propietario del inmueble y político en desgracia—, los integrantes de la familia: su esposa "La señora" —ex prostituta, ex amante del "General" padrino político de su marido—; sus hijos Sergio —ex alcohólico y drogadicto— y su hija Silvia, madre soltera y empresaria en ciernes. Están presentes, también, Teresa —administradora del hotel—, mujer solitaria y alcohólica; y un viejo empleado, don Matías, que sufre demencia senil.

El propósito de la reunión es dar a conocer la situación política y económica por la que atraviesa el ingeniero, que ha sido retirado de su cargo por el nuevo gobierno. Ante tal situación demanda la solidaridad de familiares y empleados para reconstruir el hotel y comenzar una nueva vida. Mientras esto sucede, han ido aflorando diversos cuestionamientos sobre la legitimidad de los ingresos del ingeniero, su indignidad, su falta de responsabilidad, así como acerca de los antecedentes "oscuros" de "La señora". Finalmente, el único que apoya al padre es Sergio, en tanto que Teresa se suicida en el mar. Ante el fracaso, el ingeniero opta también por el suicidio y propicia el de su hijo. La señora y Silvia son las únicas que logran salir de Playa Azul.

El personaje del "ingeniero" está sólidamente construido, su destrucción es producto de su propia incapacidad para aceptar otra realidad que no sea la suya. No es capaz de reconocer su propia culpa, sino que se asume como víctima de las circunstancias. De ahí que en su caída arrastre a quienes, como él, no tienen la fuerza suficiente para confiar en sí mismos. Se trata de una obra de gran fuerza crítica sobre las conductas individuales y sociales.

Las obras revisadas expresan una visión particular sobre la vida política nacional, haciendo uso de distintos recursos dramáticos y teatrales. Su crítica al manejo que hacen las instituciones y los funcionarios de cuestiones públicas refleja el propósito de transformación de la sociedad mexicana y su afán de abandonar la manipulación y el abuso como formas predominantes del quehacer político.

Obras con temas históricos

El teatro mexicano ha dedicado gran parte de su producción al esclarecimiento de nuestra historia. Esto, se ha dicho, forma parte de la idiosincrasia del mexicano (Aub 1974, 231). En la dramaturgia del siglo XIX (Ignacio Rodríguez Galván,[49] José Peón y Contreras,[50] entre otros) y hasta la contemporánea, donde nuevamente Usigli destaca con su trilogía *Corona de fuego, Corona de luz* y *Corona de sombra*, hay constancia del interés por revisar el pasado como una forma de entender el presente. Es eso lo que proponen las obras que enseguida presento: *Felipe Ángeles* de Elena Garro[51] y *La madrugada* de Juan Tovar.[52]

Felipe Ángeles (Garro 1991) es una de las obras de mayor trascendencia en la dramaturgia mexicana, tanto temática como estructuralmente, y ha sido considerada la pieza más importante desde *El gesticulador* de Rodolfo Usigli (Rabell 1986, 81-83).

La pieza trata acerca del juicio y condena del general revolucionario Felipe Ángeles (1869-1919), acusado de rebelión y deserción del ejército. No obstante, el juicio es una mera "representación" (por ello el lugar en que sucede es un teatro, el Teatro de los Héroes en Chihuahua), pues el destino

---

[49] Ignacio Rodríguez Galván (Tizayuca, 1816 – La Habana, 1842). Narrador, poeta, dramaturgo, periodista y político. Formó parte de la corriente del romanticismo. Miembro de la Academia de San Juan de Letrán. Director del *Calendario de las Señoritas Mexicanas* y fundador el periódico *Año Nuevo*. Editor de *El Recreo de las Familias*. Fue redactor de la sección literaria del *Diario del Gobierno*. Obras de teatro más representativas: *Muñoz, visitador de México* y *El privado del virrey*.

[50] José Peón y Contreras (Mérida, 1843 – México, 1907). Poeta y dramaturgo. Miembro de la Academia Mexicana de la Lengua. Obras de teatro más representativas: *El castigo de Dios, María la loca* y *El conde Santiesteban, ¡Hasta el cielo!, El sacrificio de la vida, Un amor de Hernán Cortés, Gil González de Ávila, Luchas de honra y amor, Esperanzas, Juan de Villalpando* y *La hija del rey*.

[51] Elena Garro (Puebla, 1916 – Ciudad de México, 1998) Dramaturga, novelista, poeta y periodista. Estudió humanidades en la Universidad Nacional Autónoma de México. Autora de una de las mayores novelas escritas en lengua española: *Los recuerdos del porvenir* (1963). Se le considera precursora del realismo mágico. Premio Sor Juana Inés de la Cruz 1996 por *Busca mi esquela/Primer amor*. Obras de teatro más representativas: *Un hogar sólido* (1958), *Andarse por las ramas* (1958), *Los pilares de doña Blanca* (1958), *Felipe Ángeles* (1967). Premio Xavier Villaurrutia.

[52] Juan Tovar (Puebla, 1941–). Narrador y dramaturgo. Estudió teoría y composición dramática con Luisa Josefina Hernández. Ha sido profesor en diferentes escuelas profesionales de teatro y cine. Miembro del grupo Teatro Universitario fundado y dirigido por Ignacio Ibarra Mazari. Obras de teatro más representativas: *Las adoraciones* (1983), *Manga de clavo* (1985), *Manuscrito encontrado en Zaragoza* (1985), *El monje* (1988) y *Las adoraciones* (segunda versión, 1993). Premios: Nacional de Dramaturgia Juan Ruiz de Alarcón (2007) y Ariel (1987).

del general —y él no lo sabe— ha sido decidido de antemano. La muerte de Ángeles fue dictada por el "primer jefe" por convenir así a los intereses políticos, en el camino para construir un poder personal y absoluto, en oposición al gobierno democrático y popular deseado por Ángeles.

La traición y el sentido de la justicia, así como los objetivos de la Revolución mexicana de 1910, son confrontados a lo largo de tres actos que muestran la dimensión ética de Ángeles, quien, más que defender su vida, trata de explicarse su situación y evidenciar lo improcedente del juicio, así como el hecho de que los verdaderos traidores de la Revolución son quienes lo condenan.

Felipe Ángeles continúa la línea temática que aborda la historia reciente de México y hace alusión a esta historia "con vigor sostenido, sin un solo desmayo a lo largo del desenvolvimiento dramático" (Solórzano 1973, 222).

La madrugada (Tovar 1991), como las tragedias griegas, no elabora una historia "original", sino que recurre a un mito conocido (el de Francisco Villa) para interpretarlo con una concepción de gran teatralidad (Margules 1991, 1044-1045).

La obra no tiene tiempo o espacio definidos; éstos se entremezclan, según sea el personaje o la situación que se relata. Lo que importa es contar la historia a través de las diferentes voces que están involucradas en ella; los campesinos, los asesinos, los políticos, el héroe, la mujer, el pueblo. Su estructura es en cuadros. En el segundo se muestra a los campesinos en su condición actual de miseria y abandono, pese a la Revolución que planteaba reivindicaciones a su favor. Posteriormente se narra y representa, al mismo tiempo, cómo fue planeado el asesinato de Villa y qué fuerzas se unieron para ello, desde las que buscaban saciar su odio personal hasta las que deseaban exterminarlo por constituir una amenaza política, e incluso las de aquellos que lo hicieron por ganar un poco de dinero. Coherente con la estructura de un corrido, las escenas se suceden y dan cuenta de los presentimientos, del arrojo y la valentía del héroe que no le teme a la muerte, a la que se enfrenta con decisión y dignidad. Al final se exponen las repercusiones del asesinato, según los intereses que estuvieron en juego, y la forma en que acabaron los bandidos. En el epílogo, la actriz que representa a la mujer y a la tierra no deja de lamentarse de su suerte.

La muerte de Villa, plantea Tovar, es el asesinato de la esperanza que representaba la lucha revolucionaria y, por lo tanto, se cancela al amanecer para seguir viviendo una interminable madrugada.

La Revolución mexicana, tema en estas obras, ha guiado a sus autores a una revisión de las causas que originaron la derrota y traición de los ideales revolucionarios. Aparece entonces la desunión y el conflicto de intereses entre los propios mexicanos como el principal detonador de esos infaustos desenlaces. Por ello constituyen lúcidas advertencias para el porvenir.

Comentario final

Las obras que aquí se han presentado son, en mayor o menor grado, ejemplo del nivel que la escritura dramática alcanzó en México en la segunda mitad del Siglo XX. Se trata de textos que se han ganado, por derecho propio, su permanencia en el teatro nacional. Su mexicanidad, expresada en el manejo de temas, situaciones, personajes y lenguaje, les otorga una dimensión humana que, sin abandonar lo local, lo trasciende. Esta perspectiva, sostenida por la "modernidad" —de la que estas obras son destacado ejemplo—, ha sido relegada por la "posmodernidad globalizadora".

En este sentido, su vigencia, como la de toda la dramaturgia moderna, tendría que sustentarse en nuevas lecturas y tratamientos escénicos, donde las obras y sus propuestas temáticas se actualicen en una confrontación con la manera como hoy se discute y representa el mundo. Tal vez, con ese propósito, el material expuesto no solo constituya un discurso unitario que hable del México de ese periodo, sino que podría configurarse en acercamientos escénicos conectados con la actualidad.

* Una versión de este ensayo se publicó en Literatura Mexicana, Vol. IV, núm. 2 (1993) pp. 523-540.

Emilio Carballido: Dramaturgo de la modernidad mexicana*

El teatro de la modernidad mexicana es producto de la transformación de la sociedad rural a urbana, proceso que tuvo un fuerte impacto en todas las manifestaciones culturales. Uno de los impulsores de esta modernidad teatral fue, sin duda, Rodolfo Usigli quien veía en la escritura y publicación de obras dramáticas uno de los medios para el reconocimiento de la actividad teatral. Por eso dedicó su vida a escribir, a publicar, pero especialmente a formar a la nueva generación de dramaturgos, uno de ellos —el más prolífico de nuestro país— fue el maestro Emilio Carballido.[53]

Los nuevos maestros de la dramaturgia en México

Emilio Carballido junto con Sergio Magaña y Luisa Josefina Hernández, entre otros, fueron discípulos de Usigli en la Facultad de Filosofía y Letras de la UNAM y desde ahí impulsaron una concepción dramatúrgica que trascendió el empirismo y se apoyó en la técnica y la teoría del drama, sin que por ello fueran "academicistas". Por el contrario, los tres intentaron que sus obras llegaran a públicos amplios y diversificados, especialmente Carballido quien con *Rosa de dos aromas* (1985) alcanzó más de 2, 500 representaciones en la ciudad de México en cinco años de funciones, e incluso fue llevada al cine.

Las primeras obras de Carballido, Magaña y Hernández inauguran un nuevo ciclo en el teatro nacional y el conjunto de su obra llegó a ser modelo de construcción dramática. A esto hay que sumar —herencia usigliana también— su ejercicio del magisterio en distintas instituciones en donde han contribuido en la formación de numerosas generaciones de teatristas.

---

[53] Emilio Carballido (Córdoba, 1925–2008). Dramaturgo y narrador. Recibió las becas del Instituto Rockefeller (1950) y del Centro Mexicano de Escritores (1952, 1956). Obtuvo la maestría en letras especializado en arte dramático y letras inglesas en la UNAM. Obras de teatro más representadas: *La zona intermedia* (1948), *Rosalba y los Llaveros* (1950), *Te juro Juana que tengo ganas* (1963), *La vida de Chucho el Roto* (1980), *Fotografía en la playa* (1993). Su comedia *Rosa de dos aromas* (1986) es una de las más exitosas del repertorio teatral mexicano. En cine escribió el guión de *Macario* (1960), dirigida por Roberto Gavaldón. Premios: Casa de las Américas; Juan Ruiz de Alarcón; Nacional de Ciencias y Artes en el Área de Lingüística y Literatura (1996); premio Ariel y Doctorado Honoris Causa por la Universidad Veracruzana.

Si bien cada uno de estos dramaturgos posee características propias también comparten aspectos comunes como la penetrante y aguda observación de la realidad nacional, tanto en los ámbitos de la sociedad en general como en el de la familia y el individuo, ya sea en un contexto provinciano o urbano, histórico o de actualidad.

Es evidente en ellos el conocimiento y el dominio de la composición dramática manifiesto en su libertad para construir la trama y manejar tiempos y espacios, además de la diversidad temática y de la estructuración de sus piezas. Los textos de estos autores, de profundo arraigo local, desbordan esos límites y han contribuido, también, a la consolidación de la puesta en escena en México al ofrecer a los actores, los directores y los escenógrafos: personajes, situaciones, conflictos y ambientes propicios para alcanzar, en su escenificación, altos niveles de expresión teatral.

El maestro Carballido

Su producción dramática —que suma más de ciento cincuenta obras incluyendo sus piezas breves y monólogos— realizada con base en trazos esquemáticos y vigorosos, ha sido dividida en dos grandes vertientes: neorrealista, donde muestra el mundo cotidiano (*Felicidad* 1957, *La danza que sueña la tortuga* 1955, etcétera.) y fantástica, que permite el despliegue de su imaginación poética (*La hebra de oro* 1956, *La zona intermedia* 1950, etcéra.). Estas dos tendencias se mezclan en muchas de sus pequeñas piezas agrupadas bajo el título *D.F.* (Distrito Federal).

Ensayó diversos géneros aunque tuvo especial preferencia por la comedia. Abordó temas que van de lo histórico (*El almanaque de Juárez, Homenaje a Hidalgo*) a lo político (*Un pequeño día de ira, Silencio pollos pelones ya les van a echar su maíz*) incluyendo lo psicológico, existencial, mitológico y obras de temática infantil.

La magnitud de su obra creativa amerita, sin duda, una revisión constante, tanto escénica como científica, pues, además de alcanzar un notable dominio de la teatralidad realista, fue un atento observador de los comportamientos sociales. De hacerlo así, su legado se mantendría vivo y —en lugar de petrificarlo como gran monumento, también merecido— permitiría una mejor comprensión de nuestra realidad como individuos y como sociedad.

De Carballido revisaré aquí cuatro de sus obras fundamentales que cubren distintos momentos y ofrecen un panorama representativo de su significativa labor creativa y agregaré, al final, un breve comentario sobre su última obra: *Un gran ramo de rosas* (2011).

Rosalba y los Llaveros

Rosalba y los Llaveros (Carballido 1979), escrita entre 1949 y 1950, y estrenada en el Palacio de Bellas Artes el 11 de ese marzo de ese último año bajo la dirección de Salvador Novo, es una comedia que presenta la vida de una familia provinciana —los Llaveros— caracterizada por su mojigatería y obsesión por el qué dirán. A casa de los Llavero llegan Rosalba y su madre quienes, provenientes de la ciudad de México, visitan a sus parientes, después de veinticinco años de ausencia, durante la fiesta del Santuario del Cristo Negro en Otatitlán, Veracruz, en 1949.

Rosalba es una joven extrovertida cuya actitud abierta y cordial contrasta con la de sus familiares, especialmente los jóvenes. Debido a su carácter y a sus estudios en Pedagogía y Psicología se siente capaz de emprender la transformación del modo de vida de su provinciana familia.

Su primera acción es la de incitar a su prima Rita a externar sus "verdaderos" sentimientos; gracias a ello Rosalba se entera de la "vergüenza moral" con la que carga la familia: Lázaro, hermano de Rita, tuvo a los trece años una hija con la criada y el padre —por temor al escándalo— decidió que las cosas siguieran como si nada hubiera pasado. Esto ocasionó que la criada se sintiera con derechos en la casa, que su hija fuera considerada mitad criada y mitad pariente, que a Rita la rechazaran los muchachos del pueblo y a Lázaro las muchachas. Además —ante la sospecha de que Lázaro ha embarazado nuevamente a la criada— sus padres y hermana le niegan la palabra. Rita está en posibilidades de casarse con Felipe —a quien ve por una parte como alternativa para "no quedarse a vestir santos", pero, por otra, siente rechazo por no ser de "su clase".

Rosalba, impertinente y desinhibida, tiene un afán controlador —y en ello reside el defecto que habrá de revertírsele: intenta que todos se comporten como ella, es decir, sin reprimir ningún deseo y mostrando seguridad y dominio de sí mismos ante cualquier circunstancia. Carece del tacto requerido para introducirse en asuntos íntimos de los otros, aunque cree poseerlo. Su comprensión de la situación familiar es parcial, lo que permite al lector y/o espectador asumir una posición crítica en dos sentidos: frente al comportamiento de Rosalba y frente a la conducta de la familia provinciana. Así, nada de lo que Rosalba ha hecho tiene resultado positivo. En un último esfuerzo por arreglar las cosas y motivada por los celos, sugiere a su tío que case a Lázaro con la criada y que envíe a Rita al puerto de Veracruz "para que consiga otro novio". A partir de este momento, las cosas comienzan a aclararse; Lázaro, en una desesperada defensa de su dignidad, dice que él no es padre de la criatura que va a nacer y cuestiona a sus padres y parientes el miedo que siempre han tenido a las palabras. El miedo a decir la verdad, como diría Usigli.

Finalmente, Rosalba se percata de lo equivocado de su proceder y Lázaro la descubre "actuando" lo que ella le diría, pero no se atreve a hacer. Queda así al descubierto su verdadera fragilidad ubicándose en la misma dimensión que los demás: en la misma ignorancia e imposibilidad de mostrarse como verdaderamente es.

En una superación notable de los dramas familiares y costumbristas de periodos anteriores, Carballido puso en tela de juicio la tradición como mera repetición de valores establecidos y el aislamiento provinciano, ambos obstáculos para comprender tanto lo que le sucede a la propia persona como a los demás, más allá de su propio medio. Pero esto —parece decirnos Carballido— no es solo privativo de los pueblos pequeños, pues en las grandes ciudades también se dan estos casos. De ahí que Rosalba sea ridiculizada ante su presunción de entenderlo todo por tener más "mundo" y más conocimientos, solo por el hecho de vivir en la urbe. Este es el rasgo que, a nuestro juicio, le da un carácter de pertenencia local a la obra pero también de universalidad.

Las distintas situaciones dramáticas de la obra permiten reconocer un adecuado manejo de la teatralidad. Si bien los tres actos suceden en la sala de la casa, el espacio no es estático, sino que adquiere distintas formas y ambientes ante la ausencia o presencia de los personajes y de la luz eléctrica o de las lámparas de petróleo. El color también juega un papel fundamental, particularmente en el vestuario femenino cuando Rosalba y Rita se visten de jarochas para ir al baile.

La música contribuye al sentido dramático, tanto la que se oye fuera de la casa y que nos ubica en el ambiente de la fiesta, como la de la "victrola" o del piano de la sala que corresponden al estado de ánimo de los personajes. Por ejemplo cuando Lázaro, entusiasmado ante la confesión que Rosalba le hace de su amor, pone en la "victrola" la marcha "Zacatecas" y pide a su tía Aurora que toque en el piano un vals de Chopin. Un contrapunto que marca el estallido de la pasión y la belleza del romance que se inicia.

Probablemente, el mejor ejemplo de la teatralidad sea el de la escena XIX del tercer acto, cuando Rosalba, con toda intención de ser descubierta actúa su gran monólogo para Lázaro.

Más que ubicarla como una simple obra costumbrista, coincido con Frank Dauster para quien *Rosalba y los Llaveros* es una comedia bien hecha, con un sentido del humor que va más allá de la burda broma, donde el autor no censura ni elogia sino que se burla con sentido humano y fraternal. Dauster afirma que de su estreno "se podría fechar el comienzo del nuevo movimiento teatral en México" (1975, 208). Este movimiento habría de caracterizarse por tres aspectos: el dominio de una depurada técnica dramatúrgica que eleva el nivel de la creación dramática, la irrupción de nuevos enfoques en el tratamiento de temas locales que le dan carácter de universalidad y la conciencia de la teatralidad, que motiva el desarrollo de la puesta en escena.

Un pequeño día de ira

Un pequeño día de ira (Carballido 1992), escrita entre 1960 y 1961, obtuvo en 1962 el premio a la mejor obra teatral de la institución cubana Casa de las Américas. Su estreno en México tuvo lugar hasta el 22 de mayo de 1976. Esta obra es ejemplo del teatro político de Carballido, dentro del cual se ubican *Silencio pollos pelones ya les van a echar su maíz* y *Acapulco los lunes*. Plantea una denuncia de la injusta situación social que privilegia a la clase económicamente poderosa por encima del resto de la sociedad; pero también propone una estructura innovadora para la dramaturgia mexicana de la época: influencia del teatro épico brechtiano, aunque con un manejo contrario al distanciamiento sugerido por el director alemán, pues buscaba producir la identificación del público con los personajes y con la situación dramática.

A diferencia del estilo realista de *Rosalba y los Llaveros*, Carballido ensayó una forma intencionalmente teatral. La obra está estructurada en 13 cuadros que modifican el tiempo y lugar de la acción. Un narrador lleva el hilo conductor de la historia la cual se inicia la tarde de un domingo mientras los habitantes del pueblo —un pequeño puerto sobre el Golfo de México— pasean por la playa. El narrador presenta a los personajes por grupos que corresponden a un estrato social bien definido: la clase "alta" integrada por los funcionarios del municipio y los ricos del pueblo, la clase media —conformada por los comerciantes y empleados— y la clase baja en la que se incluyen pescadores y campesinos.

En la obra se intercalan varias historias, pero la que se convierte en eje es la de unos niños que sin medir las consecuencias van a "robar" mangos a la huerta de "la bruja", como llaman a la rica del pueblo, para quien esa acción infantil "es un verdadero crimen", lo que no se cansa de denunciar a las autoridades. Ante la falta de respuesta se decide a dar un escarmiento a los niños por su propia mano y, mientras ellos están en la huerta, hace un disparo que va a dar justo en uno de los niños, quitándole la vida. La "bruja" se disculpa diciendo que fue un "accidente", pero todo el pueblo opina lo contrario. Así, mientras la responsable está en libertad —pues según el Presidente municipal no tiene "una cárcel decente" para recluirla—, el "loco del pueblo", que le echa en cara a la autoridad su confabulación con la asesina, es encarcelado. El pueblo, exaltado, libera al loco, desarma a los soldados, decide encerrar a la "bruja" y expulsar a las autoridades corruptas. La obra concluye un domingo después, cuando, de nueva cuenta, el pueblo hace su acostumbrado paseo.

Estamos ante una obra didáctica que muestra lo que una comunidad es capaz de hacer cuando se siente víctima del abuso y la injusticia; revela el absurdo mecanismo que norma las relaciones entre un poder político que no representa los intereses de la sociedad y el poder económico, ambicioso y mezquino. De paso cuestiona el papel mediatizador de la iglesia.

De ahí que la obra concluya con una advertencia en voz del narrador:

> [...] Pero hubo un día de ira. Solo un pequeño día de ira [...] ¡Podría haber uno grande! (Carballido 1992, 121).

¿Incitación a la violencia? ¿Propaganda política? Estos y otros motivos temáticos se le adjudicaron a *Un pequeño día de ira*, por ello fue vista como determinada por los movimientos sociales ocurridos en Latinoamérica en los años cincuenta —especialmente la revolución cubana— y que en México tuvieron consecuencia en el surgimiento de las guerrillas durante los años setenta. Para nosotros es más bien una explicación lógica de cómo la torpeza y la ambición política y económica —donde la vida humana no vale nada— son capaces de generar reacciones insospechadas en el pueblo.

Carballido, insisto, construyó una estructura abiertamente teatral como consta en las didascalias y en la función que asigna al narrador quien, alternativamente, está dentro y fuera de la acción; así también en la visualización de los diferentes espacios: la plaza del pueblo, la poza, la casa de los Vargas, la huerta, el patio de los Marrón, la oficina municipal, la celda que, como el autor indica, tienen que ser enfatizados por las luces y "nunca serán realistas".

A la obra se le han hecho básicamente dos cuestionamientos: la utilización de personajes estereotipados y que el autor destaque su propio punto de vista. No obstante, pienso que estos dos aspectos están en adecuada relación con la estructura interna y que, por lo mismo, no constituyen ninguna limitación.

Yo también hablo de la rosa

Yo también hablo de la rosa (Carballido 1980) fue escrita en 1965 y se estrenó en abril de 1966 bajo la dirección de otro de los más destacados y respetados teatristas veracruzanos, el maestro Dagoberto Guillaumin.[54] Carballido y Guillaumin conforman la mancuerna ejemplar del teatro veracruzano.

Yo también hablo de la rosa, además de múltiples representaciones en México, ha sido escenificada y traducida en Francia. Pertenece al género diálectico como se observa en los rompimientos en el desarrollo de la acción y las "explicaciones" que se hacen del suceso que sirve de base a la obra. La anécdota es por demás sencilla: dos niños, Toña y Polo, adolescentes pobres, se van a jugar al basurero cerca de la vía del tren. Sin prever las consecuencias

---

[54] Dagoberto Guillaumin (Córdoba, 1924 – Xalapa, 2007). Director y maestro de teatro. Estudió en el Taller de Artes Escénicas de Seki Sano. Fundador de la primera escuela de teatro de la Universidad Veracruzana (1953), de la cual fue director en dos ocasiones. También director de la Escuela de Arte Teatral del INBA (1960-1963 y 1976-1980). Dirigió por más de 12 años el "Teatro Ambulante" en Veracruz, grupo enfocado a difundir el teatro en escuelas del estado. Autor del libro escolar *Expresión y Apreciación Artís*tica.

colocan en los rieles un enorme bote de cemento, provocando así el descarrilamiento. Este acontecimiento es interpretado desde distintas perspectivas.

La obra cuenta con un esquema base: comentario e ilustración, alternado con rupturas y desviaciones. Hay en ella una reiteración dramática y verbal para enfatizar su contenido épico y didáctico. Existe, pues, un interés explícito por teatralizar una historia que se refiere a la parcialidad de cada interpretación, frente a la inconmensurable riqueza de la vida. Al iniciar la obra La Intermediaria hace un largo discurso donde reflexiona sobre el corazón y la sabiduría; repentinamente interrumpe su exposición y habla de las "noticias", la acotación indica "[se escucha] el estruendo de un descarrilamiento; silbatos, gritos fierros que se arrastran sobre fierro, volcaduras. Silencio. Relámpagos deslumbradores". Posteriormente entra un "voceador" —vendedor de periódicos— anunciando la noticia aparecida en la prensa y, después, se ve a los personajes principales Toña y Polo sacando dinero de la alcancía telefónica antes de provocar el descarrilamiento. Hay pues un juego con el tiempo y el espacio enfatizado por la acción de los personajes, la iluminación, los sonidos y los objetos que aparecen en el escenario.

Frank Dauster opina que lo significativo de esta obra es su elaboración como creación estética ya que es "un dramón policiaco formulado en términos de farsa y elevado al nivel de la comedia antigua" (1975, 208).

Fotografía en la playa

Fotografía en la playa (Carballido 1991), escrita entre 1974 y 1977 y estrenada en 1984 con dirección de Alejandra Gutiérrez, es una pieza con "tono chejoviano" que muestra a cuatro generaciones de una familia que realizaba tradicionalmente una reunión anual en la playa, donde todos se tomaban una fotografía. En la pieza es la fotografía la que permite reconstruir —mediante el recuerdo de la abuela— las relaciones conflictivas que había entre los familiares, pues hacia el final de la obra —al momento de tomarse la fotografía— nos damos cuenta que casi todos han muerto y solo están vivas la abuela y la nieta.

Carballido juega hábilmente en esta obra con el tiempo y la realidad: el presente es, al mismo tiempo, pasado y futuro, mientras que la realidad es ilusión y la ilusión realidad, estos distintos planos son lo que otorgan gran teatralidad a *Fotografía en la playa* que, paradójicamente, ha sido considerada como "más literaria que dramática". Por mi parte, creo que la palabra es, en efecto, dramática; pero cumple una función teatral.

Fotografía en la playa representa la esencia de la estética de Carballido, a saber: economía de recursos expresivos, uso sintético del espacio, sucesión de imágenes, poesía de lo cotidiano y humorismo que va de lo sutil a lo sarcástico.

Un gran ramo de rosas, *gran lección de ética*

Si, como dice Edgar Morin: "Toda mirada sobre la ética debe percibir que el acto moral es un acto individual de religación: religación con el prójimo, religación con una comunidad, religación con una sociedad y, en el límite, religación con la especie humana" (2006, 24), es indiscutible que el gran ramo de rosas que Emilio Carballido nos regala como "función de despedida" es una lección de ética, tan necesaria en estos tiempos que vivimos. Se confirma también lo que Frank Dauster señaló como una de las características del teatro carballideano; la manera de presentar a sus personajes sin juicio y sin condena, con una gran simpatía por su condición humana, independientemente de la aceptación o el rechazo que la sociedad tuviera de ellos.

Y en efecto, *Un gran ramo de rosas* (Carballido 2011), estrenada en la Sala Chica del Teatro del Estado el 20 de agosto 2008 —con amorosa e inteligente dirección de Alejandra Gutiérrez—, nos muestra que es posible transformar la vida de un individuo el cual, desde una trayectoria lineal y determinista, estaría condenado a ser identificado toda su vida como criminal, por un ser complejo igual al que todos llevamos en potencia. Pero, además, puede verse claramente la trascendencia del acto solidario que, por llevar implícito el sentimiento amoroso que nos hace humanos, transforma también a quien lo emprende —sin importar cuál haya sido su origen.

En esta breve obra con dos personajes, Loli y Eduardo, están presentes los motivos dominantes de la producción del maestro Carballido: a) temática social que hace alusión a las consecuencias de vida urbana: "progreso material" y deterioro humano. Estos dos seres son representantes de esa humanidad que vive la soledad, el miedo, la necesidad, la angustia, el rencor, la inseguridad, la marginación; pero también la ilusión, la inocencia, la ternura; b) Situación dramática simple, pero abierta a soluciones imprevistas: una mujer madura y solitaria vive un intento de robo mediante el señuelo del envío de "un gran ramo de rosas". La mujer con aplomo, ingenio —pero sobre todo reconociendo al otro (el ladrón) como semejante (Morin 2006b, 115), logra sobreponerse a la agresión, dando inicio a un juego que se repetirá con frecuencia hasta modificar la realidad de ambos pues terminan unidos amorosamente; c) humor inofensivo y alegre que se manifiesta en la agilidad y precisión en el manejo de los diálogos. Vale la pena señalar que estos tres aspectos corren el riesgo de ser utilizados esquemáticamente y caer en una teatralidad superficial. El desafío al que los dramaturgos realistas se han enfrentado es al de la puesta en escena que puede, o no, modificar esa realidad conocida, prosaica, en experiencia poética extraordinaria. En este caso la puesta en escena de Alejandra Gutiérrez lo consigue gracias al cuidadoso, comprometido y sobre todo gozoso trabajo actoral de Juana María Garza[55] y Dagoberto Gama.

La gran dimensión de la obra creativa y pedagógica del maestro se resume en la lección que nos deja —y que retoma uno de los grandes valores del teatro de la modernidad, abandonado por la posmodernidad individualista y de la cual, como he tratado de mostrar, es uno de sus más notables representantes: el sentido colectivo y convivial del arte teatral, sentido que todos los teatristas y toda la comunidad debemos preservar para mantener en alto nuestra condición humana.

* Una versión de este ensayo se publicó en *Investigación teatral* núm. 13/14 pp. 63-73.

---

[55] Juana María Garza. Actriz, directora de escena y diseñadora de vestuario. Integrante de la Compañía Titular de Teatro de la Universidad Veracruzana. Directora artística de la ORTEUV (1999 – 2005). Ha formado parte de la Compañía de Teatro Clásico de la Universidad de Coahuila (actriz invitada); Infantería Teatral de la UV; Compañía Nacional de Teatro (actriz invitada en *Don Juan* de Molière, dirigida por Ludwik Margules). Participó en la película *El coronel no tiene quien le escriba*, dirigida por Arturo Ripstein. Distinción de la Asociación Mexicana de Críticos por su actuación en *La prisionera* de Emilio Carballido, dirigida por Mercedes de la Cruz (2002).

El Retablo del gran relajo de Hugo Argüelles[56]*

El título mismo de la pieza denota su teatralidad. "Retablo" significa "conjunto de figuras que representan en serie un suceso", o bien "escenario pequeño para figuras o títeres", en tanto que "relajo" es sinónimo de "divertirse" (echar relajo), aunque también es pertinente, respecto a la *dianoia* aristotélica, el sentido de "vicio, distracción o estragamiento de las costumbres" que se da a la palabra "relajación".

Las acciones del *Retablo...* se pueden resumir de esta manera: En un pequeño pueblo del estado de Veracruz, "Erasmo", político local, decide en su ambición de poder buscar el "amuleto" (el falo disecado de Napoleón) que "La mejorana", bruja gitana, le recomienda. Va a Londres a comprar el "amuleto" a un coleccionista extravagante, "Lonko", a quien Erasmo invita a regresar con él. "El coronel", ayudante de Erasmo, le disputa el poder y el "amuleto". La amante de Erasmo —también amante del coronel— le roba el "amuleto" y Erasmo la asesina junto a dos campesinos que la acompañan. El pueblo se une para vengar a los muertos. El coronel organiza una conspiración en contra de Erasmo a quien liquida aventándolo al hoyo donde se hornea la barbacoa que después es consumida por los traidores. La gente del pueblo lincha al coronel, a Lonko y a Casiopeo y, finalmente, destruye el "amuleto".

Antes de revisar los elementos que confieren teatralidad al *Retablo...* diré, en principio, que en esta obra se hace presente la concepción que Antonin Artaud tenía de la teatralidad, cuyos elementos deberían ser: "gritos, quejas, apariciones, sorpresas, efectos teatrales de toda especie, belleza mágica de los ropajes tomados de ciertos modelos rituales, esplendor de la luz, hermosura fascinante de las voces, encanto de la armonía, raras notas musicales, colores de los objetos, ritmo físico de los movimientos, apariciones de los objetos raros y sorprendentes, máscaras, maniquíes de varios metros de altura, repentinos cambios de luz..." (1976, 95-96).

---

[56] Hugo Argüelles (Veracruz, 1932 – Ciudad de México, 2003). Dramaturgo. Estudió Arte dramático en la Escuela de Arte Teatral del Instituto Nacional de Bellas Artes y obtuvo la maestría en letras modernas en la Universidad Nacional Autónoma de México. Obras de teatro más representativas: *Los cuervos están de luto*, *Los prodigiosos* y *Los gallos salvajes*. Premios: Juan Ruiz de Alarcón (1961), Nacional de Teatro (1958, 1967), de Bellas Artes (1959) y Sor Juana Inés de la Cruz (1981, 1983, 1988).

Con una función distinta a la artaudiana, la mayor parte de estos elementos afloran en el *Retablo...*: los gritos y quejas de la gente del pueblo, las apariciones de las brujas, la sorpresa ante la aparición del terrorífico *collage* de Casiopeo integrado con partes de cuerpos humanos en descomposición, efectos teatrales como el de las paredes traslúcidas para que aparezcan "los personajes" de Lonko, belleza de los ropajes, como los trajes de jarocha, o el traje de María Waleska que se sugiere idéntico al que utilizó Greta Garbo cuando interpretó ese personaje en el cine; las voces melodiosas de los copleros y, como contraste, los cantos estridentes de Lonko; los maniquíes y otros elementos cuya mención sería interminable.

El *Retablo...* es una obra espectacular que no pretende imitar o copiar algo existente, sino poner de relieve aspectos esenciales de la conducta humana. Su intención de revelarse como teatro, se percibe desde la misma caracterización de los personajes: el mimo, el coplero, los guaruras "que zapatean", las brujas "de la mejor tradición legendaria" y los "espíritus" de Lord Byron, Shelley, Ben Johnson que deberán mostrarse con "maniquíes o grandes títeres".

La relación dialéctica entre realidad y denegación opera del siguiente modo: el mundo que se presenta como real (un pueblo veracruzano) se convierte en algo irreal al exacerbarse, mediante el juego escénico, sus costumbres, actitudes, vicios y virtudes. Esto hace que el resultado teatral adquiera una dimensión de realidad susceptible de funcionar en cualquier contexto.

En cuanto a la transformabilidad sígnica, he seleccionado algunos de los signos de mayor carga significante. Esta transformabilidad —producto de una semiosis permanente e interconectada en la que cada signo significa porque los otros también significan— da por resultado mayor teatralidad.

Seguiré la conocida clasificación tricotómica del signo en icono, índice y símbolo (*Cfr.* Meyran 1993). El icono funciona miméticamente y representa algo tal y como existe en la realidad; el índice opera en situación de enunciación y remite a algo existente; y el símbolo, cuyo carácter es ficticio, aparece en sustitución de algo. El icono y el índice operan por denotación, o sea que hay un vínculo inmediato con el referente, en tanto que el símbolo lo hace por connotación, es decir, agrega un segundo o tercer significado al previo o inmediato.

Agruparé los signos en físicos, verbales, audio-visuales, de objetos y de acciones.[57]

a) Signos físicos

Los personajes del *Retablo...* representan, icónicamente, a personas que existen en la realidad; como índices señalan los roles que cumplen socialmente y son símbolos: del poder político (Erasmo) de la fuerza (el militar), de la religión (el cura), etcétera.

b) Signos verbales

El lenguaje que hablan los personajes es icono del que se emplea en la comunicación humana; los modismos y albures remiten indicialmente al habla popular veracruzana y su doble sentido tiene un carácter simbólico.

c) Signos audiovisuales

El canto, la música y los bailes son iconos de esas mismas expresiones artísticas; en su mayoría son índices del folklore veracruzano y, en cada escena de la obra, funcionan simbólicamente de manera distinta, por ejemplo, al final, son símbolo de la fuerza del pueblo y de su tradición, gracias a lo cual es posible destruir el amuleto.

d) Signos de objetos

Son abundantes los signos-objetos. Entre ellos la silla-trono, el "amuleto", las pelucas, el auto lujoso, el palanquín, el sarakoff, los prismáticos de Maruca, la pistola del coronel, los machetes, el *collage* de Casiopeo y las cabezas en picas. Su transformación ocurre de la siguiente manera: la silla-trono es icono de una silla que existe en la realidad; indica —cuando es utilizada— quién es la autoridad y es símbolo del poder. El "amuleto" —que es el signo principal en torno al cual gira toda la obra— es icono de un falo, cuando alguien lo tiene consigo indica que éste ambiciona el poder (Erasmo y el coronel) y, simbólicamente, representa el poder falocrático (machista y autoritario). Las pelucas "rubias" de los guaruras y "roja" del coronel son icono de un postizo, son señales de un cambio de personalidad y símbolo del afeminamiento. El palanquín en el que entra Lonko es icono de ese medio de transporte que, indicialmente, remite al poderoso —que es transportado— y al esclavo —que carga—, es símbolo de la prepotencia y del abuso. Los prismáticos que Maruca utiliza para ver a sus pulgas y todo lo que le

---

[57] A partir de las clasificaciones del signo teatral de Tadeusz Kowzan (1992) y Erika Fischer-Lichte (1999).

rodea, iconiza al mismo objeto real; indican una actitud de observación minuciosa y simbolizan la necesidad de contar con una visión que rebase lo inmediato. La pistola del coronel es icono del arma real, iconiza a quien es capaz de matar y simboliza la violencia. Los machetes son icono del objeto real, según el contexto, como en esta obra, es un arma y simboliza la lucha y autodefensa del pueblo.

e) Signos de acciones

Son tres los signos que nos parecen claros: el asesinato de Acacia y los dos campesinos a cargo de Erasmo, icono de un crimen, índice de la falta de respeto hacia la vida humana y símbolo de la locura; el asesinato de Erasmo, icono también de un crimen, e índice de la cobardía (lo matan cuando se descuida) y símbolo de la corrupción; por último el linchamiento del coronel, Lonko y Casiopeo, iconiza una revuelta popular, es índice de la ira del pueblo y símbolo de la justicia que el pueblo se hace por su propia mano.

Desde luego que estos signos pueden tener significados diferentes a los aquí expuestos según sean las circunstancias en las que se les interprete. Lo fundamental no obstante, es tomar en cuenta los significados icónicos e indiciales, pues de no hacerlo así se perdería la relación con la propuesta contenida en la obra.

Otra posibilidad de afirmar la teatralidad del *Retablo...* es recurriendo a las nociones de "mascarada" y "antimascarada" de Northop Frye.

En su afán de superar la tradicional división en tragedias y comedias basada en el drama verbal y que no considera el papel de la música y el decorado (escenografía y vestuario), Frye distingue cuatro tipos de drama: el "mito-drama" de carácter popular y esotérico, el "drama histórico" que es ante todo verbal, el "drama irónico" que corresponde al mimo y la "mascarada", con su opuesto la "antimascarada" que, dice, es la más espectacular de las formas dramáticas. El *Retablo del gran relaj* se ubica en esta última categoría pues "El drama de espectáculo es por naturaleza procesional y tiende al descubrimiento fragmentario, como podemos ver en todas las formas del espectáculo puro, desde el desfile de circo hasta la revista musical." (1991, 382).

Si bien el *Retablo...* no sucede en distintos espacios físicos concretos, estructuralmente se plantea un recorrido que va por distintas estancias: de la oficina de Erasmo a la casa de "la Mejorana", de ese lugar a una calle del pueblo, luego a la sala de Lonko en Londres, etcétera. En esa medida el descubrimiento de la historia se va haciendo de manera episódica.

Frye señala también que "a medida que la música y el decorado aumentan su importancia, la comedia ideal (visión de la *dianoia*) cruza la línea fronteriza del drama de espectáculo y se convierte en mascarada" (1991, 382). En el *Retablo*... hay 18 intervenciones musicales y bailables a lo largo de sus 22 cuadros. Predominan los sones, gustos, décimas y bailes veracruzanos pero también hay tonadas españolas y americanas. La música es extraordinariamente festiva y la letra de las canciones —también de Argüelles—, contiene una fuerte dosis de crítica social. Las danzas y bailes no tienen una función ornamental, sino que contribuyen rítmica y corporalmente al drama. En cuanto al "decorado" se plantean doce cambios escenográficos que van desde la oficina ostentosa de Erasmo, pasando por la "sala abigarrada de plantas y animales disecados" de "la Mejorana", la sala de Lonko con ambiente *art nouveau* donde hay vitrinas "que se prenden" y las paredes se hacen translúcidas para que aparezcan los maniquíes o títeres; hasta el cuarto de Maruca "lleno de cientos de cajas de cristal con pulgas". Estos "decorados" coinciden con los de "mascarada" que, "rara vez se desentienden de la magia".

El vestuario contempla, para el coronel, un traje militar "modelo tropical"; para la prostituta Ambrosia un vestido ridículo, para Lonko, cuando llega al puerto, un traje "como para visitar las pirámides de Egipto"; Maruca Machuca con traje de jarocha, los guauras usan peluca rubia, y el grupo de mujeres y lancheros están "ataviados con frutas y peces"; Erasmo se viste y se peina (por efecto del amuleto) como María Waleska, se trata, pues, de un conjunto exótico y estrafalario de trajes y aditamentos que producen un ambiente abigarrado y caótico.

Otras características de la "mascarada" que aparecen en el *Retablo*... son: la conexión entre el público y la comunidad que está en la escena y, aún más, se considera que los participantes son miembros "disfrazados" del público. Esto enfatiza el carácter integrador de este género en el cual la situación y los actores forman parte de la comunidad. Por ello se asemeja al mitodrama en tanto que éste "es popular para su público inmediato, pero quienes se encuentran fuera del círculo tienen que hacer esfuerzos crecientes para apreciarlo" (Frye 1991, 382).

Esta reflexión debe tomarse con reservas pues podría entrar en contradicción con el carácter antimimético al que se ha hecho referencia. No hay en el *Retablo*... tal contradicción pues es popular entre su público inmediato en un primer nivel de acceso, pero, como se ha visto, la obra tiene un nivel connotativo que le otorga una dimensión contextual más amplia pues se hace una crítica a la falta de ética en asuntos políticos y sociales.

Por último cabe señalar con Frye que la "mascarada" contiene, potencialmente, por un lado, el drama musicalmente organizado: la ópera y, por otro, un drama organizado espectacularmente: el cine. Esto permite vincular dos formas de realización: la del espectáculo musical y la cinematográfica. Ambas formas le son familiares a Argüelles, incluso a la primera, en su expresión más popular —la del teatro de revista— le rinde homenaje con esta obra.

Resulta necesario hacer notar que el universo de la "mascarada" comprende dioses, hadas y personificaciones de virtudes lo que no se encuentra en el *Retablo*... Se trata, entonces, de una "antimascarada". Esta tiene las mismas características que la "mascarada", salvo que en la "antimascarada" las figuras son demoníacas y siniestras, además de antitéticas: virtud/vicio, Dios/demonio y hada/monstruo. Pues ¿qué otra cosa son el coronel, Erasmo, Lonko, Casiopeo, entre otros, sino figuras demoníacas y siniestras enfrentadas a los personajes que representan al pueblo?

Hay sin embargo, frente a todo el magnífico y teatral aparato que conforma el *Retablo*..., un momento —en el cuadro XVI— que resulta extraño en el conjunto de la pieza. Me refiero a la reflexión de Lonko cuestionando el relajo, la corrupción y la capacidad del pueblo para organizarse, lo cual hace mientras realiza un juego sexual con los guaruras. El tono grotesco de esta situación invalida dialécticamente su trasfondo. De cualquier modo puede notarse, en varios aspectos de la obra, el propósito intelectual de la mascarada. Por lo tanto, de pretender ubicar el lugar exacto donde ocurren los sucesos, tendría que ser el interior de la mente humana. En este caso, la mente fecunda y prolija de Hugo Argüelles.

Comentario final

El conjunto de la obra de Hugo Argüelles logra crear un universo propio donde las ideas, los personajes, las situaciones, el lenguaje y los objetos están interconectados. Su contenido sígnico es abundante y su movilidad hace que se produzcan situaciones de gran teatralidad. Se trata de un material dramático-espectacular que desafía la capacidad creativa de directores, actores, escenógrafos y espectadores. Cada obra, en particular, es susceptible de múltiples interpretaciones pero, en conjunto, ofrece la posibilidad de configurar, intertextualmente, nuevas y diversas "obras teatrales".

Argüelles tenía un sólido conocimiento del lenguaje teatral y, debido a ello realizó sus obras con plena libertad temática y conceptual, donde forma y contenido se integran perfectamente. Por lo tanto, el aspecto social no aparece como algo impuesto, su fuerza crítica y de denuncia de los vicios que padecemos como sociedad radica, ante todo, en su carácter lúdico.

Al hacer la lectura de la obra argüelleana es preciso dejarse llevar por el juego. De esa manera se estimula la fantasía y se posibilitan refiguraciones igualmente imaginativas. Esto no significa que se tenga que omitir la objetividad; la diferencia del acercamiento consiste en que se requiere de un pensamiento abierto y productivo, no limitado ni pasivo, para penetrar en la rica y polifónica teatralidad de Argüelles.

*Una versión de este ensayo se publicó en *Teatros y Teatralidades en México. Siglo XX*. Xalapa, AMIT, pp. 213- 219.

La noche de Hernán Cortés de Vicente Leñero/Luis de Tavira*

La noche de Hernán Cortés (Leñero 1992) es una de las obras de Vicente Leñero[58] que muestra con claridad el propósito constante del dramaturgo por experimentar, desde el texto, con aspectos que son de su interés, como el manejo de la realidad llevada a situaciones extremas, el juego con el tiempo y con la identidad de los personajes, la inclusión de acciones simultáneas, el punto de vista como experiencia escénica y como discurso narrativo, la exploración de la memoria de los personajes y el empleo de documentos históricos o periodísticos (Leñero 1991, 86-91).

La mayor parte de estos aspectos coinciden con los postulados de la posmodernidad teatral, sin que esto signifique que sea nuestra intención afirmar aquí que *La noche de Hernán Cortés* es una obra de intención posmoderna. Mi interés es poner de relieve los valores estéticos de la obra en el marco del teatro de fin de siglo, posmoderno al fin, es por ello que realizaré el estudio de esta obra con esa perspectiva, pero destacando ante todo su sentido de teatralidad, evidente tanto en su estructura como en los múltiples códigos que emplea.

En el análisis de *La noche de Hernán Cortés* tomaré en cuenta aspectos como: el modo de representar, donde me concentraré en el punto de vista que configura estructuralmente el discurso y la escena; en el espacio y el tiempo y, por último, en la memoria y el personaje.

El modo de representar

La primera edición de *La noche de Hernán Cortés* incluye un texto del autor previo a la obra al que llama "Primeras imágenes de la historia antes de la elaboración de la obra teatral". En este texto Leñero da cuenta de todas

---

[58] Vicente Leñero (Guadalajara, 1933 – Ciudad de México, 2014). Novelista, guionista, periodista, dramaturgo. Obtuvo la beca Guggenheim (1967). Fue miembro de número de la Academia Mexicana de la Lengua. Fundador del semanario *Proceso* y colaborador en *El Heraldo de México*, *Excélsior*, *Revistas de Revistas*, *Claudia*. Fundador del semanario *Proceso* y miembro de número de la Academia Mexicana de la Lengua. Obras de teatro más representativas: *Los albañiles* (1970), *La mudanza* (1980), *La visita del ángel* (1981), *Martirio de Morelos* (1981), *Señora* (1989), *La noche de Hernán Cortés* (1992), *Nadie sabe nada* (1994). Premios: Ariel como guionista (1987, 1993, 1999, 2002), Biblioteca Breve, Fernando Benítez al Periodismo Cultural, Medalla Bellas Artes de México y Premio Nacional de Ciencias y Artes en Bellas Artes (2001).

las imágenes que tuvo de Hernán Cortés: en Sevilla, hecho un anciano, antes de morir; contemporáneo nuestro —fuera del tiempo, similar a don Quijote, pero sin llegar a serlo por "su ambición, su carnalidad, y su mala entraña" y, como el personaje de Cervantes, con un escudero-secretario—; Cortés, anhelante de regresar a la Nueva España que alude con el nombre de "México", pero imposibilitado para hacerlo a causa del juicio de residencia que se le sigue; Cortés, deseoso de recordar su pasado ante la irremediable perdida de la memoria; Cortés, dictando mensajes, cartas de relación y testamentos "en vistas a un libro que bien podría convertirse en *bestseller* internacional"; Cortés, que escucha noche a noche de su secretario "el interminable discurso que centellea en la pantalla de un procesador de palabras"; Cortés, tratando de recordar "al Hernán Cortés hombre maduro durante su parpadeo de exaltación como gobernador de la Nueva España"; Cortés, en su casa de Coyoacán contando los mismos episodios siempre y dando vida así al monstruoso capitán que apenas llegado a tierras dominadas por Moctezuma se encuentra con el Cacique Gordo de Cempoala, recibe generosísimo trato y ahí [...] en lo más alto de la pirámide mayor decide [...] derribar escalinatas abajo al gran ídolo dios del pueblo totonaca"; Cortés, quien suspende el relato a la llegada de su esposa Catalina Suárez, la Marcaida, y suspende también el empellón al ídolo dios totonaca; Cortés, quien busca los ojos de la Malinche; Cortés, en La Española, en Cuba, en Sevilla, en Coyoacán, en Cempoala, en la noche en que Malintzin está dando a luz a su primogénito y dando muerte a la Marcaida y, con ello, a sus recuerdos, a sus esperanzas "de regresar a su México de revoluciones y mariachis"; Cortés, que nunca logra conciliar el sueño (Leñero 1992, 19-22).

Con todas estas imágenes "que se presentan en el escenario" y que no son, aclara el dramaturgo, precisas ni definidas, Leñero elaboró el espectáculo virtual o imaginado que antecede a la codificación literaria de las pertinencias dramáticas, es decir a la obra dramática propiamente dicha capaz de originar la producción de espectáculos teatrales efectivos (García Barrientos 1991, 42).

Finalmente, Leñero indica "que no hay tesis histórica ni propuesta ideológica", sino solo "un intento teatral para ilustrar este esfuerzo que todos hacemos desde la inmensidad de la historia misma, igual que desde la pequeñez de nuestra biografía privada, para recordar y entender, y ver un poco mejor lo que nos ocurre" (1992, 22).

He subrayado el adjetivo teatral porque ello indica, a nuestro juicio, que no se trata de representar la historia de Hernán Cortés, ni de la Conquista de México, sino al Hernán Cortés producto de múltiples visiones, las del propio Leñero, y las de José Luis Martínez, Bernal Díaz del Castillo, Francisco López de Gómara, Fray Bernardino de Sahagún, William H. Prescott, Manuel Romero de Terreros, Salvador de Madariaga, Alfonso Toro, Artemio del Valle Arizpe, Fernando Benítez, Federico Gómez de Orozco, Geney Torruco Saravia, Miguel León Portilla[59] y Octavio Paz a cuyos textos recurre nuestro autor, como puede verse en la bibliografía utilizada para la elaboración de la obra (Leñero 1992, 91-92). Pero sobre todo, y ante tal evidencia de intertextualidad, puede decirse que se trata del Cortés que no es, que no fue, ni ha sido, sino el Cortés producto de la imaginación, el Cortés simulado, el Cortés del teatro, el Cortés posmoderno.

No se trata del modo "mimético referencial" de representar, antes bien, la "visión" de Leñero corresponde a una "pluralidad espectacular" que requiere una configuración consecuente del discurso lingüístico y escénico.

Si bien el diálogo es la forma que toma el discurso de los personajes, se trata, en realidad, de un discurso en el que predomina la voz narrativa, la del Secretario que ha ido elaborando la historia. Por lo que toca al discurso escénico, su concepción espectacular se manifiesta en las extensas y abundantes acotaciones en donde se registran los diferentes códigos propuestos. Al inicio de la obra las acotaciones o didascalias indican la variedad de elementos que corresponden a los códigos visual y sonoro: una computadora, libros, un personaje deforme —el enano—, armaduras, fantasmas y tecleo, silbidos, aullidos, risas, gritos, murmullos, música europea, cantos mayas.

---

[59]Miguel León Portilla (Ciudad de México, 1926 –). Historiador y antropólogo mexicano. Estudió Artes en la Universidad de Loyola y doctorado en filosofía en la UNAM. Ha sido director del Instituto Nacional Indigenista Interamericano (1955- 1963), cronista de la Ciudad de México (1974- 1975) y miembro de la Academia Nacional de Ciencias de Estados Unidos en el área de antropología e historia. Su obra centra el interés en los pueblos del México prehispánico, recoge y estudia las creencias, tradiciones y el pensamiento de estas culturas. Obras de investigación: *La filosofía náhuatl* (1956), *La visión de los vencidos* (1959), *Los antiguos mexicanos a través de sus crónicas y cantares* (1961), *El reverso de la Conquista* (1964), *Trece poetas del mundo azteca* (1967), *Nezahualcóyotl. Poesía y pensamiento* (1972), *Literaturas indígenas de México* (1992) y *Quince poetas del mundo náhuatl* (1994).

Tanto en el lenguaje utilizado como en los personajes y en las distintas situaciones de la obra se percibe una mezcla de lo antiguo y lo contemporáneo, cuyo mejor ejemplo es el ayudante de Cortés que oscila entre un amanuense del siglo XVI y un moderno secretario particular del siglo XX.

La obra está estructurada en cuadros, cuya unidad es temática y en los cuales se intercalan situaciones y personajes que corresponden a diferentes cuadros-espacios. Así, el primer cuadro Sevilla, muestra el estado de desesperación en el que se encuentra Cortés por el juicio de residencia que le impide regresar a Nueva España. Pero, en el mismo cuadro, Cortés interactúa, entre otros, con los fantasmas de Diego Velásquez y de Malintzin y se inicia la fiesta en Coyoacán que luego se reanuda en el siguiente cuadro ubicado precisamente en ese lugar. Hay, además, acciones simultáneas en Cuba y Cempoala.

Son trece los cuadros a través de los cuales Hernán Cortés intenta reconstruir su aventura como conquistador de México mediante un recorrido por sus recuerdos alterados poblados de fantasmas y de sueños.

El juego escénico que se desarrolla entre los personajes "reales" (Cortés, el Secretario y el Enano) y los "Fantasmas" (Malintzin, Diego Velázquez, La Marcaida y su hermana, el Cacique Gordo de Cempoala, etc.) sirve para ilustrar el efecto de simulación en la coexistencia de lo real (los personajes) y de lo imaginario (los "Fantasmas"). Por medio de la simulación se puede ver al Cortés hombre común, que deconstruye al Cortés mito o personaje de la historia oficial. Los Fantasmas no llegan nunca a ser personajes que remitan a seres reales —aunque hayan existido—, sino que conservan su inmaterialidad pues en todo momento de la obra son producto de la imaginación de Cortés. La misma historia es también simulada mediante la superposición de planos que van del hecho real al hecho registrado por cronistas e historiadores y después al hecho dramático. Por ejemplo, en el cuadro Cempoala puede observarse la simulación donde la ficción y la realidad se entremezclan en el hipotético regreso de Hernán Cortés a Cempoala, donde es acribillado por guerreros indígenas y por Malintzin (Leñero 1992, 83-87). ¿Realidad? ¿Interpretación? ¿Ficción? Todo y nada a la vez o, más bien, desvelamiento de la forma secreta de la realidad y de la historia.

Por lo expuesto anteriormente *La noche de Hernán Cortés* podría ubicarse, dentro de la clasificación del teatro posmoderno que hace Alfonso de Toro, en la categoría de Teatro de deconstrucción (1991, 450) en la línea de

Derrida (1989) que rehúye todas las metanarrativas emancipadoras, las sustituyen por una multiplicidad de juegos de lenguaje y se aprestan a deconstruir la lógica modernizadora de camino único.

Espacio y tiempo

Otra característica posmoderna de *La noche de Hernán Cortés* es el manejo que se hace del espacio y del tiempo. Hay también una deconstrucción del discurso/acción en dicha determinación. Todo está dicho retrospectivamente, pero actuado en el aquí y en el ahora, es decir en el único presente escénico posible. Este manejo permite "sacar la temática expuesta de su determinación puramente local e histórica, haciéndola trascender a la ambigüedad del individuo en general". En *La noche de Hernán Cortés* la acción tiene lugar en cuatro diferentes lugares y tiempos que no están completamente delimitados y que llegan a funcionar simultáneamente: Sevilla en 1547 (aunque se indica que también podría ser en 1990), Coyoacán en 1522, Cempoala en 1519 y Cuba en 1514. Para la solución escenográfica del estreno de la obra, Alejandro Luna,[60] a cargo de la misma, recurrió a una enorme plataforma que subía y bajaba de nivel convirtiéndose en pirámide o en rampa, así como al uso de elementos para caracterizar otros espacios ("estudio" para la buhardilla en Sevilla, "cama" para Cuba, "mesa" para Coyoacán). Sin embargo, el espacio "real" donde ocurre *La noche de Hernán Cortés* es definitivamente el espacio escénico, de ahí su teatralidad, pues no busca imitar ningún espacio físico concreto, sino ser el espacio de la imaginación, donde todo puede suceder. Así, de la buhardilla de Sevilla se transita intermitentemente a Coyoacán, de ahí a Cuba y luego a Cempoala. Como se puede observar en la siguiente acotación; "Durante la exaltación de Cortés, algunos de los Fantasmas se convierten en damas y caballeros que se ponen a danzar en parejas, siguiendo la música del oboe, ahora cantarina, alegre: están en Coyoacán. A

---

[60] Alejandro Luna (Ciudad de México, 1939 –) Arquitecto y escenógrafo. Estudió en las facultades de Arquitectura y Filosofía y Letras de la Universidad Nacional Autónoma de México. Es uno de los creadores más importantes del espacio escénico del teatro mexicano y maestro de la mayoría de escenógrafos de la actualidad. Ha trabajado con directores como: Ludwik Margules, Héctor Mendoza, Hugo Hiriart, Luis de Tavira, Antonio Serrano, Jesusa Rodríguez y Angel Norzagaray. Premio Nacional de Ciencias y Artes en Bellas Artes (2001).

la fiesta se incorpora Velázquez, que se pone a danzar con Catalina y la Hermana de Catalina: primero bailan en Cuba, luego en Coyoacán. Otros Fantasmas ocupan el entorno de la pirámide de Cempoala y participan en el sacrificio humano que culmina junto a los monolitos gemelos [...]" (Leñero 1991, 35). Esto, por supuesto, no es algo original sino que retoma ejemplos de la más sólida tradición teatral.

En cuanto al tiempo es posible constatar, desde el primer cuadro, que se ha borrado la diferencia entre pasado y presente. El secretario, por ejemplo, aparece con traje del siglo XVI sentado frente a un procesador de palabras. Tampoco hay un límite claro entre memoria, recuerdo, discurso y acontecimiento. Ante una memoria debilitada, acosada por recuerdos confusos, el discurso carece de continuidad y los acontecimientos se suceden de manera inconexa. No existe la progresión temporal que, en una obra moderna, permite el desarrollo del conflicto y su consecuente desenlace en virtud de su tejido unitario. Aún más, el conflicto no es evidente. El tiempo no se transforma sino que está concentrado en toda su infinitud teatral que conjuga en el simple transcurrir los tiempos histórico, dramático y escénico. Por ello el final de la obra no es una consecuencia de lo que aconteció previamente: la muerte de Hernán Cortés está consumada desde antes que inicie la representación. La notificación que hace el Secretario de la fecha y lugar del deceso indica solo el fin de la representación y es un dato más para la memoria, para la memoria computarizada que, después del suceso, se sigue alimentando como un intento de prolongar el tiempo.

Memoria y personaje

La memoria, se ha dicho, juega un papel importante en *La noche de Hernán Cortés*. Podría decirse, incluso, que es una obra sobre la memoria, tanto por la presencia de diversas tradiciones culturales, que han sobrevivido gracias a la memoria que se tiene de ellas y de cuyos materiales se ha echado mano para la configuración de la obra, así como por la exploración que de su propia memoria hace Hernán Cortés en un intento por existir.

Una de las tradiciones más significativas que diversas culturas han estimulado para preservar del olvido la fugaz existencia del hombre y el testimonio de sus actos y de sus ideas es el registro y acopio de datos. *La noche de Hernán Cortés* reivindica esa tradición y muestra ese registro ya sea en los inmensos volúmenes, papeles y libretas de épocas tanto presentes como pretéritas" o en lo acumulado en el procesador de palabras. La computadora y el monitor aparecen en escena no solo para darle una artificiosa actualidad a la obra, sino para contribuir a darle sentido. El equipo de cómputo y los libros que el Secretario tiene en alta estima: "sin libros es imposible recordar", dice, son parte imprescindible del discurso dramático y escénico. Libros y procesador, dos épocas y una misma tradición: preservar la memoria histórica. Hay otras tradiciones a las que se alude: ceremonias, fiestas, lenguas, artes, tanto indígenas como europeas. Pero su presencia no tiene como fin contextualizar la obra sino realzar el efecto de simulación.

La exploración que Cortés hace de su memoria exige una lectura desde el nivel semántico. ¿Qué significa la memoria? ¿Qué significa conservarla o perderla? Al plantear estos cuestionamientos surge también la necesidad de reconocer que se trata de un Cortés intemporal, sin una definición histórica. Cortés no es quien posee, desde nuestro punto de vista, "identidad única" en la obra, como anota Leñero. Por el contrario, carece de identidad. Es como sus propios fantasmas y esto lo hace ser un personaje sin un espacio y tiempo definidos y sin oportunidad de reintegrar su fragmentada unidad y de esclarecer sus recuerdos. Esto se ejemplifica en el siguiente texto:

> *Cortés*: No puedo recordar, Pancho... Todo se me olvida... Trato de hacer memoria, me esfuerzo, salgo a caminar por Sevilla y las imágenes se me vuelcan como aquellos papalotes de los tlaxcaltecas, Francisco, echados a andar al viento ¿Te acuerdas?
> *Secretario*: Nos acordamos señor...
> *Cortés*: No, yo no recuerdo, Pancho... yo no puedo regresar... (Leñero 1992, 36).

El recuerdo y el regreso son necesarios para contar con un lugar en el espacio y en el tiempo, pero son inalcanzables. Hacer coincidir espacio y tiempo imaginarios con los de la realidad es la contradicción en la que Cortés se debate y que no puede resolver. Su agonía resulta interminable pues mientras la historia —su historia— no está terminada —y no lo estará—, no tendrá lugar alguno:

Cortés: [Al secretario] Nunca vas a terminar de escribir esta historia. Todo lo olvidas, siempre estás distraído. No conservas en orden mis papeles. Pierdes las llaves. No sabes donde pusiste los lentes. Dejas que venzan las letras y los pagarés. Tachoneas mis cartas. Confundes las fechas y la pronunciación de los nombres. Pierdes la memoria... Ese, Bernal: ese es tu problema. Estás perdiendo la memoria. Poco a poco estás perdiendo la memoria, y cuando termines de perderla por completo no tendrás absolutamente nada... Serás como un indio sin alma, como una puta sin marido, como un miserable náufrago en la historia... (Leñero 1992, 42).

Y eso precisamente es Cortés: un náufrago en la historia, un náufrago que perdió y ha sido perdido por "lo único que se necesita en esta vida": la memoria, que sirve "para no morirse".

Así pues, Cortés muere por no haber conservado "la excelente memoria para registrar hasta el menor detalle de los acontecimientos" que una vez tuvo.

Lo posmoderno en La noche de Hernán Cortés

La noche de Hernán Cortés se nos revela como teatro posmoderno al carecer la fábula de una organización coherente de las acciones, donde los personajes no tienen una caracterización psicológica o determinación histórica precisa, el lenguaje es empleado en sus diversas formas de expresión, donde no se pretende comunicar un mensaje evidente, pero, sobre todo, por la carnavalización espectacular (juegos entre personajes y fantasmas, con tiempos y espacios, con pseudo-acontecimientos) que la hace ser una obra que plantea un desafío a la creatividad de creadores escénicos y a la competencia de los receptores, sean estos lectores o espectadores, aficionados o especialistas.

Es también posmoderna no porque eluda lo político, como los opositores a la teatralidad posmoderna creen que ocurre con este teatro. En todo caso, coincido con Patrice Pavis quien entiende la "despolitización" del teatro posmoderno como un rechazo a la tiranía ideológica de la posguerra. *La noche de Hernán Cortés* en su acercamiento al Conquistador, contiene una considerable fuerza política y disruptora, solo que, en efecto, no toma partido por ninguna posición maniquea como lo han querido ver quienes se ocuparon de la crítica de su puesta en escena, cuyo estreno en la Ciudad de México tuvo lugar en mayo de 1992. En efecto, dichas críticas acusaban a la obra de tomar una posición "antimexicana" (Valdés Medellín 1992, 11). Y ponían el acento en lo ideológico, en la búsqueda de referentes, en la exigencia de "respeto" hacia personajes históricos y hacia los "valores nacionales", en el reclamo de unidad y coherencia estructural y temática y en el manejo de perspectiva histórica. Es decir, en aspectos que *La noche de Hernán Cortés*, por su propia visión, no podía contener.

En cambio, sobre la teatralidad posmoderna de la cual se nutre su concepción, no hubo comentarios significativos. Luis de Tavira,[61] director de la puesta en escena comentó:

> Leñero toma una postura muy valiente y muy controvertible y que es justamente un espectáculo que busca, por medio de la teatralidad, la reafirmación de lo que somos quizá en el simple abrir preguntas. Por otro lado, hacer una obra sobre la Conquista es necesariamente caer en un cuatro, en una impostura muy grande [...] Lo interesante en la propuesta de Leñero es construir un Cortés personaje dramático, que no personaje histórico, y al plantear la imposibilidad histórica renuncia a una obra de tesis para entrar a una obra de plena ficción (1992, 25).

---

[61] Luis de Tavira (Ciudad de México, 1948 –). Poeta, dramaturgo y ensayista. Estudió letras clásicas y filosofía en el Instituto Libre de Literatura, Puente Grande, Jalisco; y arte dramático en la Universidad Nacional Autónoma de México. Fue director de la Compañía Nacional de Teatro. Fundador del grupo "Teatro Taller Épico" de la UNAM. Ha sido profesor de actuación, dirección y estética en distintas escuelas profesionales de teatro en México. Fue director del Centro Universitario de Teatro y del Centro de Experimentación Teatral. Ha dirigido cerca de 50 espectáculos teatrales en México y en el extranjero. Obras de teatro más representativas: *Sodoma y Gomorra* (1972), *El general madruga* (1982), *Novedad de la patria* (1983) y *La conspiración de la cucaña* (1989). Entre sus recientes montajes destacan *La dama boba*, de Lope de Vega (2004); *La expulsión* (2011), y en 2015 *El infierno*, lectura a 11 voces. Premio Nacional de Ciencias y Artes en Bellas Artes (2006).

Se dijo que el teatro posmoderno dejaba en entera libertad al receptor de aceptarlo o rechazarlo. La mayor parte de los comentarios críticos rechazaron *La noche de Hernán Cortés* lo cual es perfectamente válido; no lo es, en cambio, el afán de interpretar propuestas innovadoras desde modelos que no le corresponden.

La noche de Hernán Cortés no tiene una fábula aristotélica que permita seguir linealmente el desarrollo del drama, hay en cambio una situación —Cortés antes de su muerte— que adquiere diversas características según van apareciendo en su memoria imágenes y recuerdos vividos o inventados. Leñero no hace —con todo el material documental que reunió sobre el conquistador de México— una biografía globalizadora. No legitima la historia oficial de Cortés, sino que la pone a discusión desde el presente. De este modo Leñero contribuye a la comprensión de la historia al plantearle preguntas, más que reafirmar versiones de hechos consumados y aceptados. Al prolongar la existencia de Cortés hasta nuestros días y hacerlo contemporáneo nuestro, se abre una vía para pensar y representar de manera distinta la historia y la vida.

La mayoría de las acciones humanas no terminan nunca, ni tienen un tiempo y un espacio delimitados, no se acaban con la muerte de un individuo ni concluyen al cerrar la última página de un libro. Se puede querer borrar de la memoria un suceso o a una persona, como a Hernán Cortés, sin embargo, al hacerlo, estaríamos borrando parte de nosotros mismos. Al tener memoria del pasado formamos parte de ese pasado y nos proyectamos hacia el futuro.

Entonces, más que la comprensión de la historia se trata de comprender las acciones humanas para comprendernos mejor a nosotros mismos. Reconocer que estamos hechos de relatos diversos, plurales y hasta contradictorios y que existimos en la medida en que esos relatos se reproducen, es lo que nos propone la posmodernidad y lo que se percibe en *La noche de Hernán Cortés*. Se destaca en esta obra el manejo de los documentos históricos. Hay mucho que hacer teatralmente con toda la memoria acumulada, parece decirnos Leñero. La tecnología de la información está llamada a jugar un papel relevante en este campo, pero se requiere contar con sensibilidad y con imaginación creativa para transformar esa información en obra artística que rompa los límites entre realidad y ficción. En *La noche de Hernán Cortés* el punto de vista del dramaturgo fue fundamental para dar cuenta, teatralmente, de un acontecimiento distante y olvidado. Leñero dejó que Cortés jugara en el espacio y tiempo teatral donde todo es movimiento. Por lo tanto, al no elaborar un metadiscurso totalizante y excluyente, por contribuir al debate y estructurar la obra sin tomar en cuenta ni la unidad de acción, ni la progresión dramática; por hacer uso de la simultaneidad y poner el acento en el significante, por pedir prestado al pasado el material para configurar la obra y permitirnos ver en escena "una" realidad y no su imitación; por introducirnos en los meandros de la memoria y por configurar su texto con amplio sentido espectacular, pero, sobre todo, por no manipular nuestra capacidad receptora: *La noche de Hernán Cortés* es una obra que constituye un valioso ejemplo del manejo de la teatralidad posmoderna en la dramaturgia mexicana, y todavía más: prefigura una vía para superar el lastre de la gesticulación.

* Una versión de este ensayo se publicó en *Vicente Leñero. Ensayos sobre su obra dramática*, UDLA-Puebla, 1994, pp. 49-64.

Moctezuma II de Sergio Magaña *

Señalado como el dramaturgo más representativo de su generación, Magaña[62] realizó una obra dramática marcada por un profundo sentido de crítica social y por un depurado manejo de la estructura teatral. Si bien su producción no es abundante, se encuentra en ella una diversidad de géneros, estilo, temas, épocas y ambientes; aunque, con un propósito sintetizador, podría afirmar que sus preocupaciones centrales giran en torno a la conquista de México y a la situación contemporánea de país. Fue iniciador de la "comedia musical mexicana", de influencia brechtiana, con obras como *Rentas congeladas* (1960). Dos de sus obras mayores son *Los signos del zodíaco* (1981) y *Moctezuma II* (1991).

No deja de llamar la atención el hecho de que la dramaturgia contemporánea en México, a partir de 1950, dedique un reducido espacio a las obras con el tema de la "Conquista". Dos son las razones de nuestra sorpresa: la primera, porque es en este periodo cuando ocurre la consolidación y mayor desarrollo de la escritura dramática nacional lo cual permitiría suponer —y de hecho así sucedió— un incremento cuantitativo y cualitativo en esta actividad y, en consecuencia, la posibilidad de abordar temas culturalmente significativos como la invasión de los españoles a territorio indígena. La segunda, tiene que ver con el incremento de la bibliografía y del pensamiento crítico sobre este fenómeno, material que sin duda es de gran utilidad para apuntalar cualquier ensayo dramatúrgico a este respecto.

¿A qué obedece este "desinterés" de los dramaturgos mexicanos de la segunda mitad del siglo XX sobre tan relevante suceso? ¿Acaso es un asunto poco o difícilmente teatralizable? ¿O es que el peso de la historia "oficial" ha impedido la libertad creativa? ¿O los temas de actualidad han eclipsado a los del pasado? ¿A un intento de olvidar para avanzar? Probablemente cada argumento que intente servir de respuesta tendría algo de razón.

---

[62] Sergio Magaña (Tepalcatepec, Michoacán, 1924 – Ciudad de México, 1990). Dramaturgo, crítico de teatro, columnista y escritor. Estudió la maestría en letras inglesas en la Universidad Nacional Autónoma de México. Fue profesor en la Escuela de Arte Dramático y director de la Escuela de Bellas Artes en Oaxaca. Obras de teatro más representativas: *Moctezuma II, El pequeño caso de Jorge Lívido, Juguetes espaciales, Rentas congeladas, Ensayando a Moliére, Los motivos del lobo, Los enemigos, El suplicante, Santísima* y *La última Diana*. Premios: de la UCCT a mejor obra (1980), Nacional de Literatura Juan Ruiz de Alarcón por su trayectoria como dramaturgo (1988).

Estructura

Moctezuma II, tragedia en tres actos y un prólogo, está estructurada aristotélicamente, es decir que sigue las unidades de tiempo (transcurre el día 7 de noviembre de 1519, un día antes de la llegada de Hernán Cortés a Tenochtitlán), de lugar (todo ocurre en el palacio de Moctezuma) y de acción (la confrontación de Moctezuma ante su pueblo ante la llegada de los conquistadores). El marco trágico lo configuran un coro de ancianas y un semicoro integrado por los señores que rodean al personaje principal y que representan la envidia, el separatismo, la intriga, la inocencia, la maldad, la superstición y la ira: fuerzas poderosas y naturales que se ciernen sobre la cabeza del emperador azteca.

Al inicio de la pieza existe ya una alteración del orden cósmico: conflictos entre los propios mexicas, abandono de las formas tradicionales de culto religioso, presencia de los invasores, disputas por el poder. Ante esto, Moctezuma se coloca en contra de las creencias y valores establecidos lo que, a la postre, constituye su error trágico.

En el prólogo se ve a Moctezuma en el *Cicalco* (cueva de adoración y adivinación de las abuelas situada en Chapultepec) a donde acude en busca de "la noche de Huémac", es decir, de la muerte. Las viejas lo ahuyentan del lugar y se lamentan del futuro infausto: "Ay, pobrecitos de los mexicanos que han de perder sus dioses y la tierra de ellos" (Magaña 1991, 448).

Cuando el dios Quetzalcóatl aparece a través de un emisario, recrimina a Moctezuma por su debilidad, impropia de quien es "la cabeza del mundo" (Magaña 1991, 447) Es en el *Cicalco* donde Moctezuma tiene el primer contacto con el símbolo de la nueva religión: "Es la cruz. Es una forma de violencia que tu desconoces" (Magaña 1991, 450), le dicen.

Antes de que Moctezuma intervenga en la acción dramática se presenta la vida cotidiana en la casa del jefe azteca y se hacen los primeros comentarios sobre la invasión y sobre las reacciones de Moctezuma, después se da noticia de la matanza de Cholula en la que los españoles masacraron a cientos de indígenas, y se hace evidente la manipulación del Ministro para que aparezcan "cosas sobrenaturales".

En los instantes previos a su aparición, los jefes aliados muestran su falta de respeto y su rencor hacia Moctezuma, especialmente por el lugar que éste le da a la clase militar; en tanto que su hermano Cuitláhuac sale en su defensa y expone detalladamente todas las encomiendas que Moctezuma les ha dado para enfrentar a los invasores, rechaza además los presagios y acontecimientos "sobrenaturales", por considerarlos una forma de manipulación y acusa a los guerreros de ser los más temerosos.

Cuando Moctezuma aparece, alegre y desenfadado en compañía de su corte, se produce una gran tensión dramática que pone de manifiesto que el soberano está por encima de todos. La siguiente acción, descrita en una didascalia, refleja el conflicto que está en juego entre Moctezuma y los militares y es una muestra de cómo opera la teatralidad en la confrontación "teatral" de dos visiones del mundo: "Un enano ofrece flores a los señores, a quienes un gesto de Cuitláhuac obliga a tomar una. Los militares, con sus margaritas, se ven ridículos. Moctezuma toma otra y juguetea con ella" (Magaña 1991, 466).

Más adelante, cuando se preparan a salir al templo, se alcanza un momento climático:

> *Coyoacán*: Vamos todos, señores...Ahora recuerda Xocoyotzin: el pueblo espera mucho de tu presencia en el templo y quiere ver tu mano sacrificando a los treinta elegidos.
> *Moctezuma*: Cuitláhuac. (Al Ministro) Dale tu cuchillo. Él lo hará por mí.
> *Coyoacán*: ¿Y por qué, señor? El pueblo exigirá que seas tú mismo quien saque el corazón a los prisioneros.
> *Moctezuma*: ¿El pueblo eres tú?
> *Coyoacán*: ¡Pero soy un jefe guerrero y la voluntad del pueblo debe ser guiada por la voz de los sacerdotes y la clase militar! (Magaña 1991, 468-469).

Finalmente, el Ministro convence a Moctezuma de acatar el orden establecido, no sin que éste exponga su opinión adversa sobre los militares, sobre los sacrificios y sobre el equívoco de considerar a los españoles como dioses.

El segundo acto inicia también con una escena de la vida cotidiana: la relación afectiva entre Tecuixpo (hija de Moctezuma) y el joven rey de Tacuba que provoca los celos de Cuauhtémoc, sobrino del monarca, quien también la pretende. Moctezuma regresa horrorizado del sacrificio y en un arrebato golpea salvajemente a un criado que le indica la sangre que trae en el zapato; recibe después la visita del embajador maya en quien se perciben fines de espionaje, presencia el altercado entre Ixtlixóchitl y Cacama por el gobierno de Tezcoco y se dispone a esperar el resultado de la emboscada que ha ordenado se tienda a los españoles y en la que cifra sus esperanzas.

El tercero y último acto se inicia con un juego de adivinanzas de las ancianas que concluye con la predicción del futuro de Tecuixpo: será esposa de Cuitláhuac, luego de Cuauhtémoc y, nuevamente viuda, será bautizada como Isabel de Moctezuma. La parte medular de este acto se centra en la conspiración que los "aliados" urden contra Moctezuma ante la cual Cuauhtémoc reacciona indignado:

> *Cuauhtémoc*: ¿Señores, qué historia es ésta llena de intrigas y egoísmos? ¿Cómo será nunca grande un pueblo si llegado el momento todos queremos la ventaja personal? Yo no soy mejor que ustedes, no soy casi nadie; pero al menos me da horror lo mezquino de su espíritu (Los mira desesperado). Lo que ustedes quieren es... ¡el asesinato de Moctezuma, la ruina de mi pueblo! (Magaña 1991, 526).

Continúa la presentación de las tres pruebas que señalan el destino de Moctezuma: el espejo que refleja la muerte, el crucifijo ante el cual se horroriza y la putrefacción en la que se halla *Mixteca*, su antigua bella favorita, contagiada por los españoles de viruela. Desesperado Moctezuma intenta suicidarse pero es detenido por las ancianas y por Tacuba. La catástrofe se inicia cuando llegan las noticias del fracaso de la emboscada, a causa de la traición de los propios guerreros mexicas. En uno de sus últimos encuentros con el Ministro el gobernante azteca justifica su proceder:

> *Moctezuma*: No me juzgues. Estoy más allá de ti.
> *Ministro*: Se explica entonces que nunca te haya comprendido. Venimos, parece, en tiempos distintos. No era el tuyo todavía.
> *Moctezuma*: Sí, no era mi tiempo todavía.
> *Ministro*: Y cuando un hombre está fuera de su tiempo, los Dioses lo destruyen... (Magaña 1991, 542).

Por ello, cuando van al encuentro de Cortés, Moctezuma expresa su dolorosa conclusión:

> *Moctezuma*: Ahora te toca a ti, Cortés... Tú ganas porque te acompañan la traición y los gritos... pero la fuerza de mi silencio ha de pasar el ruido de las cosas... ¡Tú ganarás, pero yo lucharé contra ti a mi manera, hasta el fin, hasta que el polvo de los días nos agigante (...) ¡Salgamos, señor, es la hora! (...) ¡más allá de todo esto vendrá el nombre de Moctezuma a chocar contra el oído de los bárbaros! (Magaña 1991, 547).

Además de las referencias históricas mencionadas se hacen otras a la Malinche y a la alianza de los tlaxcaltecas con los españoles, lo que permite reconocer en la obra a los personajes y situaciones históricas de la conquista.

La complejidad de la que ha sido dotado el personaje de Moctezuma se percibe en todos los rasgos perfectamente delineados que manifiesta a lo largo de la obra: tranquilidad ante los nefandos augurios, confianza en sus ideas, deleite ante la belleza, amor filial, rechazo a los sacrificios y a las guerras, habilidad política, enemigo de la altanería y lo pusilánime; reflexivo, racional, culto; aunque también débil, indeciso y soberbio. Moctezuma sostiene la razón frente a la violencia, el sentido común frente a las supersticiones, el respeto a la naturaleza y a la vida por encima de la idolatría a los dioses. Encarna una concepción moderna del gobierno, por ello dice de sus antecesores: "Dominaron sin gobernar. Mira las consecuencias: un pueblo bárbaro con leyes bárbaras" (Magaña 1991, 493).

Teatralidad en Moctezuma II

La teatralidad, además de percibirse en la fuerza de las palabras que reclaman ser dichas, está determinada por la presencia de elementos audiovisuales que poseen un profundo carácter simbólico. Sirva de ejemplo el prólogo. En la primera didascalia se indica:

> *Oscuridad. Un haz de luz ilumina el lugar donde están las tres Ancianas del Coro, sentadas en una especie de tronco de árbol. Una de ellas levanta la mano llena de copal sobre un braserito de barro. Del fondo sube el grito ronco y excitante de un caracol guerrero. Las Ancianas 1a. y 3a. se hunden en el asiento, como abatidas, mientras la 2a. arroja copal a las brasas. Surge la columna de humo* (Magaña 1991, 445).

Las acciones del prólogo suceden de la siguiente forma: las ancianas cosen plumas en una capa mientras gritan y gimen, luego, entre dos hachones que portan dos enanos entra Moctezuma quien, al llegar al centro, cae postrado. Las ancianas lo rechazan. Se escuchan "ecos irreales" y risas. Moctezuma se hiere un muslo con un cuchillo de obsidiana. "Un ruido de plumas metálicas avanza desde la oscuridad", son los pasos de Quetzalcóatl que se coloca en el área iluminada. El Dios lo recrimina. Los enanos le quitan las insignias al Dios y queda al descubierto el mancebo que lo representaba. Finalmente, las ancianas pronostican la muerte de Moctezuma y de su pueblo en el momento en que se escucha una música occidental del siglo XVI. Entonces el joven levanta una cruz de madera, y se percibe un galope de caballos y un relámpago en el cielo, mientras que las ancianas "se cubren el rostro con máscaras de querubines de caritas policromadas y alitas blancas saliéndoles del cuello". El prólogo concluye con la fusión de música española y mexica.

Los gritos, el ruido metálico de las plumas, el mancebo despojado, la música occidental, la cruz, el galope, las máscaras de querubines, y la música española mezclada con la indígena constituyen signos que, en su interacción, expresan las características del choque cultural causado por la Conquista.

Comentario final

En *Moctezuma II* se puede reconocer con nitidez el acontecimiento histórico de referencia. No se puede poner en duda que ocurrió efectivamente: personajes, fechas y sucesos están consignados en diversos textos y forman parte de la historia oficial de México. Lo que nadie podría afirmar es que haya ocurrido del modo en que Magaña lo presenta, especialmente el comportamiento de Moctezuma, pero ¿quién podría afirmar cómo fue en realidad? Vale la pena recordar lo que Todorov señala al respecto "faltan, por desgracia, los documentos que nos hubieran permitido penetrar en el universo mental personal de ese extraño emperador: frente a los enemigos se niega a emplear su inmenso poder, como si no estuviera seguro de querer vencer" (1987, 62).

Solo queda hacer suposiciones, como es el caso de Gómara, citado por el mismo Todorov: "A mi parecer, o fue muy sabio, pues pasaba así por las cosas, o muy necio, que no las sentía" (1987, 63).

Es por lo tanto el tratamiento teatral el que da la dimensión trágica que la historia le ha escatimado a Moctezuma, con lo cual se vuelve intemporal y universal. Magaña ha creado un personaje que no pretende ser el que los cronistas describen, pero tampoco el que realmente existió, sino el Moctezuma que puede decirle algo al lector o espectador de nuestro tiempo y del porvenir.

El autor procede hermenéuticamente y, gracias a ello, el personaje y la obra en su conjunto no mienten ni engañan: son auténticos en la realidad de la obra dramática, el reto es que al transformarse ésta en representación escénica puedan mantener esa actitud que corresponde a la verticalidad cósmica y consciente (Nicolescu 2009a, 45).

*Una versión de este artículo se publicó en *Teatros y Teatralidades. Siglo XX*. Xalapa, AMIT, pp. 207-212.

Olímpica de Héctor Azar*

Héctor Azar,[63] "Hijo del Santo Padre Teatro" como el mismo gustaba llamarse, fue, en efecto, un auténtico *Zoon theatrycon*, un creador consagrado al teatro: dramaturgo, director, maestro, teórico y promotor teatral.

En su perspectiva, el objetivo teatral consistía en encontrar la forma adecuada de expresión. En sus lecciones de dramaturgia proponía (aún en contra de su propia práctica) que la obra dramática no debería acotarse, ya que de esta manera el dramaturgo suple al director. Contradicción que en su caso revela su posición como creador escénico.

Lo importante era construir una historia sostenida en un fenómeno real para que los personajes tuvieran consistencia.

Pero, ante todo, el creador teatral consideraba que la búsqueda del público le da razón de ser a la actividad del dramaturgo y del hombre de teatro. Se debería llamar la atención del público pues "El teatro es la forma más perfecta de la educación". *Olímpica* (1988) se sitúa en la línea de las obras que abordan la vida de los marginados en la ciudad de México. Entre las que se encuentran: *El cuadrante de la soledad* de José Revueltas,[64] *Los signos del zodíaco* de Sergio Magaña, *Una ciudad para vivir* de Ignacio Retes,[65] *Cada quien su vida*

---

[63] Héctor Azar (Atlixco, Puebla, 1930 – Ciudad de México, 2000). Dramaturgo, poeta y ensayista. Estudió Derecho y las maestrías en letras modernas y francesas en la UNAM. Fundador del Movimiento de Teatro Trashumante; del Centro de Experimentación Teatral del Instituto Nacional de Bellas artes; así como de la revista teatral *La Cabra* y de la Compañía Nacional de Teatro. Creó el Centro de Arte Dramático, A.C. CADAC. Obras de teatro más representativas: *La apassionata* (1958), *Olímpica* (1962), *Inmaculada* (1972). Textos de teoría teatral: *Zoon theatrycon* (1977), *Funciones teatrales* (1982) y *Cómo acercarse al teatro* (1988).

[64] José Revueltas (Santiago Papasquiaro, 1914 – Ciudad de México 1976). Escritor. Además de escribir novelas y cuentos, también fue dramaturgo, guionista, ensayista y crítico político. Obras de teatro más representativas: *Israel* (1947) y *El cuadrante de la soledad* (1971). Premio Xavier Villaurrutia (1967) por su trayectoria literaria.

[65] Ignacio Retes (Ciudad de México, 1918 – 2004). Director, dramaturgo, actor y guionista de cine. Egresado de la facultad de Letras de la Universidad Nacional Autónoma de México (1938). Becario de la Fundación Guggenheim (1997). Como actor participó en Teatro de medianoche y Grupo Repertorio de Usigli; y en el Teatro de las Artes de Seki Sano. Fue fundador del Teatro Universitario de San Luis Potosí; fundador y director del grupo teatral La Linterna Mágica, y director de los teatros del IMSS. Fue profesor y director de la Academia de la Asociación Nacional de Actores y profesor del Instituto Cinematográfico de México.

de Luis G. Basurto, *Atlántida* de Óscar Villegas[66] y *De la calle* de Jesús González Dávila.

Olímpica, "tragicomedia" o "auto sacramental" mexicano fue estrenada en 1964 bajo la dirección de Juan Ibáñez.[67] La obra muestra, según María del Carmen Millán:

> a jóvenes desorientados, niñas a medias, madres dominantes, solteronas hambrientas, amantes frustradas, seres desajustados mental y psíquicamente, maniatados por el ejercicio profesional de la miseria, por el fantasma de una justicia inexistente; cobijados por el velo deshilachado de una religiosidad convencional [que] se mueven dentro de su problema personal, irremisiblemente condenados" (Millán, en Azar 1988, 13).

Por sus características estructurales podría corresponder a un modelo posmoderno (palimpséstico, intercultural e intertextual) compuesto de: narración, coros, diálogos, poesía, personajes del mundo grecolatino, acciones que ocurren en una zona popular de la ciudad de México, lenguaje que lo mismo emplea frases extraídas de la poesía española que recurre a las formas más coloquiales del habla citadina. No obstante esta aparente dispersión, la obra mantiene una coherencia interna y revela un amplio sentido de teatralidad.

La acción ocurre en una zona céntrica de la ciudad de México, los personajes están distribuidos en grupos homogéneos: los habitantes de la vecindad, los limosneros —coro de hombres llamado "los atridas"— y tres

---

[66] Oscar Villegas (San Luis Potosí, 1943 – 2003). Dramaturgo. Estudió Artes en la Academia de San Carlos, Dramaturgia en la Universidad Nacional Autónoma de México y teatro en el Instituto Nacional de Bellas Artes. Colaboró en el Periódico *El Heraldo de México* en la sección de crítica de Teatro (1968 – 1972). Obras de teatro más representativas: *La paz de la buena gente* (1967), *Renacimiento* (1967), *Santa Catarina* (1977), *El señor y la señora* (1969), *Marlon Brando es otro* (1969), *Atlántida* (1976), *El reino animal* (1982), *Mucho gusto en conocerlo* (1985), *Lo verde de las hojas* (1990). Premios: Juan Ruiz de Alarcón (1980) y Protea (1976).

[67] Juan Ibáñez (Guanajuato, 1938 –Ciudad de México, 2000). Actor, guionista, productor, director de cine y teatro. Dirigió entre otras obras *Divinas palabras* de Ramón María del Valle-Inclán, la película *Los caifanes* y la ópera *Don Giovanni*.

mujeres locas. Hay otros personajes como el poeta, el policía y el licenciado. El eje de la acción lo constituye la relación amorosa entre Cuca, hija de la dueña de la vecindad, mujer soltera de 37 años y Eddy, joven sometido a la relación materna. Viven una tormentosa relación que concluye con el suicidio de Cuca —después de varios intentos—, el cual, entre ingenuidad y humor negro, se prepara con sumo cuidado.

De modo paralelo se plantean otras relaciones amorosas igualmente frustradas, aunque quizá sería más adecuado decir que todas las relaciones presentes en la obra están marcadas por la frustración: entre padres e hijos, entre esposos, entre amantes y, desde luego, entre los hombres y Dios.

Teatralidad en *Olímpica*

Para acercarme a *Olímpica* he recurrido a los postulados de la teatralidad debido a que, además de considerar que en esta obra predomina una concepción "teatralista", es mi interés que los análisis de la obra dramática sirvan a los practicantes del teatro no como una imposición que limite sus capacidades creativas, sino como propuestas que incentiven la búsqueda permanente de significados y significantes que enriquezcan y actualicen los textos dramáticos.

La teatralidad es un acto de ostensión que designa al teatro como tal y no como "real". Se trata de un acto de transformación: de lo real, del sujeto, del cuerpo, del espacio, del tiempo. Es un trabajo en el nivel de la representación. Es un acto de trasgresión de lo cotidiano por el acto mismo de la creación. Es el resultado de una dinámica perceptiva, esa de la mirada que une un observador con un observado (actor-espectador). Lo que hace la teatralidad es registrar, para el espectador, la espectacularidad, es decir, una relación distinta a la cotidiana, un acto de representación, la construcción de una ficción.

El teórico español José Luis García Barrientos ha dicho que el texto dramático es el resultado de una puesta en escena virtual, es decir, que en el dramaturgo hay un director en potencia (1991), por ello estoy de acuerdo en la idea de que, para escribir teatro, se debe conocer a fondo el instrumento teatral. Héctor Azar lo conocía a la perfección, por ello *Olímpica* aparece como un juego de artificios, en ella todo obedece a las leyes de la ficción. La única realidad con la que la obra puede confrontarse es con la del escenario, es decir, con su propia realidad.

En *Olímpica* todas las acotaciones —primer nivel del análisis de la teatralidad— apuntan hacia su concretización escénica, por ejemplo la descripción del lugar de la acción como espacio múltiple: jardín, iglesia, hospital, restaurante y vecindad.

Otros elementos determinantes de la teatralidad son:

a) Antimimetismo: su concepción corresponde a un acto de juego y simulación y tiene que ver con la artificialidad de la representación. Se percibe desde la presentación que hacen La niña "casi" y El voceador quien dice: "Obra de teatro. Insistencia número 503 al cubo. Género: E-Pi-Ta-Fial, en la que están a merced de los presentes las penalidades colectivas como amenazas al rojo vivo..." (Azar 1988, 123). Como se puede ver se involucra al público dentro de la representación.

b) Dialéctica realidad/denegación: lo percibido y escuchado se presenta por una parte como real y por otra negando esa realidad. El mejor ejemplo es el suicidio de Cuca que se produce como un acto teatral.

c) Transformabilidad sígnica: se sintetizan aquí los tres funcionamientos del signo propuestos por Charles Sanders Peirce: como icono, representan algo miméticamente; como índice, remiten a algo; y como símbolo, están en lugar de algo (*Cfr.* Meyran 1993). Es el caso de los personajes, por ejemplo Eddy Pons: icono de un joven citadino, como índice es hijo de Adelina Pons y simbólicamente remite al mito de Edipo.

En *Olímpica* el absurdo y las contradicciones textuales se hacen presentes. En un mismo lugar confluyen categorías opuestas, la no coherencia de un personaje consigo mismo, la inverosimilitud, rasgos oximorónicos de la especificidad teatral.

Hay una teatralización de la ciudad, una ciudad que refleja un pasado en el presente, se le muestra de una manera mágica, ligada a una tradición occidental, pero también a una tradición popular mexicana: supersticiones, letanías, imágenes, referencia a figuras históricas, artistas, poetas, acumulación de citas, datos, acciones...

Todo lo anterior, que hoy puede apreciarse como un acierto, fue visto, en la época del estreno de *Olímpica*, como una falla notable (Solórzano 1973, 208). Aunque también hubo quienes, como "La china" Mendoza, la reputaron de "obra maestra, infinitamente mexicana y universal, vanguardista mezcla de poesía y prosa, de realidad y de cálidas estremecedoras situaciones oníricas que juegan (...) en la escena, como la viva y espléndida verificación del subconsciente del hombre". (Mendoza 1967, 110).

Reflexiones finales

La obra teatral está hecha para ser mirada, pero también para mirar a través de ella. O, mejor aún: todos los elementos que configuran la obra teatral, incluyendo a los espectadores, necesitan ser mirados para existir en esa realidad artística; pero si ellos no se miran a sí mismos y no ven a los demás todo se reduce a un acto exhibicionista o voyeurista. Para la creación de una auténtica obra teatral no basta con la simple presencia de cada uno de los elementos, ni que se descubra el propósito de mostrar y mirar, es necesario percibir su interacción dinámica, así como aquello que los caracteriza en su doble condición de realidad y de ficción, es decir en su condición simbólica que les confiere plena dimensión teatral.

El teatro de Héctor Azar nos lleva a una realidad escénica creada por la poesía, la tradición popular y el sentido lúdico del teatro. A través de sus obras se entra a un universo donde la fuerza de la imaginación hace que todo intento por encontrar referentes inmediatos sea inútil. Con sus obras Azar parece decirnos que es en el genuino juego del teatro, no en el de las máscaras sociales, donde puede encontrarse el verdadero sentido de las cosas.

*Una versión de este ensayo se publicó en *Teatros y Teatralidades. Siglo XX*. Xalapa, AMIT, pp. 219-222.

La escritura teatral de Hugo Salcedo vista desde la perspectiva transdisciplinaria[68]*

Introducción

Desde mi punto de vista en la obra de Hugo Salcedo está presente la huella de los maestros de la dramaturgia mexicana moderna y contemporánea, inclusive me atrevería a decir, de muy distintas épocas y de distintos géneros literarios. Salcedo ubica su creación en la herida abierta y sangrante de México, su teatro —como quería Usigli— respira por la herida (Usigli 2005, 20) por eso tiene amplia pertinencia social.

En la estrategia dramatúrgica de Hugo Salcedo encuentro elementos que al ser estudiados desde la metodología transdisciplinaria —según la propuesta de Basarab Nicolescu (2009a, 40-45) — revelan: la presencia de diferentes niveles de realidad, la superación de la lógica binaria (A –no A) y un pensamiento complejo. Desde *El viaje de los cantores* de 1988 hasta *Música de balas* escrita en 2010, con múltiples ejemplos intermedios como *Bárbara Gandiaga* de 1995 y *Los endemoniados* de 1990, entre otros de sus textos, se corrobora una escritura que parte de la pregunta de un creador sobre el sentido de su propia obra, así como la de sus contemporáneos, además de cuestionarse sobre el mundo en que vive. Esta actitud me hace percibir que la dramaturgia de Hugo Salcedo se inscribe más allá del paradigma disciplinar, generando una escritura multidimensional con apertura hacia infinitas posibilidades de interpretación escénica.

Nuestro autor se reconoce como miembro de una generación que inicia su labor creativa a fines del siglo pasado y que "convive con el mundo

---

[68] Hugo Salcedo (Ciudad Guzmán, Jalisco, 1964 –). Estudió letras en la Universidad de Guadalajara, Teoría y crítica de teatro en la Universidad Autónoma de Barcelona y doctorado en literatura hispanoamericana en la Universidad Complutense de Madrid. Ha impartido clases en la Universidad de Guadalajara y en la Universidad Autónoma de Baja California. Es editor de la colección de teatro *Los Inéditos* y la revista *Espacio Escénico*. Miembro del consejo editorial de la revista *Tierra Adentro*. Obras de teatro más representativas: *En la oscuridad del laberinto* (1982), *San Juan de Dios* (1986), *El viaje de los cantores* (1989), *Juanete y Picadillo* (1989), *Sinfonía en una botella* (1990), *Si escuchas una rana croar (1990)*. Premios: Revista Punto de Partida, Tirso de Molina, Nacional de Teatro, Nacional de Teatro para Niños, Baja California de Teatro y de las Jornadas Nacionales de los Niños por la Paz.

del videoclip y de los increíbles espectáculos de rayos laser por ordenador", una generación que observa la "imparable carrera que parece llevarnos a la autodestrucción" (Salcedo 1994, 260). En esto coincide plenamente con el diagnóstico que hacen desde la complejidad y transdisciplinariedad Edgar Morin (1994) y Basarab Nicolescu (2009a, 15) cuando dicen que nunca como ahora la especie humana se encuentra en mayor peligro, aunque también ante la mejor oportunidad de regeneración.

"Dramaturgia de la perplejidad" es como Salcedo bautizó a su propia obra y a la de sus coetáneos, caracterizándola de la siguiente manera:

> [...] fragmentación de un discurso globalizante, así como desaparición del diálogo como transmisor verbal del conflicto mientras se instala una nueva modalidad de monólogo, de reflexión en voz alta que en un sentido estricto niega la ley de la causalidad dramática, pero propone una nueva puerta al individualismo de nuestra época, a la visión univalente del personaje. A la vez, tendremos ocasión de apreciar un desencadenamiento progresivo de situaciones múltiples, vertiginosas, y de experimento con la forma y el lenguaje (Salcedo 1994, 261).

¿Cómo se traduce esta visión en las obras arriba mencionadas? En *El viaje de los cantores* se propone un juego aleatorio como forma de representación o lectura del discurso, la anécdota deja de ser el centro de la composición dramática y permite una recepción plural, en apariencia inconexa, pero cuya intención es manifestar la diversidad y la multiplicidad en la búsqueda del sentido.

En *Bárbara Gandiaga,* al mostrar lo multívoco de la verdad, desnuda la injusticia del castigo basado en la arbitrariedad y el juicio unívoco. Como eco de Malverde, el personaje de *El jinete de la divina providencia* de Óscar Liera, Bárbara emerge con dimensiones míticas.

Los endemoniados plantea recursivamente la conquista de los pueblos de occidente de México y la fundación de la Nueva Galicia. El tiempo, como en la mecánica cuántica, muestra su coexistencia paradójica: reversible e irreversible, se trata de un tiempo vivo que contiene pasado y futuro.

Finalmente, en *Música de balas* sobre la absurda guerra del gobierno de Felipe Calderón (2006-2012) contra el narco, construye, desde mi perspectiva, la más abierta de sus propuestas: solo hay muertos que danzan al son de las balas en una especie de macabra coreografía invisible.

En toda su obra se habla de México en distintos momentos de su historia, pero siempre partiendo del presente hacia el pasado y el futuro. Por eso el propio Salcedo afirma que su dramaturgia "potencia la exposición de problemas que atañen al hombre como sujeto individual, pero que lo insertan en un contexto colectivo" (Salcedo 1994, 262).

Reflexiones sobre su obra

Según Enrique Mijares[69] en el prólogo al libro *Hugo Salcedo. Teatro de Frontera 2* (1999), Salcedo está ubicado dentro del espacio de Teatro de Frontera no solo en cuanto a lugar geográfico, sino en cuanto a estrategia creativa. Y algo que a mi entender caracteriza con precisión su labor es que, en cuanto a lo geográfico, la hace "en absoluta concordancia con su temática y su región"; y respecto a su estrategia "estableciendo entrañables vínculos con sus lectores y espectadores actuales" (1999, 2).

Por las mismas razones anteriores José Ramón Alcántara lo integra junto con Óscar Liera y Víctor Hugo Rascón Banda en una triada creativa donde cada uno es un "centro enraizado en el universo mítico de las culturas locales [haciendo un] rescate del texto dramático y de la referencialidad histórica" (2010, 105).

Víctor Hugo Rascón Banda, por su parte, reconoce en Salcedo la influencia de Liera y González Dávila en tema y estilo cuyo lenguaje —de ricos giros populares— se convierte de pronto en poesía. Sus personajes, señala Rascón, "se despegan del realismo…y pasan a otros planos de reflexión y símbolos. Llega a ser universal cuando habla de barrios y comunidades concretas y reconocibles." (1997, 25).

---

[69] Enrique Mijares (Durango, 1944 –). Poeta, narrador y dramaturgo. Estudió teatro en la Universidad Nacional Autónoma de México y en la Universidad Catalana de Prades; cursó la Maestría en educación en el Tecnológico de Monterrey. Fundador y director del Taller de Teatro Espacio Vacío. Miembro del Sistema Nacional de Creadores Artísticos. Obras de teatro más representativas: *El árbol de la esperanza (1995), Enfermos de esperanza* (1997). Premios: Emilio Carballido y Tirso de Molina.

Paradójicamente Armando Partida afirma que Hugo Salcedo no renuncia a las normas aristotélicas: "casi no le interesa la experimentación formal, ni la inclusión de los *mass media* (sic), ni las estructuras narrativas provenientes de éstas" (2003, 227). No es, en efecto, la sola experimentación con la forma lo que hace, sino que desde ahí descubre una realidad mantenida oculta.

Por mi parte, el lugar desde el cual observo la dramaturgia de Salcedo no es el de la epistemología del teatro del siglo XX, caracterizada por la oposición binaria que puso frente a frente: texto vs. escena, presencia vs. ausencia, autenticidad vs. falsedad, forma vs. contenido, realidad vs. ficción, sino desde la epistemología transdisciplinaria.

Considero que el discurso sobre la identidad, e incluso la misma identidad, han mostrado su fragilidad en los campos de la memoria, en la confrontación con "el otro" percibido como una amenaza y en la imposición violenta del discurso esencialista.

No es gratuito el quiebre con el paradigma de la modernidad que, en la teatrología, dio lugar al teatro "posdramático", el cual corresponde, como lo señala Hans Lehmann, al teatro europeo de fines del siglo XX. El mismo teórico refiere cómo el director y dramaturgo alemán Heiner Müller se lamentaba, cuando iba al teatro, de lo molesto que le resultaba no seguir más que una sola y misma acción, en cambio —decía— "cuando en el primer cuadro se inicia una acción, en el segundo otra que no tiene nada que ver y en el tercero y en el cuarto, etcétera, esto es divertido y agradable, aunque no sea la pieza perfecta" (Lehmann 2002, 35).

Se trató de pasar de la percepción lineal y sucesiva a la percepción compleja y simultánea. Esa búsqueda estuvo encaminada a lograr la autonomía del lenguaje, la teatralidad autónoma (Lehmann 2002, 21). En los textos posdramáticos la pregunta giraba en torno a "qué nuevas posibilidades de pensamiento y de representación son ensayadas para el sujeto humano" (Lehmann 2002, 21).

Si bien los planteamientos de Lehmann muestran una notable transformación paradigmática, desde mi punto de vista en lugar del prefijo "Post" es más pertinente hablar de "Trans" pues éste indica: tránsito, movimiento, transgresión, en cambio "Post" remite a: "después de", se trata de una definición temporal, lineal.

Las características de la estrategia transdisciplinaria como: cada sujeto está llamado a "encontrar su lugar" y a construir su "actitud" transdisciplinaria, o sea el mantenimiento de una postura vertical "cósmica y consciente" donde coexistan objeto y sujeto, efectividad y afectividad, masculino y femenino, así como diferentes *niveles de realidad* y de conocimiento (Nicolescu 2009a, 69-71), se encuentran en las cuatro obras mencionadas anteriormente y, sin duda, en el conjunto de la producción de Hugo Salcedo. Es muy significativo, por ejemplo, el papel que en ellas juega la mujer, como "las viejas" en *El Viaje de los Cantores, Los Endemoniados y Bárbara Gandiaga*.

La transdisciplinariedad —se dijo en la introducción del libro— se refiere a la posibilidad de transitar libremente por diferentes niveles que, en el plano social son: el individual, el de comunidades geográficas o históricas (familia, nación), planetario, de comunidades en el ciber-espacio-tiempo y el cósmico (Nicolescu 2009b, 52), dando por resultado la verticalidad cósmica y consciente que posibilita la emergencia de la "actitud transdisciplinaria", esto es: mantener una actitud basada en el rigor, la apertura y la tolerancia.

Intentaré ejemplificar lo anterior con el personaje Bárbara Gandiaga en la obra del mismo nombre. Percibo por lo menos tres niveles de realidad: el individual, como mujer enamorada (cuando interactúa con Juan), como amiga y madre (en su relación con Lorenza) y como sujeto social que defiende su dignidad (al enfrentarse con el teniente); el colectivo y/o de comunidad geográfica cuando es motivo de la disputa por parte de la gente del pueblo que ventila si es o no culpable (al inicio del primero y segundo actos), en el 4°, 8vo y 9° cuadros del segundo acto; y un tercer nivel de carácter cósmico que le otorga su condición supra-humana para aceptar que las cosas simplemente suceden.

De este modo Bárbara (metonimia del pueblo) mantiene su verticalidad cósmica y consciente y se ubica en el espacio de no resistencia.

Lo sagrado es lo que religa, ¿qué es el discurso de "La vieja" al final de la pieza, sino la voz que nos coloca en una dimensión sin tiempo y sin espacio, donde solo tenemos la conciencia de existir en el mundo?:

Vieja: Pero lo cierto es que no se trata de una invención ni de un extraño sueño, y a veces ni de una historia tan añeja, porque basta asomarse un poco a las cosas de todos los días y descubrir que hay pueblos sometidos que levantan el fusil para librarse de la opresión que los encarcela; porque si algo importa de todo esto es la valentía con que se escucha el grito y que por fortuna sigue formando un eco imparable y expansivo. ¡Y qué más da llamarse Bárbara o simplemente Marcos! Aquella mujer fui yo o mi hija o mi hermana o todas juntas a la vez pero siempre alguien que actuaba en el tiempo. Y sigo siendo yo quien prefiero la lucha a la injusticia, el grito al silencio, el relato a la ignorancia; y tan solo para repetir mil veces que no hace mucho, en un sitio como este... (Salcedo1995, 38).

Con el enfoque de niveles de Realidad se prolonga el mundo como texto-escritura y como representación.

Por eso, al concluir la lectura y/o en su caso la representación de las obras aquí mencionadas, sentimos que hemos vivido una experiencia que nos religa, simultáneamente, con nuestro pasado y con nuestro presente, con nuestros sentimientos más nobles y más oscuros, con nuestro egoísmo y con nuestro altruismo, pero, sobre todo, con el deseo de transformación. Esa dimensión donde "no hay resistencia" y corresponde a la "Realidad transdisciplinaria" que, mediante el *Tercero oculto*, une Objeto (Realidad histórica-Obra) y Sujeto (Autor-Lector-Espectador).

Comentario final

Hugo Salcedo muestra una clara conciencia del inacabamiento, es decir no clausura ni cierra sus obras al futuro, a lo nuevo y a lo desconocido. Evidencia un pensamiento complejo que puede tratar las interdependencias, la multidimensionalidad y las paradojas, es decir un pensamiento a la vez dialógico, recursivo y hologramático (Morin 2003a). Diálogo entre el presente y el pasado, entre la opresión y la libertad, entre la tradición y la actualidad, entre el texto y la escena; recursividad que rechaza la linealidad y la causalidad; holismo en tanto que el individuo está en la sociedad, como la sociedad está en el individuo.

Lo que importa no es si el teatro de Hugo Salcedo es dramático o posdramático, textual o escénico, mimético o anti mimético, teatral o transteatral. Lo verdaderamente significativo es cómo instaura una realidad en la que se hace presente como Sujeto que se coloca en el centro de su propio mundo para, desde ahí, interactuar con otros Sujetos con los cuales se reconoce, provisto, eso sí, de herramientas que maneja con maestría.

La riqueza que ofrece la obra de Salcedo amerita un tratamiento transteatral que supere las limitaciones de la puesta en escena convencional.

Hugo Salcedo es un creador que dignifica con su obra y con su actitud personal al teatro mexicano, pero una vez hecha esta afirmación me doy cuenta que caigo en una dimensión reduccionista pues lo que Salcedo afirma con su creación rebasa los límites del teatro. Corrijo entonces: Hugo Salcedo da testimonio de la "humana condición" múltiple y compleja, e invita a lectores y espectadores a reconocerse en ella más allá de la gesticulación.

*Una versión de este ensayo se presentó en el Coloquio Internacional de Teatro Iberoamericano "Paradigmas interdisciplinares y escrituras multiples en el espacio escénico latinoamericano", Universidad Iberoamericana, Noviembre 2012.

Tradición y transdisciplinariedad en el teatro de Óscar Liera*

Introducción

En este ensayo se hace un recorrido por la trayectoria creativa de uno de los representantes más significativos del teatro mexicano contemporáneo, el dramaturgo sinaloense Óscar Liera,[70] quien durante su breve existencia logró impulsar un movimiento teatral en el noroeste del país y desarrollar una propuesta dramatúrgica multidimensional con apertura hacia infinitas posibilidades de interpretación escénica.

El asunto que me interesa poner de relieve en este trabajo es el tratamiento de la tradición por parte de Liera, ubicando su producción en el contexto teatral de la segunda mitad del siglo XX en México, para ello tomo como ejemplo una de sus obras más reconocidas *El jinete de la divina providencia*. La estrategia transdisciplinaria me sirve de sustento teórico, sobre todo en su propuesta de trascender la ontología de la ciencia clásica de "un solo nivel de realidad".

¿Fue Óscar Liera un investigador teatral interesado en la tradición? ¿O fue la tradición que hizo a Liera llegar a ser el creador teatral que fue? Para responder a esta pregunta tengo que decir que comparto la opinión de Peter Brook en cuanto a que teatro e investigación son una misma cosa (2014). Suscribo también el parecer de Basarab Nicolescu respecto a que el teatro es un campo privilegiado para el estudio de la tradición (2011b, 9).

Desde la perspectiva transdiciplinaria me interesa acercarme a aquello que, según mi punto de vista, constituye una de las mayores aportaciones

---

[70] Óscar Liera (Jesús Óscar Cabanillas Flores) (Navolato, 1946 – Culiacán, 1990). Poeta, narrador, crítico de teatro, ensayista, actor, director, dramaturgo y promotor teatral, Cursó la carrera de actor en la Escuela de Arte Teatral (1968-1972) y la Lic. En Letras españolas en la Universidad Nacional Autónoma de México (1975-1978). En París, estudió teatro en la Universidad de Vincennes, y Lengua y Civilización Francesa en La Sorbona; también Lengua y Cultura Italiana en la Universidad Degli Studi, en Siena. Perteneció al grupo conocido como la Nueva Dramaturgia Mexicana. Fundador del Grupo Apolo (1972) y del Taller de Teatro de la Universidad Autónoma de Sinaloa (1982). Obras de teatro más representativas: *Martha, El camino rojo a Sabaiba, El jinete de la divina providencia, Los caminos solos, Las Ubárry, Cúcara y Mácara y Los camaleones y Los negros pájaros del adiós* que ha sido traducida y publicada en francés. Han sido filmadas sus obras: *El jinete de la Divina Providencia* y *Bajo el silencio* (1989), y *Un misterioso pacto* [*Dulces compañías*] (1995), así como un cortometraje sobre el dramaturgo *Óscar Liera. Pasión por el teatro* (1979) por Óscar Blancarte (Mazatlán, 1949).

de Óscar Liera al teatro, su acercamiento a la tradición, particularmente en la fuerza comunitaria que religa.

Transdisciplinariedad y tradición

Acorde a la perspectiva transdisciplinaria (ver pp. 8-10 en este libro) el tránsito por diferentes niveles de realidad da por resultado la verticalidad cósmica y consciente que, como se ha dicho, posibilita la emergencia de la "actitud transdisciplinaria". Es precisamente desde esta actitud que se puede tender el puente entre investigación de la tradición e investigación teatral.

Encuentro esta "actitud" en la vida de Óscar Liera la cual dejó plasmada en su labor teatral como actor, director, maestro, promotor pero, sobre todo, como dramaturgo.

La tradición

Hay por lo menos dos maneras de entender la palabra "tradición", en su uso familiar significa "una manera de pensar o de actuar heredada del pasado" (*Le Petit Robert* 1970, 1810). En teatro, la tradición ha representado un intento de momificación, de preservación de formas externas sin correspondencia vital con el momento actual. Según este primer uso de la tradición, el teatro de Liera sería *anti-tradicional*.

Otro significado, menos familiar de "tradición" — que aquí será empleado por lo que la escribo con mayúscula— es "un conjunto de doctrinas y prácticas religiosas o morales, transmitidas originalmente por tradición oral o a través del ejemplo, o por un cuerpo de información más o menos legendaria relacionada con el pasado, transmitida sobre todo oralmente de generación en generación" (*Le Petit Robert* 1970, 1810).

Puesto que el conocimiento tradicional se estableció en épocas antiguas sería inútil buscar una "fuente" de la tradición. Por lo que concierne a sus raíces más profundas, la tradición se podría concebir fuera del espacio (geográfico) y del tiempo (histórico). Está eternamente presente, aquí y ahora, en cada ser humano, como un manantial constante y vital.

Por tratarse de lo que es esencial para la humanidad, la tradición parece muy viva en nuestra época. El pensamiento tradicional ha afirmado siempre que la realidad no está ligada al espacio-tiempo: simplemente *es* (Nicolescu 2011a, 19).

Más allá de la gesticulación

Teatro y tradición en México

La tradición, no en su sentido costumbrista o "folclórico" sino con sentido crítico y de actualidad, ha estado presente en el teatro mexicano moderno por ejemplo en Emilio Carballido con su admirable *Rosalba y los Llaveros* (1979) donde con fino humor describe las características de un pueblo veracruzano o Sergio Magaña en *Los Signos del Zodíaco* (1981), penetrando en el modo de ser de los habitantes de las vecindades de la ciudad de México. Más recientemente Hugo Salcedo se ha interesado en la tradición en obras como *Bárbara Gandiaga* (1995) para revelar la valiente postura de la mujer mexicana, bajacaliforniana en este caso, solo por mencionar algunos autores y obras.

La manera en que Óscar Liera despliega sus originales y novedosas estructuras dramatúrgicas, lo hace con gran conocimiento de su comunidad. Sin embargo, el valor de su obra no solo radica en el profundo respeto con el que trató las costumbres y el habla popular de su región, ni en haber impulsado con su obra la recuperación de la cultura patrimonial (Partida 2015a), sino en colocarse más allá de esos límites, pues como afirma Nicolescu:

> Si el teatro surge a partir de la vida, entonces la vida misma debe ser cuestionada. La comprensión de la realidad teatral también exige entender a los actores de esa realidad, a los participantes en cualquier evento de teatro: actores, directores, espectadores. Para un hombre que rechaza todo dogma y sistemas cerrados de pensamiento, la tradición ofrece la característica ideal de la unidad en la contradicción. Si bien esto afirma su naturaleza inmutable, aparece también en formas de gran heterogeneidad... Finalmente, la tradición concibe a la comprensión como algo que ha sido engendrado originalmente por la experiencia, más allá de toda explicación y generalización teórica (2011b, 11).

Esta reflexión parecería aludir a Óscar Liera, pero no, se refiere a Peter Brook, el mayor representante del linaje teatral de Occidente aún vivo y creativo a sus 90 años. Pero esto sitúa al sinaloense en la misma vertiente:

Liera cuestionó la vida, la realidad teatral y fue más allá de toda explicación y generalización teórica.

Incluso, en el más superficial de los niveles, el interés del dramaturgo por la tradición es evidente: basta pensar en sus montajes de obras de la literatura del Siglo de Oro español y novohispano; en su obra sobre la Revolución Mexicana o en personajes como Heraclio Bernal. Por lo tanto no carece de sentido una investigación sobre los puntos de convergencia entre el trabajo teatral de Liera y la tradición.

No está de más decir que durante la segunda mitad del siglo XX se propiciaron innovaciones dramáticas en el teatro mexicano. Los ámbitos en los que se llevó a cabo la práctica teatral "dramática" se ampliaron en ese periodo. El Instituto Nacional de Bellas Artes y el Instituto Mexicano del Seguro Social desplegaron programas tanto en infraestructura escénica como en formación artística, pero también lo hicieron las universidades y otras dependencias del Estado.

Es en la década de los setenta cuando comienza a rendir frutos la gran empresa iniciada en la segunda mitad del siglo XX. Muchos de los dramaturgos "pioneros" continuaron escribiendo y otros más aparecieron en el ámbito teatral para dar testimonio de las contradicciones sociales y el desencanto de la juventud ante la realidad que se les ofrecía. En los años setenta y ochenta comienza la producción de los talleres dramáticos de Emilio Carballido, Vicente Leñero y Hugo Argüelles y de los discípulos de Luisa Josefina Hernández; la Universidad Autónoma Metropolitana promovió a jóvenes creadores con sus ciclos de lecturas "Nueva Dramaturgia Mexicana". De esta manera se empezó a consolidar el movimiento dramatúrgico gracias a la fuerza que le dio el creciente número de autores, pero, sobre todo, por la exigencia de calidad en su trabajo y por su afán de corresponder y profundizar en los nuevos paradigmas del teatro.

Dentro de ese nutrido grupo de dramaturgos se encuentran, junto a Óscar Liera: Jesús González Dávila, Sabina Berman, Óscar Villegas, Juan Tovar, Carlos Olmos y Víctor Hugo Rascón Banda, entre otros, la mayoría de ellos fallecidos, salvo Berman y Tovar.

El teatro de Óscar Liera

Siguiendo el ejemplo de la mayoría de los creadores teatrales de las últimas décadas, el creador sinaloense se destacó por la diversidad de tareas que desempeñó en el ámbito del teatro.

Al reflexionar sobre su obra José Ramón Alcántara lo integra —como se dijo en el ensayo anterior (ver p. 119)— junto con Hugo Salcedo y Víctor Hugo Rascón Banda en una triada creativa que comparte su enraizamiento con el universo mítico de las culturas locales (2010, 105).

A Liera se le reconoce por sus temas y estilo cuyo lenguaje —de ricos giros populares— se convierte de pronto en poesía, lo cual, según Armando Partida, corresponde a su vocación de poeta:

> que le permitió recuperar la lírica popular regional, traduciéndola a texto dramático. Aportación, por otra parte muy importante a la dramaturgia mexicana. Vocación de poeta inspirada sin duda alguna por los nocturnos de Xavier Villaurrutia, como lo atestigua su poemario *Las siete Muertes de Elisa* (1978); además de la poesía y dramaturgia de los Siglos de Oro, como lo demuestran por igual sus escenificaciones de obras correspondientes a este período y de sus espectáculos poéticos con diversos grupos sinaloenses (2015a).

Para comprender con mayor amplitud la dramaturgia de Liera es necesario trascender la epistemología del teatro del siglo XX y hacerlo desde la epistemología de la complejidad, como lo mencioné anteriormente.

En ese sentido considero que Liera no hace un discurso sobre la identidad, pues éste ha mostrado su fragilidad en los campos de la memoria y en la confrontación con "el otro", percibido como una amenaza. Va más allá del discurso esencialista que exalta las costumbres y virtudes locales para despertar la conciencia a favor del bien común y mantener viva la memoria. Por eso coincido con Juan Mendoza cuando dice:

> Con el autor de *Camino rojo a Sabaiba* se da quizá uno de los momentos emblemáticos de nuestro teatro, un fenómeno podríamos observar en esa época, lo cual merece un análisis más profundo. Habría que mencionar que en su hacer y asistir al teatro de Liera, por parte de esa sociedad particular (la de Culiacán, su ciudad natal) había un sentido de reclamo social, asistir al teatro

era una forma de reclamo, un acto de comunidad (2015, 93).

Liera es un ejemplo del teatrista creador-investigador, fue además un portador de esperanza: su tarea, en mi percepción, consistió en ofrecer a su comunidad un medio para enfrentar la manipulación de conciencias, la destrucción espiritual, las cegueras y el desprecio por la vida promovidas por los medios de comunicación y el poder político.

Liera dramaturgo

Sin una identificación expresa con alguna corriente o generación literaria o teatral mexicana, la obra de Óscar Liera suele ser ubicada dentro de la llamada "Nueva dramaturgia Mexicana".

Su teatro ha convivido con diversas generaciones siguiendo un rumbo propio, individual, que va desde una identificación muy clara con el teatro de texto o de autor —al que él mismo ha señalado como su campo de interés, toda vez que parte de ahí para plasmar las circunstancias dramáticas en que se desarrollará la puesta en escena— hasta sus experimentos en donde su participación al lado del director teatral buscaba lograr una obra que reunía texto y espectáculo en aras de la teatralidad.

Por la época en la que despliega su actividad y las características de su obra se le podría identificar con la dramaturgia posmoderna, cuya ruptura con el paradigma de la modernidad hizo surgir el llamado teatro "posdramático" correspondiente al teatro europeo de fines del siglo XX (Lehmann 2002).

No obstante esa propuesta mantiene la preeminencia del sujeto sobre el objeto, en tanto que en Liera se aprecia la armonía de ambos elementos. En su estudio sobre Brook, Nicolescu afirma que el teatro del maestro inglés se podría representar por un triángulo, con la línea de base para la conciencia del espectador, y los otros dos lados para la vida interna de los actores y sus relaciones con sus asociados (2001, 23). En el caso de Liera sería la misma base, ocupando los actores uno de los lados y el otro los personajes de su universo dramático. Se trata de una estructura ternaria, "de tres fuerzas presentes simultáneamente en cada proceso de realidad" (2001, 22-23).

El jinete de la divina providencia[71]

En *El jinete de la divina providencia* (Liera 2012), como en la mayoría de sus obras, se corrobora una escritura que parte de la pregunta del creador sobre el sentido de su propia obra, así como la de sus contemporáneos, además de cuestionarse sobre el mundo en que vive mostrando lo multívoco de la verdad, desnudando la injusticia basada en la arbitrariedad y haciendo que el personaje central —Malverde— emerja con dimensiones míticas. Por ello, la dramaturgia de Liera se coloca más allá del paradigma disciplinar, generando una escritura multidimensional con apertura hacia infinitas posibilidades de interpretación escénica.

La pregunta que me hago al realizar la lectura de *El jinete de la divina providencia* es ¿Cómo acercarme a un texto más allá del estudio teórico, metódico o sistemático, cómo convertirlo en una experiencia, en algo orgánico donde emerja una calidad de la representación conectada directamente con la libre circulación de energías? Intuyo, y la transdisciplinariedad me ayuda, que se requiere un trabajo atento y detallado con mis propios niveles de *percepción* que me permita atravesar los niveles de realidad del texto.

El jinete de la divina providencia presenta en dos breves actos el origen, la vigencia y los mecanismos en que se sostiene un mito popular: Jesús Malverde.[72] Hay un manejo escénico de dos realidades temporales, una a fines del siglo XIX y otra en la época actual, pero que son también dos realidades espaciales y existenciales: un espacio interior que es un espacio "mágico"

---

[71] Estrenada por el TATUAS (Taller de Teatro de la Universidad Autónoma de Sinaloa) el 7 de julio de 1984 en el Foro de la Casa de la Cultura de la UAS, en la ciudad de Culiacán, Sinaloa, dirigida por el autor. Ese mismo año participó en la Muestra Nacional de Teatro realizada en la ciudad de Xalapa, Veracruz, al igual que posteriormente en la reanudación del Festival de Manizales, Colombia. Al año siguiente se presentó en el Festival Latino de Nueva York. Fue llevada al cine en 1988 por Óscar Blancarte.

[72] A "Jesús Malverde", uno más de los héroes populares mexicanos legendarios de principios del siglo XX, émulo del Robin Hood de todos los pueblos necesitados de héroes protectores ante la opresión de la clase dominante, lo tomó Óscar Liera como protagonista de su obra *El jinete de la divina Providencia* (1984), una vez devenido en leyenda regional, convirtiendo el narratema arquetípico del héroe, en un vindicador de las causas de los pobres y necesitados de auxilio a través de un constructo narrativo, en el que estableció un paralelismo con el momento social que se vivía a principios del siglo XX con la realidad del momento, cuando Liera escribiera su relato épico romántico. En este constructo narrativo-dramático el escritor sinaloense se convirtió en vocero de la memoria colectiva del mito del bandido generoso culiacanense (Partida 2015b).

(que el autor ubica al centro del escenario) y que corresponde al mundo de los recuerdos, y otro espacio exterior que rodea al anterior correspondiente al del mundo contemporáneo y "real". En cada espacio se suceden alternativamente las escenas, aunque en algunos momentos estos espacios se relacionan ya sea para ilustrar una "visión" que ocurre en el presente respecto al pasado o simplemente para materializar lo que alguien cuenta del pasado.

Las acciones pretéritas corresponden a los conflictos que dieron origen al mito de Malverde: asesinato de campesinos, violaciones, despojos de tierra, etcétera. Podríamos decir que es en este espacio donde ocurre el verdadero drama y —aplicando el distanciamiento brechtiano— donde el conflicto muestra su vigencia en la actualidad.

Malverde aparece como el deseo de justicia del pueblo, como la fuerza colectiva capaz de transformar con su energía todo lo que lo afecta. Llega a convertirse en una amenaza contra los poderosos y en un defensor para los injuriados.

La obra se apoya en la capacidad de invención y de representación, de ahí su teatralidad que se hace presente tanto en el discurso de los personajes, como en sus acciones. Acto de juego y simulación como el que hacen los personajes del "Pulidor" y "Obdulio" en sus actos de adivinación.

En *El jinete de la divina providencia*, Liera permite que el lector/espectador se convierta en un *Tercero incluido* que va más allá de las oposiciones binarias y descubre lo multívoco de la verdad donde la injusticia, la arbitrariedad y el juicio unívoco son redimensionados hasta alcanzar alturas míticas. La teatralidad de Liera está fundada en la denegación, procedimiento que al negar afirma, al ocultar visibiliza y descubre la verdad exponiendo la mentira:

> *Juan*: ¡Qué bueno que los encuentro a todos! Este diablo verde se está pasando de la raya.
> *Cañedo*: Esto es lo que comentábamos ahorita.
> *Juan*: Pero esta vez casi lo pescamos; anoche le anduvimos pisando los talones a Malverde: Estaban en mi casa el jefe de la acordada y cinco rurales y a las dos de la mañana se presentó Malverde, desató los caballos, los puso en estampida; ya para eso me había robado quinientos pesos oro. Fuimos por unas yeguas que yo tenía en el corral y casi le damos alcance, pero se metió en la cordelería de Diego Redo, y don Diego no quiso darnos permiso de entrar a bus-

carlo; dijo que ahí tenía la protección suya; pero allí lo tenemos cercado; a ver si va usted, don Francisco, para que hable con don Diego y lo convenza de que nos deje entrar.
Cañedo: Conozco a Diego, no va a querer.
Juan: Hay que convencerlo.
Polidor: ¿A qué hora dijo que fue, don Juan?
Juan: Un poquito antes de las dos de la mañana, porque ya íbamos tras él cuando el reloj de catedral dio las dos.
Polidor: ¿No dijo usted que a esa hora lo vio por la Vaquita cuando mató al Julián?
Cañedo: Yo lo vi. Pero la casa de don Juan está en el Coloso y eso está del otro lado de la ciudad.
Polidor: Uno de los dos está mintiendo.
Cañedo: ¿Ponen ustedes en duda mis palabras?
Juan: ¡Cómo!, ¿qué, qué enredo traen?, ¿a quién mataron?
Chango: Nosotros vimos a Malverde a las dos de la mañana por la Vaquita cuando mató a Julián. Aquí está don Francisco de testigo.
Juan: Pues yo tengo de testigos al jefe de la acordada, a los rurales, a mi familia y a don Diego Redo.
Polidor: ¡Se está llenando de fantasmas la ciudad!
Cañedo: ¿Están poniendo en duda mis palabras? ¿Están poniendo en duda mis palabras? ¡Están poniendo en duda mis palabras! (Liera 2012, 461-462).

El tránsito por diversos niveles de percepción y realidad se da precisamente cuando emerge la energía desplegada por la dinámica escénica propuesta por Liera: el Sujeto individual que somos cada uno de quienes asistimos al acto escénico o de lectura; el social, colectivo y/o de comunidad geográfica cuando nos reconocemos como miembros de una sociedad fragmentada y lacerada que vive hoy uno de los mayores momentos de crueldad e inequidad, similar a la de Culiacán en épocas del gobernador Cañedo, y un tercer nivel de carácter cósmico que le otorga su condición supra-humana para aceptar que, más allá de las acciones humanas, existe un movimiento que tiende al equilibrio.

En esta obra se habla de Culiacán, de su historia, pero siempre partiendo del presente hacia el pasado y el futuro. La música de tambora sinaloense adquiere carácter de personaje ("El niño perdido" se escucha frecuentemente, atemorizando a Cañedo):

> *Martha*: (…) Además, la música que le gusta a Malverde es la música que nos gusta a todos. Decía mi abuela que tenemos el equilibrio dentro de la oreja y que la gente que oía música bonita nunca perdía el sentido, ni el rumbo. En la época de Malverde, el gobernador Cañedo, que era un bandido, le encantaba la música; una vez dijo en la plaza que cuando él se muriera quería que lo enterraran con el "El niño perdido" (Liera, 2012, 435).

La dramaturgia de Liera potencia la exposición de problemas que atañen al hombre como sujeto individual, pero formando parte de un contexto colectivo. Además, los giros populares se convierten de pronto en poesía. Sus personajes se despegan del realismo y pasan a otros planos de reflexión y símbolos como se observa en este diálogo entre Adela, la sirvienta, e Hilario, el loco del pueblo:

> *Adela*: ¡Cállate, tonto! y no andes asustando a las gentes con tus mentiras y tus cuentos.
> *Hilario*: Mentiras, cuentos... a la gente no le gusta la verdad, Adela; la verdad es como el limón en los ojos, arde mucho, pero luego los abre más y se ve más claro. (*Ríe.*) Mira lo que pasa, Adela, mira bien lo que pasa.
> *Adela*: Yo solo veo lo que quiero ver, Hilario.
> *Hilario*: El sol no camina, Adela. Lleva muchas horas parado. No mires lo que quieres, sino lo que pasa; esta noche vendrá el diablo verde por aquí por la casa.
> *Adela*: ¡Cállate ya, Hilario!, ¿no ves que está enfermo y tiene miedo?; tiene el mal del miedo metido en todos los huesos.

Hilario: Así dijeron ayer por la mañana en el mercado, que dejó un letrero en la amapa[73] blanca; que esta noche, a la hora del calor fuerte, cuando las tochis[74] se haigan encerrado en sus agujeros y de tan oscuro no se ven ni las manos, vendría para aclarar la muerte del Julián.

Adela: Por la tarde van a venir los de la acordada a vigilar la casa, ya está todo arreglado.

Hilario: Esos son los que tienen más miedo, llevan años y años buscando al diablo verde y no lo hallan, es un mal verde el que viene, Adela. (*Ríe.*) Muchas cosas malas van a pasar y tú lo sabes, muchas cosas malas van a entrar en las casas de los ricos, Adela. (*Se va riendo y rumiando las últimas palabras*) (Liera, 2012, 439).

Aparece también lo sagrado, lo que religa: "Platican las ramas de los árboles, Adela, se oye la voz de los que ya murieron; entre las hojas hay murmullos como si anduvieran bocas solas volando por el aire" (Liera, 2012, 447), dice Hilario premonitoriamente. ¿Qué es esa voz sino aquella que nos coloca en una dimensión sin tiempo y sin espacio, donde solo tenemos la conciencia de existir en el mundo? Así pues, con la perspectiva de niveles de Realidad se prolonga el mundo como texto-escritura y como representación.

Comentario final

Óscar Liera es un creador que enalteció con su obra y con su actitud personal al teatro mexicano rebasando los límites de la escena.

Observo en Liera la huella del gran maestro del teatro mexicano Rodolfo Usigli en su afán de hacer del teatro un espacio para la construcción de la verdad, un espacio de reflexión y aprendizaje social, cultural y político, de ciudadanía pues, suscitado por el acontecimiento dramático y escénico, visto como investigación para acercarse a la comprensión del sujeto "mexicano".

Con la autoridad que le daba el conocimiento de las teorías y las técnicas teatrales, así como de la historia y la sociedad mexicana, Usigli y

---

[73] Planta que exuda una goma (Familia apocináceas).
[74] Liebres, en la lengua regional cahita.

después Liera, entre otros destacados teatristas, emprendieron su tarea para poner en su justo lugar a la simulación. Esta es, a mi parecer, su gran lección: desenmascarar la hipocresía mediante un compromiso genuino con el saber y el hacer.

Por otra parte, en la estrategia dramatúrgica de Óscar Liera encuentro elementos que al ser estudiados desde la metodología transdisciplinaria revelan la presencia de diferentes niveles de Realidad, la superación de la lógica binaria y un pensamiento complejo.

Diálogo entre presente y pasado, entre opresión y libertad, entre tradición y actualidad, entre texto y escena; recursividad que elude la linealidad y la causalidad; holismo, en tanto que muestra cómo el individuo está en la sociedad y la sociedad está en el individuo.

Lo verdaderamente significativo es la manera de instaurar una realidad provista de su *imprinting* cultural (Morin 2001, 29), o sea de su tradición, y de herramientas creativas que maneja con maestría. En su obra se hace presente no como autor omnímodo, sino como Sujeto que se coloca en el centro de su propio mundo para, desde ahí, interactuar con otros sujetos en los cuales se reconoce.

Ni la religión, tampoco la revolución social ni la ciencia positiva determinaron su quehacer, sino el teatro en toda su complejidad. No obstante, encuentro en su hacer un deseo por trascender los límites disciplinares, por vivir en conexión con el mundo. Liera fue un creador-investigador transcultural, trans-religioso y transpolítico que reconoció la coexistencia de la pluralidad compleja y la unidad abierta del conocimiento.

Al colocarse más allá del paradigma disciplinar, la dramaturgia de Liera genera una escritura multidimensional con apertura hacia infinitas posibilidades de interpretación escénica, por eso más que situar su obra en la posmodernidad, habría que colocarla en la cosmodernidad, es decir dentro de la nueva era de la *transrealidad* donde cada entidad en el universo se define a partir de su relación con las demás entidades y cuyo fundamento científico y filosófico comprende percepción cultural, auto-percepción, e intersubjetividad (Cfr. Nicolescu 2013).

La investigación tradicional trata al hombre en su totalidad, poniendo en juego una amplia gama de aspectos; la investigación teatral de la modernidad, en su afán de alcanzar lo artístico, lo redujo a una sola dimensión. Ahora, en cambio, en propuestas como las de Liera y en lo que Erika

Fischer-Lichte llama "Estética de lo performativo" (2011) se busca el "reencantamiento del mundo", aspiración de quienes en la actualidad investigan y hacen teatro y que tienen en Óscar Liera un excelente ejemplo.

* Una versión de éste ensayo fue publicada en la revista *Artescena* núm 2 (nov. 2016) de la Universidad de Playa Ancha, Valparaíso. pp 54-70.

IV. Teatralidad y Cultura

Teatros y teatralidades en México en el siglo XX, un acercamiento desde la complejidad*

Considero que la investigación actual sobre la historia del teatro debe tomar en cuenta aspectos teórico-metodológicos provenientes de la epistemología compleja (Morin 2003a, 135-164) y transdisciplinaria con el fin de establecer relaciones pertinentes entre diversos conocimientos para dar cuenta del fenómeno en su conjunto.

Un primer acercamiento con esta perspectiva fue el que llevé a cabo con el proyecto que culminó con la publicación de *Teatros y teatralidades en México. Siglo XX* (Adame, 2004), que si bien no es una historia del teatro propiamente dicha,[75] pretende dar cuenta de las diversas formas o tendencias de producción teatral y espectacular que corresponden a la pluralidad cultural de México tomando en cuenta el entorno tanto local como global. Este soporte conceptual se basa en la necesidad de constituir un espacio-tiempo planetario complejo —esfuerzo en el que gran parte de la humanidad está comprometida— lo que implica tomar a todas las sociedades en un mismo tiempo pero viviendo tiempos distintos: el arcaico, el rural, el industrial y el post-industrial (Morin 1993, 185).

En ese camino intenté evitar el orden lineal al que se han reducido los esquemas de conocimiento privilegiados por la cultura occidental. El paradigma, desde Descartes, ha sido el de la simplificación cuyos principios: reducción-disyunción han servido para realizar operaciones mutilantes, de ahí que el pensamiento complejo se plantee la necesidad de un nuevo paradigma.

Aplicar la complejidad en la investigación y la creación teatral significa colocar la invención frente a la repetición y proponer un nuevo juego del pensamiento donde la razón se emplea crítica y auto-críticamente y se

---

[75] Sobre el mismo periodo, el Consejo Nacional para la Cultura y las Artes (Hoy Secretaría de Cultura) editó con el Fondo de Cultura Económica el libro *Un siglo de teatro en México* coordinado por David Olguín. Se trata de una serie de ensayos en los cuales se privilegió, según el propio Olguín, a "escritores sobre investigadores, a fin de hacer un libro no solo fundamentado sino creativo" (2011, 10). El lector podrá sacar sus propias conclusiones.

admite la contradicción como "hallazgo de una capa profunda de realidad", no como "error" como ha sido entendida por la visión reduccionista.

En la búsqueda del conocimiento la persona tiene que convertirse en un real sujeto de aprendizaje, generando los medios para que se desarrolle su capacidad de relacionar tiempos, espacios y formas; comprendiendo y construyendo el conocimiento a través de ejes temáticos, problemáticos e inquisitivos, estimulando así la apropiación viva del objeto de estudio.

Mi acercamiento a los teatros y teatralidades del siglo XX en México desde el Pensamiento Complejo procuró: mantener la dualidad en el seno de la unidad —no se elimina la diferencia, por el contrario se valora su presencia—; romper la idea lineal de causa/efecto —una expresión teatral y sus efectos son, al mismo tiempo, causas y productores de aquello que los produce— y reconocer que en cada una de las partes que integran el conjunto del teatro en México está presente el todo. Es decir que se siguen tres de los principios epistemológicos propuestos por Edgar Morin, dialógico, recursivo y hologramático (2003a, 105-108).

Esta perspectiva ha sido alimentada también por teorías teatrales contrarias a la linealidad y al positivismo con las que ha sido estudiado el teatro. Especialmente la formulada por Elka Fediuk[76] de organizar el conocimiento teatral no como continuidad forzosa para un aprendizaje acumulativo, sino como un ir y venir entre períodos con sus modos de producción y de creación, incorporando la alteración, la continuidad y la discontinuidad de formas y expresiones escénicas (2002, 47-59). Así también la de Juan Villegas quien sugiere ir más allá de los discursos hegemónicos para incluir en las historias de los teatros a los discursos marginales, desplazados y subyugados, recomendando la integración de diversas disciplinas y reconociendo

---

[76] Elka Fediuk (Cracovia, Polonia 1949 –). Miembro del Sistema Nacional de Investigadores. Doctora en Filosofía y Ciencias de la Educación (UNED, Madrid), Maestra en Arte con estudios profesionales en Actuación (Ludwik Solski State Academy of Theatre in Cracow). Es Decana honorífica de la Facultad de Teatro y Premio al Decano de la Universidad Veracruzana. Ha impartido cursos de actuación y teoría en las universidades de México, Argentina, Canadá, Chile y Rumania. En la Universidad Veracruzana ha desempeñado cargos de Directora de la Facultad de Teatro y Directora General del Área Académica de Artes. Fue presidenta de la Asociación Mexicana de Investigación Teatral.

que texto dramático y texto teatral son dos prácticas discursivas que involucran el todo de la vida social (2000), situación que tan lúcidamente nos presentó Daniel Meyran en su estudio del discurso usigliano (1993).

Por otra parte, para mostrar la autonomía y dependencia del teatro con otras disciplinas y prácticas culturales fue necesario recurrir a un macroconcepto, el de *teatralidad* que indica la capacidad del individuo para representar y transformar la realidad mediante su propia transformación.

En suma, si el teatro que se produce en un país es el conjunto de relaciones multidimensionales y dinámicas entre individuos y comunidades, su historia tiene que reflejar esta variedad. Esta es la hipótesis que sirve de sustento al estudio en cuestión.

Esta visión permite integrar realidades culturales en conflicto, como las identificadas por el destacado antropólogo Guillermo Bonfil Batalla. En su concepción, México es producto del enfrentamiento entre las civilizaciones india-mesoamericana y occidental-cristiana que dio por resultado dos realidades igualmente antagónicas y hasta el momento sin genuinos puentes de comunicación: el "México profundo" y el "México imaginario" respectivamente, tratando el primero de resistir con dignidad al aniquilamiento decretado por el segundo en su intento de situar al país a la altura de las naciones "poderosas", adjetivo que remite a su gran capacidad de destrucción (1987).

Un somero recorrido por las distintas etapas de la vida de México a partir de la Conquista ejemplifica esa oposición:

Es innegable que las sociedades prehispánicas contaban con un sistema de representación simbólico-espectacular que garantizaba su existencia, mismo que a partir de la irrupción española comenzó a ser sustituido. El arma más poderosa de los conquistadores fue el Teatro de Evangelización, mientras que los indígenas antepusieron su capacidad de resistencia y de resignificación.

La representación en 1533 de *El juicio final* —en la tan simbólica plaza de Tlatelolco— marcó el inicio del predominio de la teatralidad europea, la cual se fortaleció al construirse el primer Coliseo de Comedias en 1616 y, paradójicamente, se consolidó en el México independiente con la edificación de los teatros decimonónicos de corte burgués. Pero no pudo eliminarse la contradicción: en el seno mismo de la Corte novohispana se escuchó la voz —sutil y poderosa a la vez— de Sor Juana Inés de la Cruz[77], por medio de la cual el "pagano gran dios de las semillas" coexistía con el dios católico. Así mismo, en las celebraciones litúrgicas y en las imágenes de los santos cristianos, los indígenas adoraban a sus inmortales deidades.

El nuevo ajuste simbólico de la Independencia intentó construir, sin éxito, la identidad mestiza, pues en los hechos se dio un culto de lo europeo.

Una vez concluida la Revolución de 1910 asomó el rostro de la diversidad socio-cultural que el "Nacionalismo cultural" se propuso unificar bajo el paradigma simplificador de la cultura dominante, es decir del "México imaginario". Hay claras evidencias que los Estados Nacionales de la modernidad basaron su poder en la centralización, desde la cual controlaban a los grupos étnicamente diferenciados mediante políticas de unificación y de "identidad nacional". Las construcciones simbólicas que los gobiernos revolucionarios promovieron exaltaban el pasado como algo muerto y la idea de Patria como madre protectora que otorgaba seguridad y sentimiento de pertenencia a los individuos.

Hacer la lectura de las producciones teatrales en México desde la complejidad revela lo insostenible de esa pretensión unificadora, pues el imaginario indígena y la visión occidental no se funden mecánicamente en un nuevo producto, sino por el contrario, mantienen sus diferencias dando lugar a distintas teatralidades en el seno de las múltiples culturas que conforman al país.

Este ensayo podrá complementarse con el siguiente: "Crítica de la Crítica: Posmodernidad y teatro mexicano del nuevo milenio".

---

[77] Sor Juana Inés de la Cruz (Juana Inés de Asbaje y Ramírez) (San Miguel de Nepantla, 1651 – Ciudad de México, 1695). Escritora, poetisa y dramaturga. Máxima figura de las letras hispanoamericanas del siglo XVII. Su obra posee gran originalidad, a pesar de la influencia del barroco español. Se enfrentó a los convencionalismos de su tiempo, que no veía con buenos ojos que una mujer manifestara curiosidad intelectual e independencia de pensamiento. Alcanzó un momento cumbre dentro la poesía del Barroco e introdujo elementos analíticos y reflexivos que anticipaban a los poetas de la Ilustración del siglo XVIII. Autos sacramentales: *El divino Narciso*, *El cetro de José* y *El mártir del sacramento*, cuyos temas abordan la colonización europea de América. El dramaturgo Guillermo Schmidhuber, ha investigado su obra, especialmente la dramática, e hizo el hallazgo de los textos *Protesta de la fe* y *La segunda Celestina*.

Las cinco teatralidades

El mapa socio-cultural del siglo XX en México permite distinguir cinco variables: 1) Teatro Indio y comunitario que, sobre todo en el medio rural pero también en el urbano, mantiene la herencia de las culturas prehispánicas y se apropia, para sus fines, de la occidental; 2) Teatro de Revista, de origen europeo y que debido a la incorporación del lenguaje y tipos populares se convirtió en la forma más representativa durante las tres primeras décadas; 3) Teatro educativo y de orientación política promovido por los gobiernos revolucionarios con un carácter doctrinario y nacionalista que se difundió y/o produjo sobre todo en las poblaciones rurales; 4) Teatro dramático de herencia burguesa europea, que se desarrolla en grandes centros urbanos y 5) Teatro de experimentación y de investigación escénica, también con un topos urbano pero que rompió con las formas decimonónicas y ha advertido permanentemente sobre la necesidad de relacionarse de una nueva manera con la realidad.

Teatro indio y comunitario

El teatro indio tiene raíces profundas en el tiempo y el individuo, se trata de un complejo dramático, coreográfico, ritualizado y socializado entre comunidades indígenas (Frischmann 1992, 25). Es un campo "lleno" de fuerza que recibe y distribuye su energía entre muchos polos.

Los teatros comunitarios se distinguen por el tipo de comunidad en donde se generan y desarrollan. Pero todos comparten el objetivo de establecer relaciones de respeto, tolerancia y comprensión entre sus miembros, así como el apego a valores profundos. Es practicado por grupos rurales y urbanos marginados en barrios, colonias o sectores subalternos.

Entre las expresiones de Teatro indio y comunitario tradicional se incluyen: ceremonias, danzas-drama, danzas, comedias, farsas, autos, pastorelas de origen prehispánico o colonial. Posee las siguientes características: 1) contenido y esencia de identidad, 2) tienen como función principal la legitimación de la cohesión grupal y 3) conservan series de complejos socio-culturales, estructurados en especie de "esquemas" o "sistemas" que tienen estrecha relación tanto con la memoria histórica como con la cosmogonía y la cosmovisión (Jiménez 1992, 44-45).

El Teatro indio y comunitario contemporáneo comparte en esencia las características del tradicional y solo se distingue de ellas por la incorporación de nuevos contenidos, especialmente políticos, y de técnicas modernas que, en ocasiones, llegan a producir nuevas formas, aunque, por lo general, son resignificaciones de aquél.

La Asociación Nacional Teatro-Comunidad, integrada en 1987 por teatristas, investigadores y promotores culturales, muchos de ellos provenientes de diversas experiencias de teatro popular en México desde los años setenta, se mantuvo viva hasta fines de los noventa tratando de contribuir al desarrollo del movimiento del teatro comunitario con acciones como: Fiestas y cursos nacionales, estatales y regionales, realización de estudios y publicación de artículos de divulgación en México y en el extranjero.

Los grupos que formaron parte de TECOM, algunos de los cuales aún participan en el movimiento de teatro comunitario, intentaron convertirse en monitores de su propia cultura. Su modo de producción tomó como base la "metodología de investigación-acción participativa" fundamentada en la interacción del grupo de teatro con su comunidad. Los propios miembros de la comunidad participan en el espectáculo, ya sea como actores, aportando en el proceso de producción aspectos referidos al material dramático (temática, conflicto) o bien colaborando con la realización de escenografía, utilería o vestuario. De tal manera que la apropiación de la experiencia fortalecía el desarrollo de las comunidades indígenas, campesinas o urbanas populares (Acosta 1995, 52-57).

La gran variedad de teatralidades indias y comunitarias hace evidente la necesidad de estudios transdisciplinarios para identificar sus relaciones con otras formas teatrales y culturales. Lo que resulta destacable, pese a la marginación en la que se les ha mantenido, es la gran capacidad de resignificación de su imaginario y las revelaciones políticas, éticas y estéticas con que contribuyen a la creación escénica, pero, sobre todo, al fortalecimiento de la comunidad.

Revista y Carpa

El teatro de revista ocupó el lugar de mayor importancia en los espectáculos que se representaron en la ciudad de México durante las tres primeras décadas del siglo XX. Si bien tuvo un desarrollo accidentado, perdura hasta la actualidad y se practica en diversos lugares del país con las derivaciones y modificaciones a que dio lugar, como la carpa. Es de destacar el Teatro regional de Yucatán, éste sí con una actividad ininterrumpida desde principios de siglo y que tuvo en Héctor "Cholo" Herrera [78] su más distinguido representante.

Ubicada por los estudiosos entre el "género chico" (zarzuelas, sainetes, operetas, apropósitos y astracanes) y el "género ínfimo" (formas espectaculares procaces y vulgares) (De María y Campos 1956, 15), la "revista mexicana" —adjetivo que le fue agregado para diferenciarla de la española, francesa o americana que la influyeron— consistía en una serie de cuadros cómicos que hacían referencia a personajes o situaciones políticas y sociales del momento, entre los cuales se intercalaban números musicales y bailables.

Tanto en la revista como en el género chico se hicieron presentes los "tipos" característicos de la vida urbana y rural. El espectáculo estaba a la vez sobre el escenario y en la sala.

Para 1950 la Revista y la Carpa, después de la importancia que alcanzaron en las primeras tres décadas del siglo, prácticamente habían desaparecido; las causas pueden ser atribuidas a las nuevas condiciones económico-sociales del país: crecimiento de la Capital, auge del radio, del cine y la aparición de la televisión cuyos nuevos códigos culturales y sociales desplazaron aquellos espectáculos. No obstante, a partir de 1975, la "Revista" inició su resurgimiento tanto en el ámbito universitario como en el comercial; ejemplo de ello son *Las tandas del tlancualejo* de Merino Lanzilotti (1979) y *Dos tantas por un boleto* (1985) de Enrique Alonso "Cachirulo".[79]

---

[78] Héctor "Cholo" Herrera (1934 – 2010). Nació y murió en Mérida, Yucatán donde impulsó el Teatro Regional Yucateco. Fundó en 2004 la Escuela de Teatro Regional Yucateco que lleva su nombre. Entre las revistas que escribió se encuentran: *Cuna de perros*, *Mirando a tu mujer*, *Cholo video veo*, *Nada quincenal*, *El Pejemadrazo*, *Amando a Miguel*, entre otras. La Asociación Mexicana de Investigación Teatral le hizó un homenaje en su Encuentro Internacional del 2004 celebrado en Mérida.

[79] Enrique Alonso. Actor, director, escritor y productor. (1924 – 2004). Conocido por su interpretación de Cachirulo en la serie "Teatro Fantástico" que se transmitió en televisión de 1955 a 1969. Escribió *Dos tandas por un boleto*, *La alegría de las tandas*, *Las nuevas tandas* y *Mujer (homenaje a Agustín Lara)*. Ganador del Premio Rosete Aranda en (1996). Fue miembro fundador del *Sindicato de Actores Independientes* del que llegó a ocupar la presidencia. Fundó la Compañía de Opereta y Zarzuela, con la que efectuó inolvidables temporadas en los teatros Ideal (hoy Manolo Fábregas), Jorge Negrete y Esperanza Iris (hoy Teatro de la Ciudad). Entre las distinciones que recibió destaca la presea Ciudad de México, otorgada en 1993.

Teatro educativo y de orientación política

Al triunfo del movimiento revolucionario, el naciente "Estado benefactor mexicano" se dio a la tarea de organizar a las instituciones que deberían servir a la sociedad para alcanzar la igualdad y justicia anunciada. El principal objetivo consistió en la unificación de la población como nación, siendo el mayor obstáculo las grandes diferencias culturales y económicas existentes. Se pensó que la educación podría ser punta de lanza para elevar a un estadio superior a las masas marginadas urbanas y rurales, pero, más que educación, lo que a fin de cuentas se transmitió a través de distintos medios, entre ellos el "Teatro de los maestros rurales" o el "Teatro de Masas", fue la ideología oficial y los conocimientos útiles al poder para satisfacer las demandas básicas y conservarse en el gobierno por más de setenta años.

Por supuesto, la sociedad en sus diversas organizaciones, los profesionales del teatro y los promotores culturales emprendieron también acciones educativas y de orientación política a través del arte escénico y para su difusión siguieron, en ocasiones, las directrices del gobierno e incluso con su patrocinio y otras en franca oposición, especialmente después del movimiento de 1968 periodo que corresponde al llamado por Frischmann "Nuevo Teatro Popular" (1990).

Como resulta evidente, este teatro no tiene pretensiones lucrativas, por lo tanto su forma de producción más común es el subsidio oficial, aunque cuenta también con proyectos que corresponden a la autogestión. Su práctica y promoción abarca en conjunto la mayor parte del país, sin embargo, algunas de ellas se circunscriben a un ámbito restringido, mientras otras lo trascienden. De igual manera, los espacios de representación son variados: desde teatros formales o al aire libre, pasando por estadios, carpas, escuelas, hasta plazas y calles.

Teatro dramático

Por teatro dramático se entiende aquél que designa al teatro occidental burgués implantado a partir del siglo XIX cuyas características son: representación en un teatro "a la italiana" de un drama que trata asuntos de la vida individual o social desde la perspectiva de la clase dominante y con intención mimética; tiene como soporte al texto, por lo que su fuerza descansa en la estructura de la fábula de la cual depende si se atrae o no al espectador.

Esta concepción estuvo presente a lo largo de todo el siglo XX en México, si bien fue cuestionada en distintos momentos, especialmente a partir de la década de los cincuenta. Las dos grandes divisiones que resultan al integrar todo el material del teatro dramático corresponden a la herencia del teatro burgués con sus primeras oposiciones y a las innovaciones dramáticas en la segunda mitad del siglo XX.

El contexto escénico del primer grupo tiene como referencia la última etapa de una estética porfirista, así como la influencia del neorrealismo francés y español. El autor dramático era considerado el creador teatral por excelencia. Los empresarios patrocinaban sobre todo compañías de ópera, opereta, zarzuela y, en menor medida, dramáticas, procedentes de España, Italia, Francia o Estados Unidos, así como nacionales.

Un cambio significativo, señalado reiteradamente, ocurrió con la presencia de la *trouppe* argentina de Camila Quiroga que, en 1922, sorprendió a espectadores y artistas por emplear en escena el habla rioplatense, siendo que los actores mexicanos lo hacían con pronunciación castiza. Un caso paradigmático como herencia de la concepción decimonónica es el de la actriz María Tereza Montoya,[80] su autobiografía *Mi vida en el teatro* (1956) es un testimonio que refleja el contexto escénico y socio-cultural que convirtieron en "diva" a tan polémica personalidad.

En cuanto a la producción dramática del nuevo siglo XX una de las líneas es la de aquellas obras en las cuales perdura la influencia del Romanticismo, o bien del Realismo y del Naturalismo, en tanto copia de esos mismos movimientos en Europa.

---

[80] María Tereza Montoya (Ciudad de México, 1900 – 1970). Actriz y empresaria teatral. Hija del actor y director español José Felipe Agustín Montoya Alarcón, y de la tiple Dolores Pardavé Bernal, inició desde niña su andanza en los escenarios. Trabajó como actriz en las exitosas compañías de Pedro Vázquez, Prudencia Grifell, Luis G. Barreiro, Ricardo Mutio, Julio Taboada y Mercedes Navarro. En 1922 junto con su hermano Felipe y Ricardo Mondragón formó su propia compañía, la cual realizó exitosas temporadas en los teatros Virginia Fábregas y Bellas Artes; además de giras en México, España, sur de EUA, Centro y Sudamérica. En 1956 funda su propio teatro, el cual lleva su nombre y lo inaugura con la obra *Corona de sombras* de Rodolfo Usigli. Socia Fundadora de la Asociación Nacional de Actores. Ganadora de innumerables premios y reconocimientos en México y el extranjero. La Asociación Nacional de Críticos de Arte, otorga el diploma "María Tereza Montoya" a lo más destacado en el arte escénico y la Asociación Nacional de Actores hace entrega de la medalla "María Tereza Montoya" por méritos en el extranjero.

La década de los veinte marcó el inicio de una nueva etapa para la dramaturgia mexicana con la conformación de la Unión de Autores Dramáticos, le siguen el Grupo de los siete y La Comedia Mexicana, apoyada eventualmente por el Estado para impulsar el teatro nacional, escénica y dramatúrgicamente, con una orientación comercial y conservadora, prevaleciendo el estilo decadente español.

Con la misma temática familiar de La Comedia Mexicana surgió, a partir de los años cincuenta, una dramaturgia que trató de examinar las conductas, contradicciones y valores de la clase media y la pequeña burguesía mexicana, aunque con mayor rigor crítico y preocupación formal.

Sin duda el proyecto de Rodolfo Usigli es el más relevante en este contexto fijándose como meta la creación de un teatro mexicano, nacional por su temática y realista en su estilo a fin de convertirse en instrumento de crítica social, de ahí su axioma: "Un pueblo sin teatro es un pueblo sin verdad". Para él, entre más local fuera la temática o la anécdota, mayor sentido de universalidad alcanzaría, siempre y cuando ese teatro tuviera la fuerza y la calidad formal para sostenerse a sí mismo. Planteó el realismo como el modelo a seguir.

En cuanto a las "Innovaciones dramáticas en la segunda mitad del siglo XX", su contexto escénico está vinculado a la expansión de la televisión y al patrocinio de instituciones como el INBA, el IMSS, la UNAM y otras universidades y dependencias del Estado. Además, se da un rompimiento con la escenificación mimética-referencial.

La dramaturgia se convierte en una actividad profesional y se inclina por un neo-realismo y una escritura escénica acorde a la posmodernidad.

Al concluir el siglo XX se manifestó el agotamiento del modelo dramático, por lo que en la actualidad, más que una guía a seguir, toda la producción acumulada constituye un material susceptible de ser deconstruido para intentar nuevas explicaciones de "lo mexicano" pero, también, para emprender lúdicamente nuevas aventuras creativas.

Teatro de experimentación escénica e investigación

En la década de los veinte, y en franca oposición a la vertiente conservadora, aparecieron movimientos teatrales y dramatúrgicos que intentaron transformar el teatro mediante mayor rigor formal y temas de actualidad tomados de las corrientes que, por esa época, se desarrollaban en Europa, la

Unión Soviética y los Estados Unidos. Por eso Rodolfo Usigli la consideró como la primera del siglo en materia teatral.

En la década siguiente este movimiento se enriqueció con la presencia en México de directores teatrales y artistas provenientes de otros países, así como por la estancia de creadores mexicanos en el extranjero, lo cual posibilitó el conocimiento de nuevas técnicas y tendencias.

Por otro lado, el crecimiento del Estado propició que varias de sus dependencias, destinaran parte de su presupuesto al patrocinio de actividades teatrales, entre otras a las de carácter renovador.

A partir de 1950 se da el rompimiento con la estética teatral conservadora, convencional y decimonónica que, según Ludwik Margules,[81] reinaba en los escenarios de México (1994, 280).

En la última década del siglo XX se observa un "rechazo a lo discursivo, a los encuadres ideológicos de cualquier tipo y a las estéticas fácilmente aprehensibles y diferenciadas" (Bert 1995, 18-21).

La experimentación e investigación escénica se fijó como propósito liberar al teatro de la tiranía del texto dramático, logrando construir distintas propuestas de lenguaje teatral centrado en el actor, en el espacio y en la palabra-acción. Esto no significa que se haya abandonado la preocupación por el contenido de las obras, sino que, precisamente, los asuntos que les ha interesado plantear a los creadores han encontrado una forma más plena de comunicación al ser presentados a través de múltiples signos y de estructuras abiertas que permiten la coexistencia de la danza-teatro, teatro y multimedia, teatro-circo, e inclusive adaptaciones de discursos literarios. Los ámbitos de

---

[81] Ludwik Margules (Varsovia, 1933 – Ciudad de México, 2006). Director y maestro de actuación. Estudió periodismo en la Universidad de Varsovia y teatro en la Universidad Nacional Autónoma de México, en la Escuela de Arte Teatral y en la Escuela de Artes Dramáticas de Seki Sano. Dirigió numerosas obras de teatro y óperas; colaboró como director de teleteatros en Canal Once y como conductor del programa *La cultura y la ciencia en México*. Por más de 40 años impartió clases en la Escuela de Nacional de Arte Teatral del INBA, en el Centro Universitario de Estudios Cinematográficos, en el Centro Universitario de Teatro, en el Núcleo de Estudios Teatrales y en el Centro de Capacitación Cinematográfica. Fue director del Departamento de Actividades Teatrales de la UNAM (1980-1985) y dirigió la academia de arte dramático del Foro de Teatro Contemporáneo, en donde también impartió clases de actuación. Premio Nacional de Ciencias y Artes en Bellas Artes (2003).

la experimentación se han ensanchado considerablemente desde los primeros intentos estridentistas y el Teatro de Ulises.

Reflexión final

Hacer un estudio sobre teatralidades y teatros en México en pleno auge de la mundialización parecería estar fuera de contexto. Pero, precisamente, uno de los resultados que arroja es el urgente llamado a establecer un diálogo inter y transcultural fecundo, a fin de superar la visión unidimensional, especializada y parcial de las historias de los teatros nacionales para situarlos en un espacio planetario, donde lo local sea visto como pertenencia a un territorio con dimensión humana en permanente expansión. Se trata, en suma, de comprender la propia historia en su pluralidad para abrirse a otras diversidades y, de este modo, comprender el complejo fenómeno del teatro como configuración de la experiencia humana.

Pensar el teatro en México desde una perspectiva compleja y transdisciplinaria permite, además, hacer una construcción múltiple que no es posible encerrar dentro del concepto académico y occidental del teatro. El quiebre de la estructura heredada permite incorporar expresiones marginadas y subyugadas que forman parte del conjunto de teatralidades de un espacio cultural compartido.

En la práctica del teatro se distinguen nítidamente dos posiciones: la de quienes han intentado conservar una forma y concepción rígida, siguiendo los patrones establecidos por el teatro burgués, y la de quienes han buscado su transformación mediante la renovación creativa y la incorporación de todo tipo de prácticas, tanto las occidentales como aquellas relacionadas con el "México profundo".

Todo esto indica una gran vitalidad del teatro en México; sin embargo aparece una paradoja más en este ámbito: pese al innegable crecimiento de su práctica, que rebasa todo lo hecho en los cuatro siglos anteriores, al inicio del siglo XXI sus condiciones de posibilidad son inciertas. En este sentido, el teatro en México —y en el mundo inclusive— subsistirá no por la decisión de las organizaciones culturales o del mercado, ni siquiera de la misma institución teatral que lleva en su seno lo opuesto a la esencia misma del teatro que es transformación permanente: sino por la voluntad y energía que los individuos, en pleno ejercicio de su autonomía, aporten para la reconstrucción del espacio comunitario.

*Comunicación presentada en el Coloquio sobre Teatro en México y Latinoamérica organizado por la Universidad de Perpignan, octubre de 2004.

Crítica de la crítica: Posmodernidad y teatro mexicano del nuevo milenio*

Introducción

La crítica teatral ha estado, por lo general, en franca desventaja con relación a la crítica literaria; y esto no sucede únicamente en México, sino en todo el mundo. Las excepciones se pueden encontrar en aquellos países con fuerte tradición teatral o que han impulsado programas de investigación que han derivado en el despliegue de la creación y en el surgimiento de una sólida y continua actividad de reflexión y análisis sobre el teatro, no solo en su aspecto dramatúrgico, sino escénico.

En México predominó durante la mayor parte del siglo XX un discurso esencialista y logocéntrico en la crítica teatral. Es en la obra ensayística de Rodolfo Usigli donde se localiza el material crítico más sobresaliente de este largo periodo y, junto a él, se encuentran también otros artistas e intelectuales comprometidos con el quehacer teatral, quienes con sus textos se interesaron en la profesionalización del arte escénico.

A Usigli lo animaba una intención pedagógica, es decir, dar a conocer su visión del teatro, sus objetivos, su valor artístico y su función dentro de la sociedad que lo producía. El aprendizaje, que consideraba aquellos principios valorados como los más elevados del quehacer escénico, debería ser para los creadores y para el público.

El autor de *El gesticulador* se propuso despertar la conciencia nacional del teatro y asentar su importancia en el desarrollo cultural de la nación. En su *Itinerario del autor dramático* el dramaturgo delineó los principios de construcción que tanto creadores como críticos deberían seguir. Posteriormente, en 1950, delineó las cuatro dimensiones del teatro (anécdota, caracteres, acción y tiempo) y afirmó concluyentemente que:

> Todo innovador dramático, si es verdadero y vale algo, se abstendrá de tocar las cuatro dimensiones, porque sabe que la única novedad con que él puede contribuir al teatro de su época reside solo en su personalidad, en su actitud ante las cosas de su tiempo, en su conocimiento y su interpretación del mundo (Usigli 1987, 18).

A partir de la segunda mitad del siglo XX el teatro en México comenzó a girar alrededor de la figura del director de escena quien, en la década de los sesentas, asumió el papel protagónico que había estado en manos de los dramaturgos, ahora casi inadvertidos. Como los directores preferían textos de autores extranjeros, la crítica ya no podía afanarse en constatar la fidelidad que guardaba la representación al texto dramático —en parte porque eran obras desconocidas— sino que preguntaba por las propuestas escénicas y tomaba en cuenta el uso del espacio, la iluminación, las adaptaciones temporales y espaciales al texto. Es así que se fue consolidando la noción de teatro como objeto de análisis, teatro como lo que se ve en escena con autonomía respecto a la obra literaria.

Si bien es cierto que en la mayor parte de las críticas de esa época se siguió hablando de la anécdota de la obra y haciendo comentarios triviales sobre las actuaciones, la dirección o la escenografía, se observan cambios en el punto de partida: el director existe plenamente como autor de la puesta en escena. Se comenzaba a reconocer al teatro como "creación artística donde convergen distintos tipos de signos estrechamente vinculados: los del texto dramático y los de la puesta en escena" (Adame 1994, 12). El teatro era otro y, por lo tanto, el tono de la crítica también tenía que serlo, poco a poco se fue abandonando la complacencia o la diatriba, abundante en la crítica periodística, y fue ganado lugar la crítica académica basada en el análisis a partir de postulados teóricos.

Desde la inserción de México en el modelo del teatro occidental se ha propiciado el avance de los distintos elementos que lo constituyen como experiencia artística: dramaturgia, actuación, puesta en escena. En cuanto a la crítica es evidente que solo desde fines del siglo pasado, con iniciativas como las del Instituto Internacional de Teoría y Critica de Teatro Latinoamericano (1986-1996) y la Asociación Mexicana de Investigación Teatral fundada en 1993, se han desarrollado diversas propuestas para el estudio de los *textos teatrales*. Así, en la actualidad, se pueden reconocer acercamientos críticos que parten de una sólida fundamentación teórica y de una relación estrecha con los contextos en los que se produce.

En el presente ensayo se hace una revisión de la crítica teatral en México ubicándola dentro de la etapa llamada "posmodernidad" y mediante un procedimiento recursivo, es decir, se identifica el teatro que produce la crítica que a la vez produce a ese teatro; y al mismo tiempo, por tratarse de un ejercicio crítico, éste produce un nuevo discurso a partir de aquellos que lo producen. Estos discursos son los de José Ramón Alcántara, Enrique Mijares, Ileana Diéguez[82] y Donald Frischmann.[83]

Los teatros de México a comienzos del siglo XXI

¿Cuál es el teatro que se produjo en México desde que el nuevo siglo estaba en gestación y cuando apenas daba sus primeros pasos? La pregunta contempla los dos momentos porque, aunque temporalmente distintos, mantienen una continuidad en cuanto a la práctica teatral.

Habría que decir que no es posible hablar de un solo tipo de teatro. A partir de una primera caracterización que elaboré en *Teatros y Teatralidades en México. Siglo XX*, (Adame, 2004), reconozco por lo menos cinco teatralidades vigentes (se desarrollan más ampliamente en el apartado anterior): 1) la del "Teatro dramático" de herencia burguesa europea, que se desarrolla sobre todo en el medio urbano y ha superado el centralismo que valoraba solo lo que se escribía en el Distrito Federal. Con una herencia considerable y enfrentados a cambios sociales y tecnológicos trascendentes se habla ahora

---

[82] Ileana Diéguez (La Habana). Investigadora. Doctora en Letras (2006) con estancia posdoctoral en Historia del Arte, Universidad Nacional Autónoma de México (2008-2009). Profesora investigadora en el Departamento de Humanidades de la UAM-Cuajimalpa. Miembro del Sistema Nacional de Investigadores. Trabaja sobre problemáticas del arte escénico contemporáneo, procesos de performatividad, las teatralidades y performatividades expandidas y desmontaje. Curadora de exposiciones de artes visuales, entre ellas Navajas, de Rosa María Robles (Centro de las Artes de Monterrey, e Instituto Potosino de Cultura, 2012) y La domus del ausente, de Juan Manuel Echavarría y Mayra Martell (Galería Metropolitana, 2013). Entre sus trabajos de investigación teatral se encuentran: *Cuerpos sin duelo. Iconografías y teatralidades del dolor* (2013); *Des-tejiendo escenas. Desmontajes: procesos de investigación y creación* (2009); *Escenarios Liminales. Teatralidades, performances y política* (2007).

[83] No se consideran trabajos como el de Armando Partida: *Se buscan dramaturgos II. Panorama crítico*, CONACULTA-FONCA-INBA-CITRU, México, 2002, pues se trata, como el mismo crítico aclara, de una revisión generacional que intenta distinguir las diferencias estilísticas e ideológicas a partir del estudio de los "modelos de acción dramática dominantes".

de la "novísima dramaturgia" (Luis Mario Moncada[84], David Olguín[85], Jaime Chabaud[86], etc.), la "dramaturgia del norte" (Hugo Salcedo, Hernán Galindo, Enrique Mijares, Medardo Treviño[87], etc.), y la "dramaturgia de mujeres"

---

[84] Luis Mario Moncada (Hermosillo, 1963 –). Actor y dramaturgo. Estudió Literatura dramática y teatro en la Universidad Nacional Autónoma de México. Ha sido director del Centro Nacional de Investigación Teatral "Rodolfo Usigli" (CITRU), del Colegio de Teatro de la UNAM y del Centro Cultural Helénico. Obras de teatro más representativas: *James Joyce, Carta al artista adolescente* (1994), *Alicia detrás de la pantalla* (1995), *El color del cristal* (1996), *Adictos Anónimos* (1999), *Opción múltiple* (1999), *El motel de los destinos cruzados* (2005). Premios: Nacional de la Juventud 1985; a la mejor adaptación teatral (1994) y mejor obra de autor nacional (2004), ambos por parte de la Agrupación de Periodistas de Teatro.

[85] David Olguín (Ciudad de México, 1963). Dramaturgo, narrador, ensayista y director de teatro. Realizó estudios de actuación en el Centro Universitario de Teatro, y de literatura hispanoamericana e inglesa en la Universidad Nacional Autónoma de México. Obtuvo el Master in Arts en el Theatre Studies de la University of London. Trabajó como editor en Ediciones El Milagro (1992-2005) y fue tutor de dramaturgia de la Fundación para las Letras Mexicanas. Premio Nacional de Obra de Teatro (2001) por *Belice*. Obras de teatro más representativas: *¿Esto es una farsa?*, *Belice*, *Dolores o la felicidad*, *El tísico*, *La puerta del fondo*, *Bajo tierra*, *Los asesinos y La belleza*.

[86] Jaime Chabaud (Ciudad de México, 1966 –). Dramaturgo. Ha sido investigador teatral, maestro, articulista y guionista de medios. Dirige la revista de teatro *Paso de gato*. Obras de teatro más representativas: *Tempranito y en ayunas* (1989), *¡Que viva Cristo Rey!* (1992), *El ajedrecista* (1993), *Y los ojos al revés* (1999), *Perder la cabeza* (1995), *Pipí* (2005), *Lágrimas de agua dulce* (2009) y *El Kame Hame Haa* (2013).

[87] Medardo Treviño (Rio Bravo, 1959 –). Director, actor y dramaturgo. Obras de teatro más representativas: *Lupe hombre*, *Cantata a Carrera Torres*, *En el centro del Vientre*, *Ampárame Amparo* (en el compendio *Cien años de Teatro Mexicano*). Premios: Nacional de teatro histórico; Nacional de Teatro Griego; Mejor director del Concurso Nacional de teatro Griego por la obra *Reso*; de la Asociación Nacional de Críticos de teatro; Mejor Actor en el Festival Mesoamericano de Teatro; Nacional de teatro de la AITA-IATA.

(Estela Leñero[88], Elba Cortés[89], Elena Guiochins[90], Silvia Pelaez, Ximena Escalante[91]); 2) la del "Teatro de experimentación y de investigación escénica", que emplea múltiples signos y estructuras abiertas permitiendo la coexistencia de la danza-teatro, teatro y multimedia, teatro-circo, e inclusive adaptaciones de discursos literarios. Entre sus representantes se encuentran

---

[88] Estela Leñero (Ciudad de México, 1960 –). Dramaturga, directora y productora de radio. Se tituló en la carrera de Antropología Social en la UAM. Estudió teatro en el Centro Nacional de Nuevas Tendencias Escénicas de Madrid, España. También se dedica al periodismo teatral colaborando en diarios como *Uno más Uno*, *La Jornada*, *El Nacional* y diversas revistas. Obras de teatro más representativas: *Casa llena*, *Las máquinas de coser*, *Insomnio*. Premios: Nacional de la Juventud en el área de teatro y creación literaria, Nacional de Obra de Teatro.

[89] Elba Cortés (Mexicali, 1967–). Estudió arquitectura y diplomado en literatura dramática en la Universidad Autónoma de Baja California y en teatro en el Centro de Artes Escénicas del Noroeste. Como actriz formó parte del Taller Universitario de Teatro de Ángel Norzagaray. Maestra en la Escuela de Comunicación de la Universidad Iberoamericana del Noroeste. Ha destacado su labor en el área de teatro para niños, escribiendo y dirigiendo. Obras de teatro más representativas: *La tierra mía* (1996), *El complot de los ladrones del tiempo* (1998), *Dominó* (UABC-CECUT, 1999) y el audio-libro para niños *La tierra mía* (2000).

[90] Elena Guiochins (Veracruz, 1969 –) Narradora y dramaturga. Licenciatura en Educación Artística por la Universidad Veracruzana. Docente en la Escuela de Artes Escénicas Casa Azul Argos y en la Universidad del Claustro de Sor Juana. Miembro del Sistema Nacional de Creadores de Arte. Obras de teatro más representativas: *Mutis*, *Plagio de palabras*, *Juan Volado*, *Bellas Atroces*, *Caída Libre*, *Prendida de las Lámparas* y *Connecting People*. Premios: Óscar Liera y Dramaturgia para niños.

[91] Ximena Escalante (Ciudad de México, 1964 –). Dramaturga y guionista. Estudió dirección de escena en el Centro Universitario de Teatro y la licenciatura en Escritura y Ciencias Teatrales en la Real Escuela Superior de Arte Dramático de Madrid. Becaria de la fundación Rockefeller. Ha impartido talleres de dramaturgia en La Capilla y el Centro de Capacitación Cinematográfica. Obras de teatro: *Vacío Azul* (1994), *Fedra y otras griegas* (2002), *Electra despierta* (2008) y *Neurastenia* (2010).

Juliana Faesler,[92] Iona Weisberg,[93] Jorge Vargas,[94] Héctor Bourges,[95] Marcela Bourges,[96] Fausto Ramírez,[97] Martín Zapata,[98] Claudio Valdés Kuri[99], Ricardo Díaz[100] y Gerardo Trejoluna[101], por citar algunos; 3) la del Teatro Indio

---

[92] Juliana Faesler (Ciudad de México). Escenógrafa, dramaturga, directora de teatro y de ópera. Estudió escenografía y vestuario en el Central Saint Martins School of Art en Londres; actuación y dirección, en México, con Julio Castillo, Ludwik Margules y Héctor Mendoza. Fundadora de la compañía "La Máquina de Teatro" junto con Clarissa Malheiros. Algunas de sus puestas en escena: *La Trilogía Mexicana, 2009-2010*, *La Cenerentola* de G. Rossini y *Jenufa* de L. Janacek, para la Compañía Nacional de Ópera. Premios: Mejor espectáculo extranjero, Director revelación, Mejor dirección de escena y Mejor teatro de grupo.

[93] Iona Weisberg (Ciudad de México, 1979 –). Directora. Estudió Teatro en la Universidad Hebrea de Jerusalén y en la Universidad de Columbia. Ha trabajado con diversos dramaturgos mexicanos contemporáneos. Ha dirigido obras en México y Estados Unidos; su trabajo se ha presentado en festivales en Miami, Colombia y Bolivia. Actualmente es profesora de tiempo completo en la Universidad Nacional Autónoma de México.

[94] Jorge Vargas (Durango, 1958 –). Estudió en la Ecole du Mime Corporel (1985-1986 y 1997), Mime Omnibus de Canadá (1984 y 2002), el Odin Teatret (1988) y en la Escuela Internacional de Teatro para América Latina y del Caribe (1990). Fundador e integrante del grupo "Mimus-Teatro" (1979-1983) y director del Grupo La Percha y Teatro de Movimiento (1984-1993). Fundador y director artístico de Teatro Línea de Sombra. Algunas de sus puestas en escena: *Caballo de la Noche* (1988), *Niño y Bandido* (1992), *El Patio de Monipodio* (1993), *El Censor* (1999), *Galería de Moribundos* (2001), *La fragua del mundo* (2007), *Amarillo* (2009). Mejor director de teatro de búsqueda por la Asociación Mexicana de Críticos de Teatro (2001).

[95] Héctor Bourges (Ciudad de México, 1968 –). Creador escénico y plástico. Estudió Ciencias políticas en la Universidad Iberoamericana. Realizó estudios en CADAC y en el Centro de Capacitación Cinematográfica y un posgrado de cine documental en la Universidad Autónoma de Barcelona. Fundador del grupo Teatro Ojo, su trabajo con frecuencia replantea ideas de espacio y representación. Puesta en escena más representativa: *Salomé o del pretérito imperfecto* (basada libremente en el texto de Oscar Wilde).

[96] Marcela Bourges (Ciudad de México, 1968 –). Directora. Maestra de actuación en el *Centro de Arte Dramático A. C.*, donde se ha dedicado a difundir la obra de Héctor Azar. Puestas en escena más representativas (codirección Rabindranath Espinosa): *El laberinto* de Fernando Arrabal (2008); *El juego de Zuzanka*, de Milos Macourek (2010); *Adán retorna* de Héctor Azar (2012); *Olímpica*, de Héctor Azar (2012); *La causa de la causa que es causa de lo causado*, de Hector Azar (2013); *Zoon Theatrycon, fantasmagoría escénica partir de La higiene de los placeres y dolores*, de Héctor Azar (2014).

[97] Fausto Ramírez (Guadalajara). Director. Fundador, junto a Susana Romo, del grupo "A la deriva teatro". Fue director de la Compañía de Teatro de la Universidad de Guadalajara. Ha dedicado su trabajo al teatro para niños y jóvenes. Puestas en escena más representativas: *Hazme un hijo*, *Lluvia Implacable*, *Pipí*, *Todas las Julias del mundo*, *Un barquito de papel*.

y comunitario, que sobre todo en el medio rural, pero también en el urbano, mantiene la herencia de las culturas prehispánicas y se apropia, para sus fines, de la occidental: representaciones de la Semana Santa, donde se yuxtaponen símbolos indígenas y occidentales con predominio de los primeros; asimismo las que se realizan en cientos de poblaciones mestizas urbanas y rurales del centro del país. Pastorelas tradicionales, teatro mágico-chamánico, carnavales, representaciones masivas de carácter histórico. El teatro maya tradicional, el teatro campesino morelense y los teatros nahuas, zapotecas y mayas contemporáneos, entre otros; 4) la del "Teatro popular urbano" que proviene de la tradición del Teatro de Revista y que tiene en el Teatro Regional Yucateco el mejor ejemplo de pervivencia de la misma, mientras que, por otra parte, son numerosos los grupos que buscan espacios de intercambio y difusión teatral en sitios no convencionales para el teatro como calles y plazas, es el caso de: Utopía Urbana, Los Zurdos, Especies, Alfa y Omega, Cascarazo, Fantoches, Kapikúa, en la ciudad de México y 5) la del "Teatro

---

[98] Martín Zapata (Chilpancingo, 1963 –). Dramaturgo y director. Estudió en el Centro Universitario de Teatro de la UNAM (1984); la licenciatura en Educación Artística (2002) y la maestría en Literatura Mexicana (2005), en la Universidad Veracruzana. Actualmente es docente en la Facultad de Teatro de la Universidad Veracruzana, de la cual también fue director (2010-2014). Obras de teatro más representativas: *El insólito caso del señor Morton*, *El dolor debajo del sombrero* (2005), *Soneto para dos almas en vilo* (2012), *El siniestro plan de Ventila Radulezcu* (2011) y *Camino a Fort Collins (2015)*. Premios: Nacional de Dramaturgia y Bellas Artes de Baja California.

[99] Claudio Valdés Kuri (Ciudad de Mexico, 1968 –). Director. Fundador de la compañía "Teatro de Ciertos Habitantes". Sus obras se han presentado en importantes festivales en varias partes del mundo. Puestas en escena más representativas: *Becket o el honor de Dios*, *De Monstruos y prodigios: la historia de los Castrati*, *El Automóvil Gris*, *¿Dónde estaré esta noche?* y *El Gallo*.

[100] Ricardo Díaz. Director. Egresado de la Escuela Nacional de Arte Teatral del INBA. Estudió dirección en la Academia de Artes Escénicas de la Universidad de Sarajevo. Formó parte de la compañía yugoslava KPGT, dirigida por Ljubisa Ristic. Sus montajes exploran las posibilidades dramáticas de espacios no convencionales de representación. Puestas en escena más representativas: *El veneno que duerme* y *No ser Hamlet*.

[101] Gerardo Trejoluna (Acámbaro, 1968 –). Actor, director e investigador escénico. Su formación como actor ha sido con diversas clases de acondicionamiento físico, técnicas vocales, clown y teatro de objetos. Cofundador del "Teatro Estudio T", en Xalapa. Miembro del "Taller del Sótano" (1993- 1995). Ha participado en proyectos de teatro, cine y televisión. Ha presentado su trabajo en numerosos festivales nacionales e internacionales. Puestas en escena más representativas, los unipersonales: *Autoconfesión*, Dir. Rubén Ortiz (2003); *Tom Pain*, Dir. Alberto Villarreal (2008); *La vida muda* (2012).

educativo y de orientación política", cuyo antecedente se encuentra en el teatro que promovieron los gobiernos posrevolucionarios con un carácter doctrinario y nacionalista. Entre otras manifestaciones contemporáneas se encuentran: el Teatro escolar del INBA, los proyectos independientes de teatro infantil, el teatro de títeres, o a Enrique Cisneros superviviente de CLETA.

Las tres primeras teatralidades han generado discursos críticos significativos, es por ello que las abordo en los siguientes apartados.

Crítica de la teatralidad dramática. La dramaturgia regional

José Ramón Alcántara Mejía es uno de los más comprometidos promotores de la "teoría teatral mexicana", como consta desde sus primeros trabajos en los que invitaba a hacer una relectura de Aristóteles, hasta los más recientes en los que propone la noción de "Textralidad" y "Teatraslación" (2003).

La función de la teoría, para Alcántara, está muy relacionada con la etimología de la palabra "contemplación", es así que, parafraseándolo, se ha dedicado "con todas las potencias de su alma" a contemplar el despliegue de las acciones humanas que produce el teatro en México (Alcántara *et al...*, 1997). Así pues, su actividad crítica está sustentada, primero, por la experiencia teatral —ha sido actor y director— y, segundo, por su propio discurso teórico, el cual se ha nutrido de la tradición neohermenéutica (Paul Ricoeur, Northrop Frye), de los estudios culturales (Victor Turner, García Canclini, Lotman) y del pensamiento posmoderno (Homi Baba, Derrida, Deleuze y Guattari), entre otros.

Al considerar texto y teatralidad los dos términos de la metáfora teatral, Alcántara ha hecho una aportación de suma importancia a la teatrología. Ubica al teatro con independencia de la estructura literaria, aunque mantiene lo verbal y lo poético, y al agregar la dimensión performativa trasciende la experiencia sensorial de lo que se presenta como "visto" por la imaginación.

La textualidad y la teatralidad están articuladas por el cuerpo del lector/actor, es así que la "textralidad" es la experiencia concreta de un acto poético-performativo.

En su trabajo crítico ha abordado la "textralidad" posmoderna, femenina y norteña. Precisamente, a partir del estudio de los dramaturgos de la región norte del país ha elaborado su propuesta de un "Teatro regional" como respuesta a la globalización:

> El proyecto de un teatro regional está inscrito en una temporalidad y en una locación que se abre a la condición posmoderna, independientemente que se esté conciente de ello o no. La posmodernidad se inscribe en la territorialidad regional con todas sus complejidades, y la resignifica como un movimiento que permanece arraigado en un espacio conceptual, pero que se desplaza hacia otro que es el centro hegemónico desde el cual es reconocido. Podemos, pues, decir que lo regional se manifiesta primeramente cono una realidad identitaria que está sujeta a la transformación de las construcciones ideológicas del centro. Pero, a su vez, lo regional no es simplemente un acto de resistencia o de negación sino una afirmación de un espacio propio que se abre a la inscripción, pero que se mantiene como territorio propio (Alcántara 2003, 62).

La observación anterior surge de la crítica realizada a trabajos de los autores más representativos del teatro del norte como Óscar Liera (*El camino rojo a Sabaiba*), Víctor Hugo Rascón Banda (*La mujer que cayó del Cielo* o *Desazón*) y Hugo Salcedo (*El viaje de los cantores*), cuyas obras manifiestan "una espacialidad y una temporalidad que abre espacios y alarga tiempos". Procesos dramáticos en los que "la textualidad implica, en su carácter transmediador, posibilidades de representación que, en efecto, han sido exploradas en su representación" (Alcántara 2003, 67).

La atención que este teatro ha despertado obedece a una necesidad de recuperar la realidad local de cara a los dos centros que la enmarcan: el estadounidense y el mexicano y, "desde este lado" los dramaturgos fronterizos no permiten "que la cuestión de la identidad se convierta en un objeto de discurso posmoderno, sino, por el contrario, en una manera de resignificar la penetración de una realidad cuya localización regional, está, sin embargo, inscrita en los proceso de globalización" (Alcántara 2003, 67).

Un aspecto problemático para el análisis de esta teatralidad es el recurso al "realismo" que, al decir de Alcántara, es una estrategia de resistencia "para interrumpir la representación del presente, entendiendo por presente esa entidad imaginaria construida por la posmodernidad globalizada" (2003, 67) que niega el realismo mimético y juega con una realidad teatralmente construida, y al que Enrique Mijares ha llamado "realismo virtual".

En mi lectura del trabajo crítico de Alcántara sobre el Teatro regional, encuentro que si bien lo sitúa dentro de la globalización y la condición posmoderna para desenmascararla y revelar su "brutal realidad tecno-económica", su incisión penetra más hondo al reconocer los textos como actos poético-performativos no sometidos al discurso global. Se trata de resaltar un proyecto político contra el neocolonialismo.

Alcántara se desprende del discurso que, desde el centro, se ha dirigido a lo regional mediante una estrategia que, si bien reivindica las diferencias, busca homogeneizarlas bajo el concepto de "identidad nacional". Por ello reconoce el imaginario común como elemento unificador de esta teatralidad fronteriza que tiene por sustento cultural el sentido de pertenencia a un territorio: espacio y tiempo compartido, y por sustento teatral una realidad "teatralmente construida".

A esta construcción es a la que Enrique Mijares ha llamado "Realismo virtual", o sea:

> aquel que no ignora el cotidiano adiestramiento de sus espectadores potenciales en la digitalización electrónica... no soslaya la familiaridad con la cual sus espectadores potenciales se desplazan en el paisaje globalizado de imágenes yuxtapuestas, noticias contradictorias y manipulación ideológica. Los hacedores del realismo virtual mexicano reconocen que en su tránsito por la realidad, la dramaturgia ha pasado del realismo naturalista al realismo costumbrista, más aún ha saltado la barrera del realismo mágico para incursionar ahora libre y creativamente —sin concretarse a la calca y a la subordinación, al mero traslado y acumulación del lenguaje sobre el escenario— en el empleo de las estructuras fractales abiertas a innúmeros desenlaces, a la multiplicidad de intercambiabilidad de los personajes, a la interactividad irrestricta entre hacedores y espectadores (1999, 23).

Dentro de este "estilo" —el arte posmoderno plantea liberarse de los estilos, por lo que de entrada el concepto de "Realismo virtual" resulta desfasado— Mijares coloca a los dramaturgos fronterizos Hernán Galindo,[102] Gabriel Contreras,[103] Cutberto López,[104] Medardo Treviño, Hugo Salcedo y Gerardo Navarro.[105] Al ejemplificar el "realismo virtual" de Salcedo menciona sus "estructuras fractales", en referencia a la manera fragmentaria como estructuró *El viaje de los cantores* y a la sugerencia de dejar al azar el orden de representación de las escenas, lo que trae consigo "innúmeros desenlaces". Además resalta "la abundante variedad de aproximaciones a esa franja geográfica de tránsito (Tijuana) en la cual la realidad virtual alza sus mensajes subliminales cercando a los personajes alternativamente esperanzados y claudicantes" (1999, 23) y agrega que los protagonistas de sus

---

[102] Hernán Galindo (Monterrey, 1960 –). Dramaturgo y director teatral. Estudió teatro en la Universidad Regiomontana y en la Universidad de California, en Los Ángeles. Fundador del grupo de dramaturgia Dramas Nuevo León. Miembro de PROTEAC. Director de Artes Escénicas de la Universidad de Monterrey. Obras de teatro más representativas: *Ansia de Duraznos* (1990), *Las Bestias Escondidas* (1992), *Los niños de sal* (1994), *Círculos en el jardín* (2004), *La gente de la lluvia* (2004), *Los no parientes* (2006). Premios: Nacional de Teatro INBA, Nacional de Dramaturgia, Premio Nacional de Dramaturgia UANL.

[103] Gabriel Contreras (Monterrey, 1959 –). Dramaturgo y narrador. Estudió Psicología en la Universidad Autónoma de Nuevo León. Obras de teatro más representativas: *Caballo de la noche, Festival a nuestro propio beneficio* y *Todos morimos en 1909*. Becario del FONCA (1993).

[104] Cutberto López (Benjamín Hill, Sonora, 1964 –). Dramaturgo. Miembro del Sistema Nacional de Creadores de Arte. Sus obras *Durmientes y Desierto* han sido traducidas y publicadas en francés y escenificadas en París. Su obra *Mujer lagartija* ha sido traducida y publicada en Alemán. Obras de teatro más representativas: *Píntame un sueño, Toque de queda, Ahí vine la mano peluda, Casa pa' los pastores, Terapia intensiva, Helada Madrina, Una noche de perros y gatos, Muerte cerebral, La esperanza, Desierto y Matar al sol*.

[105] Gerardo Navarro (Chula Vista, California, 1963 –). Escritor, investigador, conferencista y artista multidisciplinario. Estudió Artes Visuales en la Universidad de California. Es diplomado en Educación por competencias por la Universidad Pedagógica Nacional de México. Su obra se desarrolla entre los ámbitos de la video-instalación, la dramaturgia, el performance, el spoken word, la composición musical electrónica, la video poética y los estudios psico-sociales. Vocalista y letrista del trío de blues funk rock, Border Beat (desde 2015). Creador del "Border Slam, torneo de voces" (Poesía en voz alta) dentro del marco de la 32 Feria del Libro de Tijuana. Obras de teatro más representativas: *Yonke Humano* (2008). Premio estatal de Baja California en dramaturgia (2008).

obras son mujeres y hombres de carne y hueso que han roto para siempre con la tradición rulfiana, son mexicanos del presente inmersos en el "realismo virtual". En Gerardo Navarro observa "una buena dosis de necesidad de interpretación del entorno desde el propio interior del caos" (1999, 105) y que asume el "realismo virtual" como la estructura común, y el lenguaje electrónico de sus espectadores potenciales, sin caer en el vacío del individualismo estéril.

Su conclusión es que con Salcedo y otros autores se da un salto "directamente del realismo costumbrista al realismo virtual, sin prestar atención a los experimentos posmodernos espectaculares" (Mijares 1999, 90).

Observo en Mijares un rechazo a la espectacularidad posmoderna y no al discurso globalizante que ésta contiene, como atinadamente lo ha percibido Alcántara.

Con el estandarte nacionalista Mijares se lanza contra el arte posmoderno que, dice "ha conquistado los escenarios mexicanos sin que en la mayoría de los casos se le haya opuesto el mínimo mestizaje, el mínimo sincretismo, la mínima hibridación, procesos todos ellos que sí han seguido las manifestaciones inéditas propias de nuestra identidad a lo largo de la historia" (1999, 109).

Se observa un sesgo en esta interpretación pues, por una parte, como destaca Hilda Saray Gómez, "son pocas las puestas en escena en el teatro de la ciudad de México que consciente y metódicamente en su proceso se [han] apoyado en reflexiones filosóficas estéticas relacionadas con la condición postmoderna y cuyo resultado sea de evidente verificación en el escenario" (2003, 95-105), y por otra, las que se han realizado bajo esta perspectiva tienen rasgos que nadie dudaría de señalar como "mexicanos",[106] aunque de nada serviría para quitarle o ponerle a su calidad artística.

Las obras que refiere Hilda Saray: *La Pasión de Pentesilea*, de Luis de Tavira, *Sexo, y pudor y lágrimas*, de Antonio Serrano[107]; *La noche de Hernán Cortés*, de Vicente Leñero, *Superhéroes de la aldea global*, de Luis Mario Moncada y

---

[106] Vale la pena recordar la indignación de la crítica periodística a la puesta en escena de *La noche de Hernán Cortés* (ver el ensayo en este mismo libro).

[107] Antonio Serrano (Ciudad de México, 1955 –). Escritor y director de teatro, televisión y cine. Egresado de la Universidad Iberoamericana. Estudió en la Royal Weber Academy of Dramatic Art, en Inglaterra y el Odin Teatret de Dinamarca. Estudió además con el polaco Jerzy Grotowsky, el francés Phillipe Gaullier y el italiano Carlos Bosso. Su obra de teatro más representativa es *Sexo, pudor y lágrimas*, la cual dirigió en teatro y

más recientemente, *De memoria* de Claudio Valdés Kuri y *La Malinche* de Víctor Hugo Rascón Banda, dirigida por Johan Kresnik, muestran algunos elementos que combinan, en lo general, un sustrato realista con elementos postmodernos, la combinación de un tratamiento culto a un asunto de la cultura popular o la puesta en primer plano de expresiones como el thriller, el talk show, los medios, el comic, la publicidad o el kitch (Gómez 2003, 97-98).

Entonces, además de la espectacularidad ¿dónde reside el conflicto entre "realismo virtual" y posmodernidad? La condición posmoderna es una característica del estado de espíritu contemporáneo que nos hace vivir en la incertidumbre, donde las respuestas desde el paradigma de la razón están agotadas. La "realidad virtual" se inserta dentro de la posmodernidad y corresponde al propósito científico y tecnológico de abolir la frontera que separa lo real de lo irreal (Rhengild 1994).

No se trata solamente, como quiere ver Mijares, de percibir el entorno a través del "control digital y de las imágenes potenciadas en el videoclip", o de que los dramaturgos respondan a la avidez de un público entrenado en la multiculturalidad electrónica. No es posible, en plena época postnacional, admitir el "carácter nacional" como "clave de la fuerte identidad del realismo virtual en la dramaturgia mexicana".

Si la posmodernidad no se ve como una "moda pasajera" y la "realidad virtual anda a pie por las calles", entonces ¿no se está hablando más bien de modernidad y de realismo? El discurso crítico de Mijares muestra una gran debilidad, sobre todo cuando después de reiteradas menciones al contacto con el público dice que "tal vez solo falta que estos esfuerzos dispersos —los de los dramaturgos de la realidad virtual— encuentren a sus exactos interlocutores, ese público de hoy en el cual alienta una nueva percepción de la realidad virtual que nos rodea" (Rhengild 1994, 149).

Las dos posiciones sobre el Teatro regional muestran la pujanza del movimiento teatral en el norte de México, pero también muestran dos formas de hacer crítica: una desde la apertura y la elaboración teórica, otra desde la estrechez retórica y del dogma.

---

llevó al cine en 1999, permaneciendo en cartelera seis meses. Premio Ariel por mejor guión adaptado.

Crítica del teatro de experimentación e investigación

Ileana Diéguez se ha ubicado en el espacio fronterizo para desarrollar su trabajo crítico. Espacio donde se cruzan "parricidios, tachaduras, borraduras, veladuras, roturas e imposibles" (Diéguez 2003, 71), con el propósito de hacer estallar al teatro y al texto dominados por el padre-creador omnisciente.

Con resonancias que remiten a Derrida, pero también a Lotman, Bajtín, Cixous, entre otros fronterizos/parricidas, se asoma por mundos apuntados, más que construidos, donde habitan cuerpos rotos, textos horadados. No se trata, aclara, del parricidio modernista que tiene como fin la perforación dramática, sino de "una estrategia fronteriza: al padre se le niega y se le usa, se le nombra y se le vela, se le provoca y se le ignora. Es más una problematización que una rotunda negación; una inversión paródica, una carnavalización" (Diéguez 2003, 71).

De este modo ha hecho la lectura de la teatralidad de Ricardo Díaz, escritor escénico autor de *El veneno que duerme* (1999), *El vuelo sobre el océano* (2001) y *No ser Hamlet* (2002) entre otras; así como de Jorge Vargas, Rubén Ortiz,[108] Héctor Bourges y Alberto Villarreal,[109] todos ellos marcados por la posmodernidad y por realizar su trabajo en un centro que también ha sido horadado: la ciudad de México.

En el caso de Ricardo Díaz, que aquí se refiere, Diéguez ha señalado que su creación surge de un proceso de investigación en el que cuestiona los espacios jerárquicos de los teatros a la italiana, las relaciones actor-personaje

---

[108] Rubén Ortiz (Ciudad de México. 1968 –). Escritor, actor y director teatral. Es director de escena egresado del Foro Teatro Contemporáneo dirigido por Ludwik Margules, de quien fue asistente. Ha realizado montajes en México, así como en ciudades del extranjero como Viena y Praga. Obtuvo la beca de jóvenes creadores del Fondo Nacional para la Cultura y las Artes (1996, 2000).

[109] Alberto Villarreal (Ciudad de México, 1977 –). Autor y director de teatro, escritor, traductor y docente. Egresado de la Licenciatura en Literatura Dramática y Teatro por la Facultad de Filosofía y Letras de la UNAM. Es miembro del Sistema Nacional de Creadores de Arte desde 2012. Ha sido colaborador en revistas como: *Letras Libres*, *La Tempestad* y *Paso de Gato*. Ha realizado más de 47 puestas en escena, la mayoría de ellas de su autoría. Obras de teatro más representativas: *Perfumes y tentaciones para una mujer muerta* (2002); *Máquina Hamlet*; *Vía Crucis con transeúntes* (2003), y *Ravioles negros* (2013). Premios: Medalla Gabino Barreda, Internacional de Ensayo Teatral CITRU-Paso de Gato, Nacional de Literatura José Fuentes Mares, por su libro *Siete años en ensayos*.

y actor-espectador, la estructura del texto dramático y la idea del teatro como representación; en suma una oposición al canon de la teatralidad mexicana y al canon occidental. Ha carnavalizado los *espacios* (en *No ser Hamlet* la sesión terminaba en la calle), los ha desterritorializado utilizando galerías de arte de la ciudad de México y ha hecho desaparecer toda referencia de posible ubicación.

Se trata de una dramaturgia escénica que rechaza al personaje como "centro psíquico que desencadena procesos simbióticos." El actor no se apropia del personaje, no lo coloniliza, antes bien se reconoce la dificultad del encuentro y es en esa frontera donde "emerge el contacto poético" (Diéguez 2003, 77).

La relación actor-espectador tampoco está determinada de antemano. En la obra referida anteriormente "los espectadores [decidían] dónde ubicarse y cómo acompañar una sesión escénica que se iba desplazando a lo largo y ancho de una galería, entre instalaciones, esculturas, lienzos y dibujos que allí se exponían." (Diéguez 2003, 73).

El parricidio textual pretende desarmar a los clásicos, hacer una deconstrucción textual y establecer un diálogo escénico. El trabajo con lo doble está siempre presente: en *El veneno que duerme* a partir de *La vida es sueño* de Calderón "diálogo con la doble fábula que representa y oculta, y diálogo con un guión perverso que velan los creadores escénicos"; en *El vuelo sobre el océano* —con fragmentos de *Baden-Baden, Terrores y miserias del Tercer Reich* y *El vuelo sobre el océano* de Brecht—:

> lo doble está en el doble discurso que desde la creación y la reflexión teórica se escribe sobre las tablas. Inicialmente se simula una conferencia en la que el director y un crítico de arte exponen/leen pedazos de Derrida/Artaud y *No ser Hamlet* es un texto múltiplemente atravesado, horadado; desde el nombre y la pregunta que vela. El Ser como figura ontológica que llena los sentidos de la filosofía, la teatralidad, la literatura, la política y la cotidianeidad, quiso ser bordeado, diría que flechado desde las dis-locaciones y los márgenes. (Dieguéz 2003, 76).

Finalmente, en cuanto al teatro como representación, en *El veneno que duerme* el público era invitado a formar grupos con los cuales iría visitando la ficción, en *El vuelo,* al público se le introducía en el recuerdo fragmentario de una representación anterior y en *No ser Hamlet* la opción fue renunciar no solo a la fábula, sino incluso al personaje. Además, nunca ha habido la menor referencia escenográfica en las creaciones de Díaz.

Encuentro tanto en la poética de Díaz, como en el discurso crítico de Diéguez, una afirmación de la "condición posmoderna" la cual, más que ponderar o combatir se vive en tanto reconocimiento de la diferencia o, mejor aún, de la *diferancia*.[110] Esto indica que el discurso esencialista y logocéntrico ha cambiado por uno deconstruccionista y policéntrico. En esta perspectiva nada —sea palabra, idea, texto, o sujeto— es lo que fue al intentar ser, nada es idéntico consigo mismo. Al momento de pensar, hacer, decir, escribir o intentar algo, esto pasa a ser una "huella" de sí mismo, no es más "sí mismo", no es más presente. Por esta vía el significado, la verdad, la identidad y la presencia, quedan siempre diferidos.

La deconstrucción exige estar alerta para reconocer lo transitorio e inestable de todo discurso. Al impugnar el pensamiento occidental lineal y evolucionista orienta sobre la imposibilidad de fijar significados estables y, en su lugar, privilegia al significante quedando pospuesto el significado.

Crítica del teatro indio y comunitario

Desde su trabajo de investigación que culminó con la publicación de *El nuevo teatro popular en México* (Frischmann 1990), en donde partía de los principios teóricos de Carvahlo-Neto, García Canclini, Guillermo Bonfil, Amilcar Cabral, entre otros, Donald Frischmann se ha convertido en el crítico más representativo de la teatralidad india y comunitaria. En ese primer

---

[110] Término introducido por el filósofo francés Jaques Derrida y sobre el cual Mark Fortier explica su funcionamiento en el teatro: Mark Fortier ha hecho una revisión de la teoría deconstruccionista y de su aplicación al teatro (1997). Señala, en primer lugar, la importancia del concepto de *différance* (diferancia), distinto a *différence* (diferencia), pues aquel, además de englobar a este último término, comprende también *deferral* (diferir). Es decir que nada, sea palabra, idea, texto, o sujeto, es lo que fue al intentar ser; nada es idéntico consigo mismo. Al momento de pensar, hacer, decir, escribir o intentar algo, pasa a ser una "huella" de sí mismo, no es más "sí mismo", no es más presente. Por esta vía el significado, la verdad, la identidad y la presencia, quedan siempre diferidos (1997, 39).

trabajo reveló la importancia de proyectos teatrales de carácter popular apoyados por el Estado: Teatro de Orientación Campesina de CONASUPO, Arte Escénico Popular de la SEP y Teatro Popular del Instituto Nacional para la Educación de los Adultos, los tres dirigidos por Rodolfo Valencia —uno de los pocos creadores mexicanos que ha propuesto un método de trabajo actoral—; así como del CLETA (Centro Libre de Experimentación Teatral y Artística) dentro del teatro popular proletario, el Grupo cultural Zero y el trabajo de Felipe Santander,[111] dentro del Teatro Popular Independiente.

Últimamente ha desarrollado su labor en el ámbito rural y comunitario, tanto entre los grupos del movimiento impulsado por la Asociación Nacional Teatro-Comunidad, como entre los mayas de Yucatán y Chiapas.

Su trabajo crítico y de investigación parte del principio "inter o intracomunitario":

> En el contexto de nuestro mundo actual, me doy cuenta, quizás más que nunca, del valor del concepto "comunidad". Solo en comunidad alcanza el ser humano su más pleno desarrollo porque tiene el apoyo de los demás; solo actuando en comunidad podemos construir algo duradero y tomar decisiones *tojol* [verdaderas]; solo mediante el diálogo inter- o intra-comunitario podemos evitar los conflictos potenciales que surgen de los instintos más bestiales del ser humano, desde el nivel personal y local hasta el inter-civilizacional (Frischmann 2003, 126).

---

[111] Felipe Santander (Monterrey, 1935 – Cuernavaca, 2001). Actor, director teatral, guionista y dramaturgo. Egresado de la Escuela Nacional de Teatro. Obras de teatro más representativas: *Luna de miel para diez* (1959), *Las fascinadoras* (1961), *La orden* (1963), *Una noche todas las noches* (1970), *A propósito de Ramona* (1981), *Los dos hermanos* (1983), *Y el milagro* (1985). *El extensionista* (1978) dirigida por él mismo, superó las 3,200 representaciones en México, Ecuador, España, Cuba y Estados Unidos. Premios: Teatro de la Universidad Nacional Autónoma de México (1963); Xavier Villaurrutia, Sor Juana Inés de la Cruz, Juan Ruiz de Alarcón (1978); Casa de las Américas, La Habana (1980); Nacional de Teatro (1982); Premio de la Asociación Mexicana de Críticos de Teatro (1986).

Bajo esta premisa Frischmann reconoce en los grupos de teatro comunitario la defensa de la lengua y de la identidad cultural ante los cambios que se generan por la relación con poblaciones urbanas (*Tenochme*, 1988, obra del grupo Tlatzilini de Xoxocotla, Morelos); recreación de ritos, danzas y cantos (*Xipe-totec*, 1990, Teatro Experimental Guerrerense Universitario (TEGU) de Chilpancingo, Guerrero); rememoración del peregrinaje y fundación de la comunidad (*El macho mula,*1991, a cargo de la comunidad de Chiepetlán en la montaña de Guerrero); las diferencias étnicas como sinónimo de explotación socioeconómica (*Mi pueblo en tiempos de la esclavitud*, 1991, grupo "Hol Po" de Halachó, Yucatán); conflictos generacionales en comunidades mestizas y dignificación de la mujer (*Las escobas*, 1993, grupo Xóchitl de Xochitepec, Morelos); las tragedias causadas por la emigración hacia Estados Unidos (*Una flor para mi hermano*, 1987, grupo de la Casa de la Cultura de Pabellón de Arteaga, Aguascalientes). Esta obra explora el caso de la muerte de 18 jóvenes del centro del país, incluyendo a varios de la comunidad de Pabellón que murieron asfixiados en un furgón de ferrocarril estadounidense en su intento por trabajar en ese país. Este tema sería retomado también por el dramaturgo Hugo Salcedo en su obra *El viaje de los cantores*, premiada en España y representada por la Compañía Nacional de Teatro del INBA) (Frischmann 2003, 36-43).

Lo intra-comunitario encuentra su equivalencia con la propuesta de intra-culturalismo que hiciera Rustom Bharucha, teatrista hindú que cuestiona la actitud "intercultural" asumida por los creadores occidentales "multiculturales" que no toman en cuenta la resistencia de los países víctimas del colonialismo (1993).

Otro elemento teórico que destaca Frischmann es la relación entre lo cósmico y lo humano en el teatro indio:

> Desde tiempos antiguos, los mayas han realizado actos simbólicos para lograr el contacto con el mundo de las divinidades y la trascendencia del espíritu individual y colectivo. Las festividades y manifestaciones escénicas que llevan a cabo los mayas actuales siguen canalizando sus fuerzas vitales desde lo mundano hacia lo divino en forma vertical y, en forma horizontal, entre miembros de la misma comunidad con el fin de lograr

una liberación, una transformación y un renacer en lo espiritual y lo social (2004, 9-10).

Afirma que la danza transformativa con máscaras está en el principio del arte ritual que hoy en día se perpetúa entre los pueblos mayas de Yucatán y Chiapas.

Entre las representaciones tradicionales que más ha estudiado está el *K'u' pool*, la "Entrega de la cabeza", también conocida como *Okosta pool* ("Baile de la cabeza") o *Pool k'éek'en* ("Cabeza de cochino") "la manifestación más difundida del arte transformativo maya". En ella el ritual y la danza tienen reminiscencias ancestrales, pese a los cambios operados por el catolicismo; y dentro del teatro maya yucateco contemporáneo al Grupo multigeneracional Sac Nicté ("Flor Blanca").

También ha estudiado las obras de Feliciano Sánchez Chan,[112] dramaturgo, actor, poeta, investigador y promotor cultural con más de veinte años de labor, y que se inició en el teatro bajo la guía de Rodolfo Valencia, cuyas obras recogen elementos culturales propios de la tradición oral, así como problemáticas contemporáneas.

En Chiapas, Frischmann ha registrado y difundido el trabajo del grupo *Lo'il Maxil* ("La Risa de los Monos"), fundado en 1981 como parte integral de "Sna Jtz'ibajom, A. C." ("La Casa del Escritor") de San Cristóbal de las Casas, así como las representaciones del movimiento zapatista (2004, 13-21).

---

[112] Feliciano Sánchez Chan (Xaya, Tekax, Yucatán, 1960 –). Es promotor cultural de la Unidad Regional de Cultura Populares en su estado natal desde 1981. Becario del Fondo Nacional para la Cultura y las Artes (1994). Coordinador de Publicaciones y Difusión en la Casa de los Escritores en Lenguas Indígenas (1997 – 2000). Subdirector general del Instituto para el Desarrollo de la Cultura Maya en Yucatán (2001 - 2007). Obras más representativas: *Baldzamo'ob I y II* y *Teatro Maya Contemporáneo I y II* y el libro de poemas *Ukp'éhvayak'/Siete sueños* (1999). Premios: Itzamná de literatura en lengua maya del Instituto de Cultura de Yucatán (1993), Medalla al Mérito Literario en lengua maya por el mismo instituto (1997) y en el primer lugar de los Segundos Juegos Florales Universitarios en lengua maya "Domingo Dzul Poot" de la Universidad Autónoma de Yucatán (2003).

La conclusión del investigador es que el teatro, las danzas y las fiestas que realizan hoy día los mayas son manifestaciones de un arte comunitario cuyas raíces surgen del pueblo, depositario y transmisor de una herencia filosófica y científica que sigue en pie, a pesar de los embates históricos y actuales de la cultura occidental-cristiana "con el fin de lograr una liberación, una transformación y un renacer en lo espiritual, lo material y lo social" (Frischmann 2004, 18-20).

Frischmann elabora su discurso a partir de la experiencia directa, es decir de compartir la cotidianidad con los productores de las representaciones que analiza. Al identificar los elementos propios del teatro indio y comunitario actual en México, a saber: pertenencia comunitaria, dialogo, concepción espacio-temporal bidimensional, transformación ritual, resistencia cultural, tradición oral como fuente y compromiso social, el crítico abre caminos para la permanencia y transformación de esta teatralidad. Pero aún más, hace ver la necesidad de tomar como base para la transformación personal y social las matrices culturales comunes, con la finalidad de fortalecer los vínculos comunitarios.

Reflexión final

Como en toda acción cultural el "imprinting" (ver Morin 2001, 29), que marca irreversiblemente el espíritu individual en su modo de conocer y actuar, dejó en la crítica y la creación teatral de México —convertido en doctrina—, al pensamiento usigliano y, por ende, la "tradición aristotélica", que aún siguen vivos. Pero su debilitamiento es también una realidad debido al dialogismo fomentado en las dos últimas décadas del siglo XX que admite la pluralidad y diversidad de puntos de vista, así como múltiples intercambios de información y el conflicto entre concepciones y visiones del mundo; pero sobre todo la autonomía del estatus de los teatristas y pensadores. La crítica, como se ha visto en la breve muestra presentada, atiende la pluralidad de teatralidades.

Hoy se está más allá del conflicto dramaturgo-director, pero también de la pugna crítico-creador —y quienes no lo entienden así viven sujetos al paradigma de reducción/disyunción que clasifica, cuantifica y separa el sujeto del objeto—. El paradigma reduccionista ha dejado de ser operacional en todos los ámbitos de la cultura y dicho cambio implica transformar nuestras reglas de transformación.

En la actualidad, el dogmatismo y el impresionismo, dos problemas de la crítica moderna en el terreno del arte, ha ido cediendo paulatinamente para dar lugar a un nuevo crítico que, además de ejercer un pensamiento personal y considerarse como investigador y ensayista, también se asume como creador. Por eso coincido con Elka Fediuk cuando señala:

> La crítica, durante el siglo XX, detentaba el poder manteniendo un carácter de lucha o coerción en la dimensión política y/o estética; hoy en día está declinando su poder ideológico vencida por las estrategias de la mercadotecnia, pero por otro lado, tras la crítica de la crítica, está reorientando sus objetivos y sustituye su papel de juez por el de facilitador en el acercamiento del público potencial hacia el teatro, su lenguaje, el código artístico del espectáculo o la puesta en escena (2005, 22).

Es así que el crítico teatral del nuevo siglo requiere, además de un conocimiento teórico, estético y artístico significativo, establecer un compromiso ético con el teatro y la sociedad. Es de esperar que la experiencia acumulada por el sujeto "posmoderno", así como su inconmensurable energía creadora, permita que lo que está por hacerse llegue a servir más y mejor a la humanidad. En esta medida las reflexiones sobre la posmodernidad, y su inscripción en el teatro, pueden ser un estímulo para establecer nuevos vínculos y cambios en el comportamiento humano sin dogmatismos, prejuicios, estrechez ideológica o uniformidad de pensamientos.

En el terreno de la crítica se hace necesario considerar aspectos teórico-metodológicos provenientes de la epistemología de la complejidad a fin de establecer relaciones pertinentes entre diversos conocimientos que den cuenta del fenómeno en su conjunto, para esto una estrategia transdisciplinaria sería adecuada para integrar dinámicamente la multiplicidad de expresiones representacionales de una sociedad pluricultural como la mexicana y a éstas con otras del mundo.

*Una versión de este ensayo fue publicada en la *Revista de Literatura Mexicana Contemporánea* No. 27, Vol. 11, septiembre- diciembre (2005b), pp. 39-50.

Los teatros regionales en los contextos nacional, global y planetario*

Introducción

Históricamente la humanidad y en general el cosmos han existido en un constante proceso de transformación y cambio. La humanidad ha vivido desde hace milenios una historia turbulenta de lucha por el poder y dominación, pero sobre todo de profundas desigualdades e injusticias. En este marco, la necesidad de transformación social y de crecimiento espiritual hacia una justicia planetaria ha sido una fuerza constante de cambio y reflexión.

Sin embargo, históricamente también, los procesos de cambio social han estado marcados invariablemente por visiones dogmáticas, excluyentes e impositivas, que han generado nuevas y profundas grietas sociales. En gran medida estos resultados obedecen al aislamiento cognitivo y vivencial de los individuos para consigo mismos, con la naturaleza y con su comunidad, así como a la ruptura de su creatividad y su expresividad. Este vacío ha llevado a la identificación dogmática con ideologías que carecen de una *sabiduría vívida, local, y planetaria* produciendo, en consecuencia, nuevas formas de dominación.

Nos enfrentamos en la actualidad a una crisis del conocimiento racional y de la tecnología, de las instituciones de la democracia y del Estado moderno en general. Esta situación nos coloca ante la urgente necesidad de replantear tanto formas y contenidos sobre los que se ha basado nuestro conocimiento y percepción hacia las problemáticas, como para construir alternativas sostenibles de cambio social que retomen formas de organización y dinámicas comunitarias, así como de creación, trascendiendo los estrechos límites de los nacionalismos, el mercantilismo y el pensamiento racional.

Frente a la obsolescencia de los estados nacionales, máxima expresión política de la modernidad, la posmodernidad instauró la globalización. Sin embargo, ésta no representa una verdadera alternativa, pues mantiene el principio de "pensamiento único" y el interés por aumentar la productividad del sistema económico. En el caso del teatro las manifestaciones teatrales más representativas del nacionalismo han sido las "Compañías", las "Dramaturgias", las "Escuelas" y los "Festivales" o "Muestras" que, bajo el membrete de "Nacionales", se asumían como detentadoras del poder y rectoras de toda la actividad escénica. La globalización, por otra parte, reenvía al teatro hacia la mercantilización.

El nacionalismo y la globalización no son alternativas para la hominización. En cambio, desde el pensamiento complejo se plantea la emergencia de la sociedad-mundo como expresión del sentimiento del *común destino planetario* (Morin 1993, 142).

Por lo tanto el teatro de la civilización planetaria, antes que homogenizar, requiere pensar en estrategias que lo sitúen más allá de los límites y modelos nacionales.

Estados nacionales

Las construcciones simbólicas que promovieron los Estados Nacionales de la modernidad exaltaban el pasado como algo muerto y la idea de Patria como madre protectora. Pero el patriotismo fue y aún sigue siendo utilizado perversamente dando lugar a múltiples formas de violencia y de exclusión donde el "otro", el diferente, es visto como enemigo en potencia y —en un mayor nivel de degradación— como inferior, tal y como ocurre con los migrantes centroamericanos a su paso por México.

Edgar Morin, ubicado en la alternativa "no-nacional" afirma que: "tras haber agotado su fecundidad histórica... el Estado-nación soberano absoluto se impone de modo universal, dislocando casi en todas partes las posibilidades asociativas, e inhibiendo la constitución de instancias de solidaridad meta-nacionales" (1993, 85).

Otras razones apuntadas por el pensador francés indican que el Estado-nación "se ha hecho demasiado pequeño para ocuparse de los grandes problemas que se han convertido en planetarios, mientras que se ha hecho demasiado grande para ocuparse de los problemas singulares, concretos de sus ciudadanos" (1993, 142).

Finalmente, aclara que no pretende la aniquilación del Estado-nación, sino la apertura a otras formas de asociación que pondrían un freno a su poder destructivo en contra de etnias e individuos.

Regionalización

Lo regional, desde la mirada del Estado-nación ha consistido en un sistema de relaciones funcionales con arreglo jerárquico a un centro. La cultura se percibe como intercambio simbólico de información entre un "centro" y su "periferia".

En México, desde los inicios de la Revolución, el Estado fomentó el "nacionalismo cultural" que buscó la unificación bajo el paradigma simplificador de la cultura dominante. Surgieron así la "Escuela Mexicana de Pintura", la "Escuela nacionalista" que en el ámbito musical produjo obras dentro del más puro estilo indigenista, la "novela y el cine de la revolución", los "ballets folclóricos" que, hasta la actualidad, son la muestra más palpable de la cosificación y petrificación de las tradiciones, el "teatro regional mexicano", el "teatro mexicano de masas" y en década de los ochenta los "Laboratorios de teatro indígena y campesino".

En el discurso oficial todas estas formas reivindicaban a las etnias, mientras en los hechos el Estado fomentaba su desaparición para integrarlas a la nación o, como ha ocurrido, para mantenerlas en una injusta marginación.

Una experiencia de teatro regional de corta vida promovida por el Estado mexicano fue la del "Teatro regional mexicano" que inició en 1921 en Teotihuacán tomando por materia escénica las danzas, la música, los cantos y el vestuario de las diversas regiones de México. Paradójicamente, Rodolfo Usigli, quien abogaba por el "nacionalismo", detectó en ese proyecto el peligro del "localismo".[113]

El Teatro regional de Yucatán, en cambio, ha permanecido activo por casi 100 años gracias a su autonomía del Estado y a los estrechos vínculos que ha mantenido con la comunidad en la que se efectúa.

Globalización y Planetarización

Con las políticas de corte neoliberal de las dos últimas décadas del siglo XX se impuso en el mundo un modelo macroeconómico que diseñó reformas financieras e hizo del mercado el principio generador de todo tipo de

---

[113] "Un hombre educado por un teatro puramente regional, inducido por él a realzar en sí las costumbres locales y dueño por él de una verdad, tal vez no podrá conservar su equilibrio al verse repentinamente colocado ante otro teatro, representativo de otras costumbres y de otra verdad contemporáneas de las suyas y por completo opuestas a ellas. Esta situación produce lo que se llama inadaptados...Mi opinión es que la inteligencia de los indios, ceñida en un teatro propio que no ve otros teatros, no puede ser encaminada sino a una expresión localista, separada de la expresión nacional, y que el fenómeno de desunión se produce siempre que ningún ritmo absoluto rige los procedimientos teatrales y sociales de un país" (1932, 126).

actividad humana. En este modelo se le restó independencia al Estado quedando incapacitado para articular intervenciones entre la economía, la política y la cultura.

La globalización implica un modo de vida que tiende a la estandarización u homogeneización cultural, consecuencia de ello ha sido, como se ha dicho, el fortalecimiento de los nacionalismos y la fragmentación de las identidades: el Estado se debilita y cae el centro del poder, las instituciones nacionales pierden relevancia.

De manera ostensible la globalización controla los medios (palabra e imagen única que resulta más devastadora que el partido único, el Comunista, de cuya aniquilación fue artífice) suprime la heterogeneidad social y apunta a la formación de bloques o nueva regionalización basada en tasas de ganancias; más que el país en su conjunto; son puntos de regiones los que tienen relación económica. Es el caso del norte de México con Estados Unidos.

En el marco de la globalización se observa, según García Canclini, una recomposición de las culturas nacionales con predominio de la industria de la comunicación de masas, lo que ha llevado a "atrincherarse en la propia cultura". El problema de la política cultural es enunciado así por el antropólogo: "cómo pasar de la exaltación separatista de la diferencia, que a la larga perpetúa la desigualdad y propicia la discriminación, al reconocimiento compartido de lo distinto y lo heterogéneo en búsquedas simbólicas capaces de una comunicación intercultural".[114]

La tecnoglobalización acelera la formación de super-regiones y del subdesarrollo regional fincado en la lógica de inversión del capital de las compañías multinacionales. Sin embargo es conveniente tener en cuenta una amenaza que se oculta bajo el fenómeno aquí tratado y que ha sido observada por Roger Bartra:

> Las grandes amenazas no provienen de la circulación global de mercancías, ideas, valores y símbolos culturales, sino de otro proceso que acompaña a la globalización como su sombra: el fortalecimiento de po-

---

[114] http://www.javeriana.edu.co/personales/jramirez/PDF/Garcia_Canclini-opciones_de_%20politicas.pdf

deres locales que, en muchas ocasiones, recuperan tradiciones culturales provincianas imbuidas de costumbres religiosas y fanatismos étnicos, intereses caciquiles y corporativos [...] una extraña mezcla de rancios valores conservadores con la arrogancia soez de los nuevos ricos: un coctel de globalización y provincialismo (2002, 19).

Dentro de las políticas neo-liberales funcionó en México, a principios de los noventa, el Programa Nacional de Apoyo al Teatro que tuvo entre sus propósitos estimular a los teatros regionales. Como era de esperarse la región más favorecida —al margen del trabajo legítimo de sus teatristas— fue la del norte del país, uno de los puntos de mayor atracción para las multinacionales.

En la actualidad el Instituto Nacional de Bellas Artes mantiene un tipo de división geográfica para elegir a los representantes a su Muestra Nacional, división y evento que, como la propia institución, revela un profundo distanciamiento con respecto a la heterogeneidad cultural del país y a la sociedad-mundo.[115]

La transición hacia la sociedad-mundo sin duda más significativa y más compleja que cualquier "transición democrática" requiere de una "antropolítica" en términos de Morin, es decir de una política de lo humano que tendría como misión más urgente solidarizar al mundo, comenzando por las solidaridades locales.

La sociedad-mundo no sería la consumación planetaria de un imperio hegemónico, sino una confederación civilizadora descentrada y subordinada a los imperativos asociativos; no estableciendo zonas de influencia estratégicas y económicas, sino vínculos cooperativos entre zonas (Morin 1993, 144).

En este contexto, las regiones serían sistemas de intercambio y relaciones diferenciadas que no tendrían el intercambio de mercado como referente principal, es aquí donde lo cultural y lo teatral específicamente jugarían un papel fundamental para el establecimiento de la ciudadanía planetaria.

---

[115] Y qué decir de la "Compañía Nacional de Teatro" que para nada refleja la diversidad cultural de la nación.

En consecuencia, es necesario preservar y abrir —al mismo tiempo— las culturas, situarse entre lo local y lo planetario. En suma, fomentar el multiculturalismo, la ética de la diversidad.

Comentario final

Si la planetarización, por su complejidad, es la cultura de la transformación —no de la conservación como en la globalización, o del control y la manipulación como en el estado nación—; los teatros regionales de la era planetaria tendrán que partir de un nuevo concepto de región y de un nuevo concepto de individuo. Es necesario repensar los conceptos de soberanía y de frontera, visualizar distintos futuros donde se admita la incertidumbre; pasar del sujeto a la dimensión social y de aquí a la relación sociedad-mundo como expresión del común destino planetario, de la urgencia de universalizar valores comunes, de extender la solidaridad humana.

La planetarización, en materia de arte y cultura, no es homogeneizante, se valoran todas las formas de expresión y se promueve la fusión y los productos híbridos.

En esta perspectiva y en la actualidad, es posible reconocer en México movimientos culturales y políticos de integración y vinculación que trascienden las fronteras municipales, estatales e incluso nacionales. Se vislumbra entonces el surgimiento de iniciativas que, con base en matrices culturales comunes, generen proyectos regionales de creación, formación y difusión teatral con la finalidad de fortalecer los vínculos comunitarios y estimular la transformación personal y social para bien de la humanidad y de la Tierra-Patria (Morin 1993).

* Comunicación presentada en el XI Encuentro Internacional de la AMIT en Mérida, Yucatán, en 2004.

Teatralidad india y comunitaria en México*

Introducción

El conflicto que se ha vivido y aún persiste en México en el ámbito cultural, y específicamente en el teatral, es el enfrentamiento de concepciones muy diferentes entre el pensamiento indígena y el pensamiento occidental. El mito y la magia opuestos a la historia y a la ciencia. En el mismo sentido, la teoría y la práctica del teatro indio y comunitario contemporáneo se debaten entre la preservación y la transformación de los elementos culturales propios de los pueblos en los que esta actividad se realiza. La alternativa, a partir de mi experiencia como creador/investigador del teatro indio y comunitario, no es la aniquilación de uno u otro componente; propongo, en cambio, una estrategia dialógica basada en el Pensamiento Complejo que incluya y cuestione todos los elementos culturales que esta teatralidad pone en juego, a saber: su sentido, formas de producción, intención, técnicas y conocimientos.

El discurso del teatro indio y comunitario en México ha estado marcado por el *imprinting* y la "normalización" (Morin 2001, 29-30) de la Conquista, pero también ha sido confrontado por quienes buscan preservar los principios del pensamiento mesoamericano.[116]

Sentido del teatro indio y comunitario

Considero que cualquier intento por acercarse al teatro indio y comunitario debe tener en cuenta el sentido que para las propias comunidades tienen las representaciones. Menciono, en seguida, dos señalamientos producto de la práctica y la investigación directa.

Germán Meyer, investigador, creador y participante activo del movimiento del Nuevo Teatro Popular en México entre 1976 y 1986, considera que más que un espectáculo en sí, en el cual se abre [un] "espacio vacío" que un autor, un director y unos actores van a tratar de llenar para un espectador que viene a "mirarse", se vislumbra desde un principio al teatro indio como

---

[116] Al respecto es importante mencionar un singular proyecto universitario que en la década de los setenta tuvo como resultado un espectáculo de gran impacto: *Las tandas del tlancualejo* con texto y dirección de Ignacio Merino Lanzilotti (1979).

un campo "lleno" de fuerza, que recibe su energía de muchos polos y la redistribuye a muchos otros. Nada más extraño a una concepción del teatro indígena, dice

> que la noción de un teatro en la que se encierra uno para enterarse de lo que a alguien se le ha ocurrido manifestarnos. Aquí todo está arreglado: los polos que producen la energía pueden ser tanto el calendario como la tradición, el mayordomo, la manda, el placer del juego o de la necesidad; algunos de los polos que se benefician con esta energía podrían ser la cohesión social, las buenas relaciones con los dioses, la integración de una personalidad y de una identidad. Más que un "espacio vacío", se entiende entonces que este teatro necesita de un "espacio lleno" de simbología, de valores sociales, de tradiciones artísticas. Y este [espacio] lo ofrecen no solamente los actores que son del mismo pueblo o de la misma cultura, no solamente las obras que son las mismas año tras año, no solamente la puesta en escena o la coreografía que se transmite por tradición y no se inventa en cada función, sino también, y sobre todo un "espacio lleno" de la seguridad de un sentimiento o de la confirmación de una visión del mundo. El teatro deja de ser entonces un producto que se consume o no: es el espejo de un rostro inalterable (Meyer 1985).

Por su parte, Donald Frischmann indica:

> En el teatro-comunidad actores rituales emplean coreografía, música y cantos, máscaras, vestuarios y objetos rituales. Todo movimiento, palabra, motivo y color ha sido cuidadosamente seleccionado y elaborado para elaborar los fines mágicos deseados. El objetivo primordial de los participantes es entrar en comunicación con las fuerzas del cosmos, asumiendo así el papel

de mensajero y abogado de la comunidad ante las fuerzas mayores. Cuando la comunidad entera asiste a tales representaciones es en calidad de coadjutor y no como espectador, ya que los destinatarios intencionados son las deidades mismas. Por lo tanto, la estética que se persigue en las representaciones ritualísticas responde a motivaciones cosmogónicas y es traducida por los ejecutantes en aquellos elementos visuales y sonoros que mejor puedan complacer al destinatario sobrenatural y así lograr los fines deseados. Tales manifestaciones culturales, rituales y estéticas surgen del "México profundo" que para Bonfil Batalla está constituido por una gran diversidad de pueblos cuya manera de entender el mundo y organizar la vida tiene su origen en la civilización mesoamericana prehispánica. En este contexto se inserta el teatro-comunidad que es una experiencia escénica y de promoción comunitaria en la que se crea o recrea manifestaciones dramáticas y representacionales, por y/o para los miembros de comunidades indígenas, campesinas o urbano-populares (1992, 36-43).

El concepto "comunidad" desde una perspectiva compleja

Entiendo por comunidad la agrupación de individuos que comparten aspectos culturales fundamentales de tipo social, religioso y estético. En cuanto a lo social, se pueden mencionar comunidades lingüísticas, geo-políticas, económicas, políticas, profesionales, sexuales, educativas, etcétera. Al respecto de lo religioso habría que considerar a las diversas religiones y a todas las sociedades culturales; por último, en lo que se refiere a lo estético, habría que incluir a las comunidades artísticas, de intelectuales y de artesanos, por citar algunas. Si bien en todos los casos existe un elemento común que les otorga el carácter de "comunidad", el resto de los elementos "culturales" de los individuos que la forman son, casi siempre, diferentes. Unidad y diversidad es el binomio que identifica a la comunidad. Habría que preguntar cuál es el elemento que permite la cohesión, pues, sin duda, el mayor problema es cómo hacer que exista verdadera unidad más allá de las diferencias.

Este elemento indispensable es la ética que consiste en la valoración del *ethos*, del ser, de los derechos de la persona a una vida con dignidad. La ética, además de ser un elemento cohesionador de cada comunidad, permite la convivencia entre las distintas comunidades. De este modo afirmo que una comunidad es aquella cuyos miembros comparten una ética. O, dicho de otra manera, la ética comunitaria es la que permite la interacción de los individuos al interior de su comunidad y fuera de ella —en otras comunidades— es decir en el mundo (Bach *et al.*. 2005, 76).

No tener sentido de comunidad es vivir defendiendo solo una visión de la realidad y rechazando otras diferentes; es propiciar los nacionalismos, los fascismos, las intolerancias, los racismos y las discriminaciones. Por el contrario, tener sentido de comunidad es reconocer la multiculturalidad, ser tolerante y respetuoso de las diferencias sin anteponer y, menos aún, querer imponer el punto de vista propio a otras comunidades. Lo primero es ignorancia, lo segundo exige conocimiento y amor hacia lo humano y a todo lo que existe. Podría decirse que estoy hablando de una comunidad ideal y, por lo tanto, inexistente. No es así, en todo caso lo que señalo son las metas a las que toda comunidad puede aspirar. Reconozco, pues, que existen diversas etapas para llegar a alcanzarlas, pero lo que no puede perder de vista cada miembro de la comunidad es la actitud ética. Sin ella sería imposible impulsar un movimiento de teatro comunitario, pues para que éste exista debe surgir de las convicciones más auténticas de las mujeres y los hombres que buscan expresar, creativa y sensiblemente, su pertenencia a una comunidad y su deseo de convivir y compartir experiencias con otras diferentes a ella.

Es necesario, por lo tanto: a) Contar con una concepción amplia del concepto "comunidad" que dé cabida a todos aquellos grupos e individuos que, sin importar sus condiciones geográficas, étnicas, políticas, sexuales, etcétera, deseen expresar un sentir comunitario; b) Aspirar a la formación de la persona comunitaria: tolerante y respetuosa de las diferencias y, sobre todo, respetuosa de la vida humana y de la naturaleza; c) Estimular la pluralidad en la creación sin imponer a ninguna comunidad el teatro que se considere que es el más conveniente para ella.

El teatro comunitario fortalece al individuo en una nueva relación consigo mismo, con su comunidad y con los otros. Un teatro que logre integrar a su público en una unidad derivada de sus orígenes será el teatro imprescindible para lograr los ideales de la democracia incluyente.

Más allá de la gesticulación

El concepto "teatro" en una perspectiva compleja

Todos los grandes momentos del teatro universal en oriente y occidente han surgido de un vínculo estrecho entre las dimensiones ética, estética y religiosa de lo humano. El teatro ha sido siempre un medio para confrontar la realidad, para lo cual se requiere disposición para enfrentar las coacciones que oprimen. Lo que resulta de ello es una mejor comprensión de la realidad y una redimensión de la complejidad humana. Por ello el teatro es, ante todo, una forma de conocimiento. Conocimiento de las fuerzas que mueven al mundo y de las relaciones del ser humano consigo mismo y con los demás.

La sociedad contemporánea parecería no estar muy interesada en este tipo de experiencias a través del teatro. El afán por obtener satisfacciones inmediatas ha empobrecido considerablemente a nuestra sociedad. ¿En dónde puede encontrarse entonces una fuente que alimente al teatro de nuestro tiempo y del porvenir? La respuesta surge de manera inmediata: en la tradición y en las preguntas fundamentales que el hombre puede hacerse sobre su existencia. Intentaré enseguida explicar estas dos ideas.

Considerar a la tradición —ya se presentó en este libro un ensayo sobre Óscar Liera que ejemplifica la relación teatro-tradición— como fuente del nuevo teatro no significa remontarse al pasado con un sentimiento de nostalgia y querer revivir en el presente lo que ya fue. Significa reconocernos como parte de un proceso cultural que no comenzó con nuestra propia persona, sino que se ha conformado con las aportaciones de múltiples generaciones y del cual, queramos o no, somos continuadores. El reto, entonces, es actualizar permanentemente la tradición, ser conscientes de ella para no repetirla de modo inútil, o romperla o cancelarla sin darnos cuenta, pues cualquiera de estas actitudes significaría reducir una parte fundamental de nuestra condición humana.

Referirse a la "tradición" requiere de otra precisión: es más conveniente hablar de "tradiciones". Es evidente que si bien la condición humana es una sola, el hombre forma parte de muy diversas prácticas entre ellas las teatrales. En México, se ha dicho, las tradiciones culturales y teatrales distan mucho de ser homogéneas y su relación está claramente diferenciada desde una perspectiva ideológica. Entonces, surge otro problema. ¿A qué tradición se debe o puede uno ligar? En términos generales, a aquella que sea capaz de superar las diferencias superficiales entre individuos para ir a las coincidencias más profundas. Esta especie de depuración ideológica y teatral requiere ante todo del conocimiento. En nuestros días, una mujer o un hombre que se dediquen al teatro no pueden permanecer ajenos al mundo que los rodea. La falta de información y de reflexión limita el campo de la visión y conduce a otorgar validez solo a lo que tenemos frente a nosotros. El acceso a la información que genere la reflexión y la creación requiere, sin embargo, de un primer paso fundamental: la decisión de comprometerse vitalmente con el teatro, y esto no quiere decir ni hacer del teatro un medio de subsistencia como cualquier otro, ni entregarse a él románticamente sin esperar recompensa alguna. Comprometerse vitalmente con el teatro significa —desde mi punto de vista— que se puede entender la difícil y amplia tarea que entraña la creación teatral; comprender su enorme significación social; serle útil asumiendo —con generosidad y entusiasmo— alguna de las tantas funciones de que se compone; contribuir para que otros encuentren en él algunas respuestas a sus interrogantes y también, por supuesto, para que logren una experiencia placentera que, por serlo, permanecerá y será siempre productiva. Se trata, como puede verse, de una cuestión ética y estética que exige un mayor compromiso con lo humano.

Variables del Teatro indio y comunitario en México

En un afán por sintetizar las distintas formas de esta teatralidad, enumero las siguientes variables:

1. Teatro hecho por miembros de una comunidad, en la comunidad y para la propia comunidad. Se trata, sobre todo, del teatro ritual en el cual no hay distinción entre actores y espectadores.

2. Teatro hecho por miembros de una comunidad, en la comunidad y para distintas comunidades, por ejemplo el teatro religioso como *La pasión de Cristo* que en los últimos años ha adquirido carácter comercial. Esto genera en el público el interés de hacer su propia "Pasión" y, en consecuencia, se establece un espíritu de competencia. En el lado opuesto están los grupos de Teatro-Comunidad surgidos en las dos últimas décadas del siglo XX donde se establece un tipo de intercambio entre grupos; el público, aunque distinto, tiene rasgos comunes, la agrupación no resulta del todo ajena.

3. Teatro hecho por miembros de una o varias comunidades, fuera de la comunidad y para distintas comunidades. Es el caso del teatro patroci-

nado por instituciones de gobierno, religiosas o políticas que capacitan a personas de comunidades indígenas y campesinas para hacer un teatro de carácter didáctico.

4. Teatro hecho por personas ajenas a las comunidades, en la comunidad y para presentarse en varias comunidades. Se trata de grupos formados por jóvenes provenientes de centros urbanos que llegan a comunidades indígenas con el propósito de integrarse a ellas, de vivir de acuerdo a sus costumbres las cuales "recrean artísticamente" para resaltar sus tradiciones.

5. Teatro hecho por personas de la comunidad, en la comunidad y para distintas comunidades, pero con intereses distintos a los de la comunidad. Es el caso del teatro patrocinado por instituciones de gobierno, religiosas o políticas que realizan trabajos o se presentan en comunidades indígenas o campesinas sin reflejar el proyecto o las condiciones de las propias comunidades. Por ejemplo, el Teatro Campesino e Indígena de Tabasco.

Formas tradicionales y contemporáneas de teatro indio y comunitario

El *teatro indio y comunitario tradicional* corresponde a aquel que, con un sentido de preservación cultural, practican grupos étnicos y campesinos marginados, oprimidos y dominados, localizados en rancherías, poblaciones rurales, barrios y colonias urbanas o sectores subalternos. Entre sus formas se incluyen: ceremonias, danzas-drama, danzas, comedias, farsas, sainetes, loas, églogas, autos, entremeses, pastorelas, etcétera.

El motivo religioso es predominante, efectuándose ceremonias acordes al calendario de la iglesia católica en poblaciones indígenas y mestizas, rurales y urbanas. La conmemoración de la "Semana Mayor" constituye el principal acontecimiento dentro de la iglesia católica. Las representaciones de la Pasión de Cristo tienen un carácter ritual que abarcan a la población en su totalidad con sus componentes humanos y físicos. En las poblaciones indígenas se da una yuxtaposición entre el simbolismo propio y el occidental, predominando el primero en el uso del espacio, danzas, batallas, música, máscaras, vestuario, lenguaje y objetos que forman parte de la ceremonia.

Entre las culturas indias destacan las celebraciones que efectúan los Yaquis y Mayos de Sonora y Sinaloa, así como los Coras de Nayarit y Jalisco. Ambas son expresiones de un teatro total que engloba lo social, lo natural y lo sobrenatural.

La pastorela nació en nuestra tradición cultural decembrina como una forma de diseminación de la doctrina cristiana que, rápidamente, se convirtió en una auténtica manifestación de teatro popular.

El Teatro maya tradicional tiene diversas manifestaciones; entre otras se encuentra el Okosta Pol o "Baile de la Cabeza del Cochino", representación ritual de los mayas yucatecos; la fiesta de U k'in u k'a'ba' chan k'u —"El Cumpleaños del Niño Dios"—, de la parte oriental de la Península; y otras representaciones rituales tzotziles y tzeltales de Zinacantán, San Juan Chamula y Tenejapa.

Además de estas prácticas religiosas, existen en las poblaciones indias de México diversas manifestaciones de carácter mágico, donde ocurren continuas transformaciones (Weisz 1985). Es un teatro terapéutico relacionado con las formas rituales más antiguas de todas las culturas.

De igual manera, en el centro del país y en los estados de México, Guerrero, Morelos y Puebla se hacen representaciones comunitarias con tema histórico. Es conocida sobre todo la representación que se efectúa en el Peñón de los Baños en el Distrito Federal sobre *La batalla del 5 de mayo* (Toor 1947, 225-229).

Los carnavales constituyen otra forma de teatralidad cuyas características difieren según el contexto cultural donde se realice: indígena como en San Juan Chamula o mestizo como en Huejotzingo, Puebla.

Las representaciones contemporáneas, por otra parte, comparten en esencia las características de las tradicionales y se distinguen de ellas por la incorporación de nuevos contenidos, especialmente políticos, y de técnicas modernas que, en ocasiones, llegan a producir nuevas formas. Los temas tratados reiteradamente son aquellos que repercuten en la vida de la comunidad: alcoholismo, machismo, violencia, pérdida de valores tradicionales, cambio cultural, pandillas juveniles, drogadicción, destrucción ecológica y emigración hacia Estados Unidos. Otra línea temática son los mitos y cuentos tradicionales. Algunos espectáculos incluyen o son exclusivamente de guiñol o marionetas. Es un teatro que va más allá del sociodrama o del simple espectáculo de consumo para convertirse en un acontecimiento basado en la necesidad de representación de la comunidad; es un teatro hecho en los espacios y en los tiempos que la comunidad considera necesarios. No es un teatro en búsqueda de público, sino que su público es la propia comunidad que lo crea (Acosta 55-57).

Un ejemplo del teatro maya contemporáneo es el Grupo multigeneracional Sac Nicté ("Flor Blanca") que existe desde 1977 en la región Puuc de Yucatán y está integrado por maestros, estudiantes, amas de casa y campesinos bajo la dirección de Carlos Armando Dzul Ek.[117] Presentan sus obras en las fiestas de los pueblos de toda la península. Uno de sus trabajos más conocidos es el *Auto de fe o choque de dos culturas*. Según Donald Frischmann,[118] los acontecimientos de este drama situado en 1562 siguen influyendo sobre el *status* actual de los mayas yucatecos. El tema se refiere a la imposición de la cultura española, específicamente al juicio en contra de los "idólatras y transgresores" de la religión católica orquestado por el provincial franciscano Diego de Landa (1992, 25-34).

Otro grupo es Lo'il Maxil ("La Risa de los Monos"), parte integral de Sna Jtz'ibajom, A. C. ("La Casa del Escritor") de San Cristóbal de las Casas, integrado por trece hombres y mujeres tzotziles y tzeltales. Fue fundado en 1981 y entre las obras que ha realizado se encuentran: *El burro y la mariposa* (1988), *Entre menos burros, más olotes* (1989), *El haragán y el zopilote* (1989), *¿A poco hay cimarrones?* (1990), *Herencia fatal* (1991) *Dinastía de jaguares* (1992), *¡Vámonos al paraíso!* (1993), *De todos para todos* (1994): "Dedicada a todos los mártires Mayas y Zoques caídos en las guerras de Chiapas". El drama explora algunas de las causas detrás del levantamiento armado de enero del mismo año, así como las preocupaciones ecológicas y mágicas en torno al último refugio del indígena despojado y marginado de la tierra propia: la selva lacandona. Otra obra es *Antorchas para amanecer* (1995).

---

[117] Carlos Armando Dzul Ek (Oxkutzcab, Yucatán 1947 –). Profesor y dramaturgo. Fundador de la Escuela Primaria Federal Bilingüe Doroteo Arango en Maní, Yucatán y de la compañía teatral Sac Nicté (1978). Obras de teatro más representativas: *Teatro español-maya* (2004), *Bix úuchik u bo'ot ku' si'ipil Manilo'ob tu ja'aabil 1542/ El auto de fe de Maní o Choque de dos culturas* (1998).

[118] Donald Frischmann (St. Louis, Missouri, 1953). Doctor en Literatura Latinoamericana y Lingüística Hispánica por la Universidad de Arizona. Ha desarrollado un programa de investigación enfocado en el teatro y las diversas literaturas mexicanas. Sus ensayos han aparecido en revistas especializadas de México, Estados Unidos, Canadá, Costa Rica, Francia y España. Es catedrático del Departamento de Español y Estudios Hispánicos en Texas Christian University en Fort Worth. Obras de investigación: *El Nuevo Teatro Popular en México* (1990); *Latin American New Popular Theatre. The First Five Centuries* (1993); *Words of the True Peoples / Palabras de los Seres Verdaderos* (2004, 2005, 2007); *U túumben k'aayilo'ob x-ya-axche' / Los Nuevos Cantos de la Ceiba / The New Songs of the Ceiba* (2009-2010).

En su apasionada y fecunda tarea de investigador del teatro maya, Donald Frischmann ha registrado también sus manifestaciones más recientes, las del movimiento zapatista (1992, 36-43). Desde las "señas", pequeñas obras en un acto, hasta los "Consejos de ancianos", que es una resignificación de un teatro ancestral, pasando por las obras históricas. La existencia de este teatro se remonta a la época prehispánica y, en la época actual, a las primeras brigadas campesinas del Teatro Conasupo de Orientación Campesina que a fines de los setenta integró tres brigadas: una tzotzil, otra tzeltal, y otra tojolabal.

En cuanto al teatro en lengua náhuatl, el grupo Nimayana (tengo hambre) de San Miguel Tzinacapan, Cuetzalan, Puebla es un claro representante del teatro como medio de reedificación, pues nació, según uno de sus integrantes "como una necesidad de abrir aquellas bocas que estaban cerradas" en la escuela secundaria abierta, a fines de los setenta. Hicieron representaciones de las obras: *El hombre nuevo* y *In Yankuit Tit* (El fuego nuevo). En su comunidad y luego fuera de ella, descubrieron el sentido del teatro al platicar con el público; para ellos "el teatro fue muy valioso, porque nos hizo avanzar a todos los que siempre estamos situados en un rincón" (Castro *et. al* 1985). También como manifestación del teatro náhuatl actual está la que promueve en la Huasteca hidalguense Ildefonso Maya.[119] Para él "No es la fe ni los ritos cristianos los que hacen mover a las masas para esas representaciones, sino la creencia y la fe tradicional de México que vive con sus dioses, aunque desde hace más de quinientos años hayan cambiado de nombre por la fuerza de la imposición" (1992, 15-24).

Del teatro en lengua zapoteca mencionaré que en 1981 se integró un grupo en Juchitán a instancias del departamento de teatro indígena de la UABJO. Sus integrantes nunca habían actuado ni visto obras del teatro urbano "profesional". Por lo tanto se utilizaron máscaras para que el público

---

[119] Ildefonso Maya (Chahuatlán, 1936 –). Pintor, dramaturgo, maestro e investigador de la cultura Náhuatl. Estudio filosofía y lenguas indígenas, teología, dibujo técnico industrial, pintura y dibujo artístico. Co-director de la compañía La Cofradía de Tlaxcala, en la Ciudad de México. Maya es el representante más destacado del teatro contemporáneo en lengua náhuatl. Fundador y miembro honorario de Escritores en Lenguas Indígenas, A.C. Ha escrito numerosas obras de teatro, recopilaciones de cuentos, relatos, mitos y simbologías de la huasteca veracruzana. Obras más representativas: *El origen del hombre huasteco*, *El ayate de Juan Diego*, *El precio del alma y el fin del mundo*, *La educación tradicional frente a la educación moderna*.

no reconociera a los actores y éstos pudieran actuar con libertad. Representaron obras como *Tierra y fuego* sobre problemas ocurridos en 1717, fecha en la que unos religiosos arrebataron tierras a los zapotecas de Juchitán, otra sobre el "che" Gómez (líder juchiteco en 1911) y *Juchitán en el tiempo* (historia de la vida social zapoteca de 1660 a 1983) (Matus[120] 1985).

El grupo Tehuantepec, nació en 1987 en el istmo del mismo nombre como una necesidad comunitaria de expresar a través del teatro elementos y valores propios de su tradición, cultura y problemática social. Formó parte de la Asociación Nacional Teatro- Comunidad (TECOM). Uno de sus espectáculos más significativos fue *La llorona* que representó a México en el Festival de Teatro Latinoamericano de Córdoba, Argentina en 1994.

Los grupos que formaron parte de TECOM, fundada en 1987, y aquellos que aún participan en el movimiento de teatro comunitario, intentaban convertirse en monitores de su propia cultura. Su modo de producción tomó como base la "metodología de investigación-acción participativa", fundamentada en la interacción del grupo de teatro y su comunidad. Los mismos miembros de la comunidad participaban en el espectáculo, ya fuera como actores, aportando en el proceso de producción aspectos referidos al material dramático (temática, conflicto) o bien colaborando con la realización de escenografía, utilería o vestuario. De tal manera que la apropiación de la experiencia fortalecía el desarrollo de las comunidades indígenas, campesinas o urbanas populares.

Otra experiencia contemporánea es la que dio inicio en 1983 en Oxolotán, Tabasco. Se trata de un proyecto de formación, creación y difusión que, por diversos motivos, llamó la atención de propios y extraños, entre otras cosas por los altos presupuestos que manejó y por el dispendio en viajes y auto-promoción a Europa y los Estados Unidos. En 1985 el Laboratorio de teatro campesino e indígena trabajaba en siete comunidades con

---

[120] Macario Matus (Juchitán, 1943 – 2009). Periodista y escritor. Se desempeñó como crítico de arte y dirigió el Centro Cultural Juchitán, en la Ciudad de México. Fue director de la Casa de Cultura de Juchitán (1979-1989), durante este periodo se incubaron diversos poetas, pintores, escritores y músicos en el Istmo de Tehuantepec y promovió el intercambio cultural, nacional e internacional, con artistas de la región. A lo largo de su carrera periodística escribió para diferentes diarios como *El Nacional*, *El Día*, *Excelsior*, *Uno más uno*, *El Universal Gráfico*, *La Hora de Oaxaca*; y para las revistas *Siempre*, *Brecha*, *Generación*. Fundador de la Asociación de Escritores en Lenguas Indígenas. Su obra está escrita en castellano y zapoteca.

1,700 alumnos y 32 maestros, o sea la escuela de teatro más grande del mundo. El proyecto, según una integrante del equipo directivo, se decidió mediante "consulta popular" en 20 comunidades del estado:

> Fuimos a preguntarles ¿qué querían hacer en su tiempo libre? Si querían bailar, cantar, tocar la guitarra...lo que ellos quisieran nosotros íbamos a llevarles. Entonces, de estas 20 comunidades destacó Oxolotán que con una investigación de, digamos el 80% de su población, el 75 contestó que quería hacer teatro (SIC) (Arriaga *et al.*, 1985).

Un reportaje de 1991 consignaba

> Con el apoyo irrestricto de la escritora Julieta Campos, entonces presidenta del DIF (Desarrollo Integral de la Familia) de la entidad nació el Laboratorio de Teatro Campesino e Indígena de Tabasco [...]. Seis años después, en 1989 el LTCI contaba ya con una primera generación de ciento veintitrés maestros de teatro y tres mil alumnos formados con la técnica Stanislawski (SIC), la biomecánica —enseñanza simultánea de ritmos diferentes para liberar la expresión corporal—, y un programa de 31 materias más. En este lapso se conformó un repertorio de 43 obras teatrales, que incluyó una creación colectiva de los integrantes del laboratorio: *La tragedia del jaguar*, así como obras de autores nacionales contemporáneos, y piezas universales como *Bodas de sangre* de Federico García Lorca (Molina, 103).

Frente a esto, es legítima la pregunta sobre el carácter campesino y/o indígena del proyecto, pues lo que ahí predominaba era el teatro occidental. Para lo que sirvió fue para difundir —una vez más— en el extranjero y ante los propios connacionales la imagen folklórica de México, es decir fortaleció la normalización del *imprinting cultural* (Morin 2001, 29) autoritario, manipulador y populista de los gobiernos emanados de la Revolución. Es evidente que los llamados "Laboratorios de Teatro Campesino e Indígena" siguieron pautas de creación y producción ajenas al contexto propio y constituyeron iniciativas gubernamentales para manipular y postergar el genuino avance comunitario.

* Una versión de este ensayo se publicó en *América sin nombre*, No. 8, diciembre (2006b), pp. 18-26.

Teatro Totonaca Contemporáneo*

En la región totonaca del estado de Veracruz se inició desde 1982 un movimiento teatral auspiciado por la entonces Dirección General de Culturas Populares de la Secretaría de Educación Pública en la Unidad Regional Papantla[121]. Los Promotores Culturales, jóvenes totonacas de diversas poblaciones bajo la guía de Francisco Acosta Báez, asumieron como un compromiso de vida el binomio Teatro-Comunidad. Acosta tenía como antecedente haber formado parte de la "Brigada Ricardo Flores Magón" del Teatro de Orientación Campesina de Conasupo a fines de los años setenta, por lo que tenía conocimiento de la "Metodología de teatro campesino" elaborada por el maestro Rodolfo Valencia.[122]

Domingo Francisco Velasco —uno de aquellos promotores—, compilador de los guiones y Coordinador de la Casa de las Artes de la Representación[123] del Centro de las Artes Indígenas (CAI), originalmente llamada Casa del Teatro, da cuenta del proceso desde la conformación de un grupo de actores en 1982, hasta llegar a la creación de "La Casa" en el CAI en 2008. Durante ese tiempo, dice "se trabajó con grupos de promotores culturales, niños, jóvenes estudiantes y adultos de la región (…) La mayoría de las obras fueron creadas de manera colectiva basadas en costumbres, conocimientos y en la mitología, narrativa popular y problemas de la región. Las obras se han trabajado de manera bilingüe (totonaca-español), en las cabeceras municipales de Papantla, Coxquihui, Espinal y Filomeno Mata, en Veracruz, y se han presentado en eventos culturales y en las ferias patronales de los municipios de Papantla, Coxquihui, Mecatlán, Espinal, Poza Rica, Gutiérrez Zamora, así como en foros de Xalapa, ciudad de México y Huauchi-

---

[121] Arte Escénico Popular era un organismo que formó parte de la Dirección General de Culturas Populares (DGCP) de la SEP de 1976 a 1982 bajo la dirección artística del maestro Rodolfo Valencia y contaba con dos áreas: un Taller de formación de grupos con sede en la ciudad de México y un equipo de promotores teatrales, ubicados en las Unidades Regionales en varios estados del país. Al desaparecer Arte Escénico Popular se continuó la labor de promoción a través de la DGCP.

[122] Esta metodología tenía como principio no enseñar a actuar a los miembros de las comunidades, sino en proporcionar las herramientas para una comunicación lúcida y sensible de sus ideas y sentimientos. Ver Rodolfo Valencia "Metodología de Teatro Campesino" (1992).

[123] En adelante siempre que se aluda a ella se escribirá "La Casa".

nango. Desde el año 2000 se presentan también en el Festival Cumbre Tajin.[124] La gente de la región ya se apropió de estas prácticas teatrales sobre asuntos que retoman de sus propios conocimientos" (Francisco 2014, 9).

Centro de las Artes Indígenas

El Centro de las Artes Indígenas (CAI) "Xtaxkgakget Makgkaxtlawan" (El resplandor de los artistas) ubicado en el parque temático Takilsukhut, dentro del área correspondiente a la zona sagrada totonaca de El Tajín, Veracruz, tiene el objetivo de fortalecer el patrimonio cultural y de tomarlo como base para una permanente generación artística en diálogo e intercambio con creadores de otras culturas del país y del mundo.

El CAI ha creado *Casas de Arte*, sustentadas en la tradición, a partir de la identificación, sistematización y perfeccionamiento de los modelos indígenas de producción cultural: la realización de talleres-laboratorio *de investigación–creación*, coordinados por los propios maestros indígenas tradicionales que lleven a consolidar una *pedagogía de las artes indígenas*; la reproducción y multiplicación de estos modelos con las nuevas generaciones de creadores; la integración de equipos multi y transdisciplinarios de artistas e investigadores académicos que puedan contribuir en el reconocimiento, valoración, desarrollo y difusión de la estética indígena.

Para los totonacos "artista" es "quien hace lucir las cosas" y son reconocidos como tales los músicos, danzantes, artesanos, representadores, médicos tradicionales, escritores, pintores y videoastas.

En su perspectiva todos los elementos que existen en el mundo tienen vida, comenzando por sus dioses quienes dotaron al ser humano de todo lo necesario para vivir. Las ceremonias rituales, las danzas y la música son parte de su cosmovisión religiosa. El ejemplo más significativo es la ceremonia ritual de "Los Voladores", de origen precolombino y consagrada al Padre Sol (Chichiné).

La distribución territorial del Centro de Artes Indígenas es una muestra de los puentes con la comunidad. En el centro de la gran plaza

---

[124] Cumbre Tajín es un Festival que se realiza anualmente en el equinoccio de primavera desde el año 2000 en la zona totonaca de El Tajín, Veracruz en el parque Takilshukut (El lugar del origen).

donde se encuentran sus instalaciones está colocado el mástil para la ceremonia de comunión con la divinidad —Voladores—, contiguo a ese espacio esta la casa de los Abuelos, guardianes de la sabiduría ancestral, y alrededor de ésta se encuentran las "casas" donde se practican y enseñan las diferentes artes. Con toda esa vasta riqueza se establece el vínculo entre espiritualidad, materialidad y conocimiento que permite el reencuentro de las personas con los saberes de la comunidad y de la naturaleza.

La Casa de las Artes de la Representación

Al igual que los otros espacios del CAI, la *"La Casa"* busca consolidarse como un espacio de diálogo e intercambio con las prácticas representacionales tradicionales, así como de otras culturales. La pregunta viva que anima su quehacer es ¿Cómo tender puentes entre las prácticas rituales y las teatrales, entre una y otras culturas?

El arte escénico —tal como se practica en las ciudades de la modernidad occidental— no se ejerce en las comunidades indígenas, pero eso no significa que no tengan "Teatro", lo hay aunque no se le denomine así pues en el totonacapan existen danzas-damas, se realizan ceremonias, rituales y ofrendas donde la comunidad participa con principios propios o adjudicados, pero con una visión místico religiosa apegada a una creencia o costumbre por tradición.

Entre los objetivos de la *"La Casa"* se propone que cada integrante profundice en la cultura totonaca: la relación con el cosmos, con la naturaleza y con la vida cotidiana; el agradecimiento a las deidades, a los dueños que cuidan el universo que siempre están presentes en toda actividad humana; que retome sus valores (lengua, vestimenta, ceremonias, rituales, actividades agrícolas, conocimientos) y desarrolle la encomienda que tiene con el "don" que le fue otorgado.

De esta manera *"La Casa"* ha venido trabajando indagando dentro de las comunidades para registrar elementos esenciales de la cultura totonaca. Sus fundamentos, entonces, son el Teatro-Comunidad, la propia organización comunitaria, así como sus prácticas mítico-rituales.

Las actividades de la *"La Casa"* iniciaron con un taller a cargo del maestro Nicolás Núñez, creador del Teatro Antropocósmico en el cual un grupo de actores comunitarios de la región totonaca, así como estudiantes y maestros de la Facultad de Teatro de la Universidad Veracruzana, construimos —pues tuve la oportunidad de participar directamente— de manera colectiva el evento transteatral denominado "Tejedoras del destino".

El grupo original de promotores culturales integrado en 1982 por Domingo Francisco Velasco, Bonifacio Pérez Hernández, Sara Méndez García, Alejandro Medina Jiménez, Ygnacia Hernández Vázquez y Zeferino Gaona Vega, participó en la fundación de "La Casa". Domingo Francisco Velasco, su coordinador, suma a sus conocimientos adquiridos sobre el teatro aquellos que le fueron transmitidos por los guardianes de la sabiduría totonaca. El equipo actual lo conforman: Sara Méndez García, quien también fue miembro del grupo pionero y ha realizado una labor importante como formadora de nuevos grupos y actores, entre ellos Santos Xochihua Ramírez, Zoila Flor González Pérez y Cecilia Cortés Ramos, quienes fueron sus estudiantes en la Universidad Intercultural Veracruzana y ahora participan como maestros encargados de formar grupos en comunidades y también como actores. La presencia y participación de la abuela Esperanza García Dionisio (Curandera, cantante, teatrista) y del abuelo Gerardo Ramos Juárez como Tlakgná (Músico) han sido un acompañamiento significativo en la mayoría de las obras realizadas en la "La Casa", no solo a través de su don artístico, sino por ser una mujer y un hombre de conocimiento.

A la luz del padre Sol

La única publicación, hasta donde tengo conocimiento, realizada en lo que va del presente siglo sobre teatro escrito por dramaturgos indígenas es la antología editada por Carlos Montemayor y Donald Frischmann, *Palabras de los hombres verdaderos* (volumen 3, 2004). Los autores incluidos son Feliciano Sánchez Chan y Carlos Armando Dzul (Mayas), El grupo Sna jtz'ibajom y Petrona de la Cruz[125] (Totziles) Isabel Juárez (Tzeltal), e Ildefonso Maya (Náhuatl) todos ellos creadores representativos del periodo de entresiglos. Montemayor señala en su texto introductorio que también tuvo

---

[125] Petrona de la Cruz Cruz (1965 –). De 1985 a 1993 estudió teatro en San Jt´ibajom con Francisco Alvaréz y Ralph Lee. En 1992 recibió el premio Chiapas Rosario Castellanos en Literatura. En 2002 fue becaria del Consejo Nacional para la Cultura y las Artes para estudiar con el maestro Luis de Tavira. Ha escrito numerosas obras teatrales que han sido representadas en México, Canada y Australia. En 1994 De la Cruz e Isabel Juárez Espinosa fundaron FOMMA (Fortaleza de la mujer Maya A.C.).

conocimiento de teatro en lenguas purépecha y totonaca (2004, 16), aunque no fueron incluidos. Por su parte Frischmann, uno de los más acreditados investigadores sobre la cultura y las formas de representación de los pueblos indios contemporáneos de Mesoamérica, señala el propósito de estos dramaturgos el cual, a mi parecer, permea a todo el Teatro Indio y Comunitario:

> A través de su labor (los dramaturgos indígenas) extienden su Palabra hacia su comunidad y más allá, ofreciendo ejemplos que provocan el pensamiento y muchas veces la alarma de cómo la autodestrucción está tan peligrosamente a nuestro alcance como también lo es la preservación del universo y de nosotros mismos. A través de esta antología esperamos extender más allá de las fronteras lingüísticas y nacionales la reflexión sobre lo sagrado de todo lo que existe y nuestro papel igualmente sagrado en la perpetuación de la vida a través del equilibrio (72).

La difusión de estas obras es muy significativa, sobre todo por aparecer no solo en su lengua original, sino traducidas al español y al inglés. Sin embargo, la diversidad de manifestaciones del teatro indígena contemporáneo rebasa considerablemente lo registrado en la publicación y, en ese sentido, marca la pauta para realizar más ediciones de este tipo que den a conocer la creación escénica de la mayoría de los pueblos indígenas. Este es el propósito del libro *A la luz del padre Sol*, cuyo mérito principal es haber sido compilado por un miembro de la comunidad totonaca y participante del movimiento teatral contemporáneo Domingo Francisco Velasco.

En el prólogo a la edición señalé que: sobre todo, servirá de base para la generación de nuevas creaciones que, de acuerdo al concepto "arte" entre los totonacos, hará que "luzcan las cosas", es decir que las veamos con el brillo que ocultan de ordinario (Adame en Francisco 2014, 7).

Por su parte, la investigadora Martha Julia Toriz Proenza dijo que: autores hablan de y para sus propias culturas, pero también a un mundo que los desconoce (2016, 145).

Y entre los aspectos que la investigadora considera "otorgan un gran valor a esta producción artística" menciona:

- La mayoría de las obras no surge de la imaginación de un individuo, sino que es fruto de la creación colectiva, de las ideas, frases, vivencias y conocimientos ancestrales de los participantes en el teatro comunitario.

- Absolutamente todos los guiones provienen de la práctica escénica. Quisiera pensar que por eso son llamados guiones y no obras dramáticas. Es decir que, al tener su origen en la comunicación directa entre los participantes, en la percepción corporal, en el contacto con el hábitat, lo llevado al papel son las guías que permiten su reproducción en el futuro.

- Al inicio de los guiones se anuncia el reparto de la puesta en escena original, el grupo de personas que actuaron la primera vez que se presentó la obra. Me llamó poderosamente la atención que varios de los nombres que aparecen en el reparto de 1982, años después son los autores o las autoras o los directores o las directoras de otra puesta en escena. Eso me hace pensar en un crecimiento, en un desarrollo de las personas dentro de la actividad artística, así también de un compromiso y de una convicción.

- No podemos afirmar que todos los guiones están impregnados de la cultura totonaca, porque en realidad son más que eso, son parte de la cultura totonaca, contribuyen a su engrandecimiento. Esto se hace patente en el empleo de su idioma, aparte de que se agradece la traducción al español, por lo que varias de las obras son bilingües.

- El sentido del humor es excelente, y el valor étnico y ritual es, por su parte, uno de los motores que podría impulsar a los jóvenes a poner estas obras en escena. Los cantos totonacas, las brujerías, las pócimas y los ungüentos que aparecen en las obras enriquecen la teatralidad de los textos y a la vez muestran que los rituales antiguos tenían un grado de espectacularidad importante y una posibilidad de representarse en escena.

En los guiones se percibe la continuidad del movimiento de Teatro Totonaca Contemporáneo desde que Francisco Acosta Báez llegó como promotor teatral a la Unidad Regional de Culturas Populares en Papantla, hasta la creación del Centro de las Artes Indígenas. El punto de partida fue la propia tradición escénica y oral, con la cual los promotores tenían el vínculo directo pues provenían de comunidades donde ésta se mantenía viva. Los primeros trabajos se realizaron de manera colectiva, posteriormente cada promotor se hizo responsable de proyectos de creación y, después, se tuvo relación con otros creadores escénicos como Andrea Paccioto (italiano), Germán Meyer (suizo), Nicolás Núñez y el autor de este escrito.

Los 16 guiones incluidos y los temas tratados son *Adiós Blanca Paloma*, creación colectiva, de 1982[126], con presentaciones hasta 1990, aborda el tema de la muerte; *En busca de la razón*, de 1995, adaptación de Francisco Acosta Báez, acerca de la identidad totonaca; *Quién dice la verdad*, también adaptación de Acosta al cuento de Eraclio Zepeda del mismo nombre, de 1985, sobre la subjetividad de la justicia; *El maíz del tío Conejo*, creación colectiva, de 1999, destaca la astucia; *El eco de nuestra voz*, creación colectiva, de 2000, es un homenaje a Serafín Olarte defensor de los derechos de las comunidades totonacas; *Del espacio te bajaron, ¿y por qué estás en mí?*, autores: Sara Méndez García y Domingo Francisco Velasco, de 2001, sobre el mito de Aktsiné, señor de los truenos; *Mi querido Juanito*, autora: Leticia Hernández San Juan, a partir de la idea de Francisco Hernández Jiménez y Alejandrino Castaño, de 2001, trata la Infidelidad; *Gramxone*, autores: Ygnacia Hernández Vázquez y Zeferino Gaona Vega, de 2001, es sobre el peligro de usar herbicidas en los cultivos; *Mi desgracia*, autor, Bonifacio Pérez Hernández, de 2001, aborda la importancia de las fiestas patronales; *Planta y flor que regeneran el organismo del hombre*, autora: Sara Méndez García, de 2005, propone el respeto a la naturaleza; *Los siete abuelos*, autores: Balam Maya Fernández y Sara Méndez García, de 2000, sobre el respeto que hay que profesar a los ancianos; *La máscara (Talakgánu)*, creación colectiva, de 2009, el reconocimiento de la verdad que hay en uno mismo y en el otro; *Tejedoras del destino*, creación colectiva, de 2008, acerca del origen y destino de las almas humanas; *El origen de la creación* (Xkilhtsukut Taxkgakgakgatat), creación colectiva, de 2010, trata el mito del niño Sol; *El origen del maíz* [Xkilhtsukut kuxi], creación colectiva, de 2010, refiere el origen de la agricultura; *La maldición de Pilatos (Xtamakgantaxtin Sakgaliná)* autor: Domingo Francisco Velasco, también de 2010, su tema es la creación del universo y el respeto a la naturaleza. En 2013 y 2014 se produjeron en "La Casa" dos obras más que no entraron en el libro y esperan ser parte del siguiente: *Renacimiento* y *La flor cósmica*. La primera aborda la relación de armonía que los humanos debemos guardar con los dioses y con la naturaleza, y la segunda es una representación poética sobre

---

[126] Las fechas consignadas en el libro no aclaran, en todos los casos, si son las de creación de la obra o hasta que estuvieron vigentes, aunque todo da entender que es lo primero.

el "don" de la sanación espiritual que muestra la relación entre las fuerzas cósmicas y los seres terrenales. Los animales interactúan con los humanos y, además, se muestra el conflicto entre las abuelas blancas y las abuelas negras —las tejedoras del destino que se disputan a cada ser que viene al mundo, las primeras para que sigan el destino marcado y las segundas para perderlo—.

En los guiones se percibe una apertura a diversas teatralidades, sin perder el contacto con la fuente cultural y espiritual. La mayoría de ellos tiene una estructura de carácter ritual con entrada o procesión, petición de permiso, ofrenda, desarrollo de las acciones, comunión de actores y espectadores, para terminar con el agradecimiento.

Se pueden identificar tres tipos de obras: mitológicas, históricas y de la vida cotidiana: las mitológicas están basadas en la tradición oral: *Adiós Blanca Paloma, Planta y flor, El origen de la creación (Niño sol, Quinto sol), El maíz del tío conejo*; Históricas: *El eco de nuestra voz* y de la vida cotidiana: *En busca de la razón, Mi querido Juanito, Gramoxone, ¿Quien dice la verdad?, Mi desgracia.* Hay particularmente dos de ellas, que fusionan diversas realidades: el mundo cotidiano (indígena y mestizo), el inframundo y el espacio sagrado como *La máscara y Tejedoras del destino*.

Más que conflictos interpersonales lo que constituye la dinámica de las acciones es el enfrentamiento de fuerzas cósmicas y naturales, sobre todo en las mitológicas, pero en cierta medida ocurre lo mismo en las otras.

Hay personajes de la mitología tototanaca como: Aktsiné, jaguar, muerte, viejito, Kiwikgolo, diablo, lakapijkuyu, los Doce Tajines; de las danzas tradicionales: Pilatos, Payaso, Santiaguero, Caporal; del mundo mágico: Tecolote, Gran Juez; de la vida cotidiana: campesino, hombres, mujeres, niños.

Las escenas son breves haciendo dinámica la acción mediante juegos de teatralidad: "Pilatos empuja a José, José cae al suelo y muere", dice la acotación final en *Adiós Blanca Paloma* (Francisco 1994, 22). Se pasa con gran desenvoltura de la narración a la acción.

En cuanto a criterios de escenificación podemos ver que los espacios no son los de un teatro convencional, sino que se trata de espacios abiertos cargados de una energía especial, por ejemplo el sitio donde está colocado el Palo de la ceremonia de Voladores, o un árbol mítico (como el árbol del chote donde está ubicada "La Casa"); los elementos escenográficos son muy sencillos pero se pueden identificar la "mesa de la creación", la ofrenda y el uso de máscaras y vestuario totonacas. El canto, la danza y "las limpias", así como la fiesta también están presentes.

Es importante destacar la participación de la mujer, pues en las danzas-drama de la tradición solo participan varones y, en algunas de ellas, una niña casta. Esto muestra un cambio significativo en el ámbito socio-cultural.

Para reiniciar el camino

La cultura totonaca, como muchas otras, ha generado concepciones del mundo, mitos, ritos sagrados y profanos, prácticas, tabús, gastronomía, cantos, artes, leyendas, creencias, diagnóstico y remedio a las dolencias. El Teatro Totonaca Contemporáneo honra esas creaciones sin considerarlas superiores a las de otras culturas, por eso es *transcultural*. Fomenta la comprensión entre individuos reconociendo a la vez lo que une y lo que separa, propiciando un diálogo efectivo y afectivo entre las culturas.

El Teatro Totonaca Contemporáneo al estar alineado con los principios de la comunidad mantiene la equidad, la proporcionalidad y la verticalidad. Su estructura abierta permite incorporar nuevos elementos en cualquier momento, sin alterar su organización, se trata de una auto-eco-organización.

El objetivo de los actores/representadores es producir momentos de intensa comunicación con otras personas, convirtiéndolos en participantes activos. Las experiencias teatrales del Teatro Totonaca Contemporáneo se comparten con diversos públicos pero, sobre todo, con los "dueños" del universo.

El Teatro Totonaca contemporáneo es un teatro "sin telón", con apertura al infinito, iluminado por Chichiné (Padre Sol). Es un medio para fortalecer la vida de sus participantes, sin ningún tipo de exclusión, dotando a la existencia de una dimensión poética. Está lleno de la energía sutil y poderosa de todos sus creadores —dramaturgos, directores, actores, músicos, promotores— que han conseguido florecer y situarse en el corazón mismo de las culturas ancestrales. Es un teatro que cumple funciones muy diversas: diversión, crítica social, lección moral, autoconocimiento, reivindicación cultural y, sobretodo, conexión con lo sagrado, pues tiene como base los principios espirituales originales del pueblo totonaca, sin hacer proselitismo por religión alguna.

Es un teatro que hace de cualquier espacio un lugar lleno de vibraciones donde todos podemos ser copartícipes de una realidad que trasciende lo que percibimos directamente. Donde podemos mirarnos en los ojos del otro para reconocernos en ellos, dando lugar a un nuevo nacimiento para reiniciar así, danzando y cantando, con alegría en nuestros corazones, el camino sin camino de lo infinitamente humano.

*Una versión de este ensayo se publicó en la revista *Temas y Variaciones de Literatura de la Universidad Autónoma Metropolitana*, Atzcapotzalco. Diciembre 2016.

De la nación y las teatralidades bi-centenarias a la concepción de la transnación y la transteatralidad*

> Dedico este trabajo a Juan Cariño —el inolvidable personaje de *Los recuerdos del porvenir* de nuestra muy querida Elena Garro—, quien con toda seguridad, en su cuarto de burdel de Iguala y con la dignidad que lo caracteriza, en este Bicentenario le debe estar rindiendo honores a sus héroes Hidalgo, Morelos y Juárez.

Introducción

¿Qué nos han proporcionado las dos revoluciones que se conmemoraron en 2010? ¿Es México un país que ofrece a sus habitantes las satisfacciones a las que tendríamos derecho? ¿Ha contribuido su teatro a la formación de ciudadanos más conscientes y libres? ¿Cuáles son los avances visibles a dos siglos de haberse iniciado el movimiento de Independencia, y a uno de la Revolución?

Más que respuestas, es necesario que las preguntas —acorde al enfoque complejo y transdisciplinario que aquí propongo— permanezcan abiertas a nuevas preguntas como las que dan origen a este trabajo, a saber: ¿no es tiempo ya de pasar de la "idea" de nación a la de *transnación* y de la de teatralidad a la *transteatralidad*? O más todavía, al cumplir doscientos años de emancipación ¿no será oportuno iniciar una nueva Revolución, la de la conciencia, que permita movilizar nuestra energía física y espiritual que nos conduzca a *actuar* de manera autónoma?

México hoy

Pedro Ángel Palou, en un sugerente ensayo, habla de un México "desigual y fracasado". El escritor llega a esta conclusión debido a que, dice, durante el siglo XIX y XX las élites mantuvieron sus privilegios y no permitieron vernos ni reconocernos en la diversidad, sino en la unidad (2009, 170).

Por mi parte observo que dicha "unidad", lejos de contribuir a la comprensión de las diferencias entre los individuos y comunidades que constituimos al país, las ha vuelto irreconciliables. El teatro, en sus distintas teatralidades estéticas y sociales, ha dado cuenta de enormes discrepancias que han mantenido su carácter conflictivo debido a que su tratamiento —teatral y político— se ha dado por lo general en un solo *nivel de Realidad* y, más aún, bajo una perspectiva egocéntrica y autoritaria, de ahí que su contribución para superarlas sea escasa.

Se pensó que seríamos iguales, y hoy más que nunca somos una sociedad fragmentada, con contrastes inaceptables que a todos nos afectan y que no vale la pena recordar, pero tampoco olvidar frente a la emergencia de un cambio social donde cada ser humano habrá de ser valorado y no depreciado o aniquilado como si de cualquier producto desechable se tratara. En este sentido son ejemplares y por lo mismo se convierten en guía: los pueblos indios que, pese a más de 500 años de sometimiento, mantienen su dignidad; nuestros más creativos y genuinos artistas, científicos e intelectuales que no han sucumbido al "canto de las sirenas" de los poderes político y económico; y las diversas organizaciones educativas y sociales que no han sido doblegadas por la corrupción y el pragmatismo.

Pero reconocer el problema es solo una parte de la solución y esta se tiene que vislumbrar con una mirada abierta, pues hay que tener presente que la vida es transformación constante y, por lo mismo, nada es permanente. Así pues, de nada sirve valorar la diferencia por encima de la unidad o encumbrar al pueblo sobre las élites. El problema es complejo y requiere, ante todo, una nueva manera de pensar y actuar que admita las contradicciones y trascienda el binarismo; por ello, para abordarlo, considero pertinente el enfoque de la transdisciplinariedad.

La transdisciplinariedad es una metodología, no una disciplina, razón por la cual tiene cabida en cualquier ámbito de conocimiento. Al implementarla se modifica nuestra manera de conocer y de comprender la realidad, ya que está basada en la experiencia viva. Esto no quiere decir que garantice la transformación automática, pero cuando nuestra mirada sobre el mundo cambia, uno percibe que el mundo también cambia (Nicolescu 2009a, 44).

Los tres principios transdisciplinarios que nos pueden conducir más allá de las ideas de *nación* y de *teatralidad* hacia las de *transnación* y *transteatralidad*[127] son: reconocimiento de distintos *niveles de Realidad*; inclusión, en lugar de exclusión y apertura a la *Complejidad*.

De la nación a la *transnación*

¿Qué es México? Una pluralidad de culturas producto del enfrentamiento entre las civilizaciones india-mesoamericana y occidental-cristiana que corresponde a dos realidades antagónicas: la del "México profundo" y la del "México imaginario" según las denominó el antropólogo Guillermo Bonfil Batalla (1987). El "profundo" tratando de resistir con dignidad a los embates del "imaginario" que intenta aniquilarlo para estar a la altura de las naciones "poderosas" por su gran capacidad de destrucción. Aquí aparece una nueva pregunta ¿Cómo superar esta contradicción?

Pedro Ángel Palou sintetiza en tres ejes los proyectos nacionales del XIX: el proyecto de organización nacional (conservador oligárquico que pretende el mismo sistema colonial de prebendas sin la dependencia con la metrópoli), el proyecto liberal criollo (en contra del mestizaje cuyo ideal es la urbanización y sataniza al campo como lugar de la barbarie) y el proyecto liberal-mestizo, afirmando que el primero sale triunfando (2009, 163).

Por otra parte, según Bonfil, la estructura social emergente de la Revolución de 1910, adquirió la siguiente composición: oligarquía aristocratizante que engendró a los tecnócratas de la modernidad y que constituyeron una cultura de élite, burguesa o "alta cultura"; estratos medios —profesionistas o empleados calificados— consumidores de la "cultura de masas"; grupos urbanos subalternos —asalariados y campesinos que emigran a la ciudad— generadores de la "cultura popular"; campesinos tradicionales y comunidades indias productores de la cultura indígena o "baja cultura" (1987). Bonfil no lo asevera explícitamente, pero resulta evidente que la oligarquía burguesa ha permanecido en el poder.

---

[127] *Transnación* y *transteatralidad* son conceptos operatorios basados en el prefijo *trans* (lo que está más allá), que funcionan solo como herramienta de trabajo, por lo que no pretenden incrementar la lista de términos excluyentes del ámbito académico.

El Estado post-revolucionario fomentó el "nacionalismo cultural" que buscó la unificación bajo el paradigma simplificador de la cultura dominante (Ver en este libro el ensayo "Los teatros regionales en los contextos nacional, global y planetario").

Es evidente que si el carácter de nación se afirma en principios culturales en donde México coexisten varias naciones, si bien es cierto que la visión unificadora impuso como indiscutible símbolo de la identidad nacional a la Virgen de Guadalupe, existiendo incluso una tradición teatral guadalupana.[128] No obstante, el afán de control simbólico por parte de la iglesia y el Estado no posee ya el papel fundamental en la formación cultural del ciudadano, pues "ese papel lo ha usurpado el mercado" como reconoce Claudio Lomnitz (1996, 176).

Sirva una de las expresiones de las teatralidades bicentenarias para mostrar el estado actual de la nación mexicana y la penuria simbólica del Estado: el paseo y exhibición de los huesos remozados de los próceres de la independencia.[129] ¿A qué estética corresponden? ¿A qué ética?

Los estados nacionales en el contexto actual

Los estados nacionales se muestran hoy incapaces de contener la diversidad y de generar satisfactores para sus pobladores. Frente a esto la globali-

---

[128] Entre 1531 y fines del siglo XX, se fue creando la tradición teatral guadalupana en México partiendo del *Nican Mopohua* de Antonio Valeriano. Sus aportaciones a la construcción de un imaginario colectivo en torno a la identidad nacional, en tanto a la creación dramática se refiere como instrumento pedagógico y discursivo son: en el caso de la época virreinal, su uso como una estrategia para la evangelización; en el periodo pre-independentista, como una reiteración del hecho guadalupano; en el México independiente, para atraer católicos en la luchas sociopolíticas; y en el México contemporáneo para continuar con la tradición guadalupana como un indicio en pos de la canonización "del representante del pueblo elegido por la Virgen", el indio Juan Diego. Sobre este tema véase: Ruiz Bañuls, Mónica "La devoción popular guadalupana en la teatralidad mexicana" en *América sin nombre (Boletín de la Unidad de Investigación de la Universidad de Alicante "Recuperaciones del mundo precolombino y colonial en el siglo XX hispanoamericano")*, núm. 8, Diciembre de 2006, pp. 36-42; y el libro *Historia del teatro guadalupano a través de sus textos* (Fiallega 2012).

[129] Y a esto habría que agregar, aunque no corresponda a la efeméride: las cabezas colgadas en puentes y tantos otros espectáculos de horror que tienen como protagonistas a los narcos y al ejército —con Felipe Calderón (ex Presidente), su comandante en jefe, al frente—.

zación apareció como alternativa, sin embargo su interés exclusivo es aumentar la productividad del sistema económico controlado por las naciones "ricas".

La defensa de la "soberanía" se ha convertido en discurso eficaz para mantener el sometimiento de grupos e individuos al poder central, de ahí que deba ser debatido y considerar los puntos de vista tanto de quienes plantean fortalecer la identidad o soberanía de los Estados-nación en contra del capital extranjero y global, como de quienes luchan por una alternativa no nacional a la forma actual de globalización, sin que pierda ese carácter. Edgar Morin ha planteado desde el pensamiento complejo la emergencia de la sociedad-mundo como expresión del sentimiento del *común destino planetario*. Una sociedad-mundo donde es posible reconocer las diferencias pero también las afinidades (1993, 142).

Hacia la transnación

Los Estados-nación han basado su propuesta cultural y teatral en el fomento de tradiciones legitimadas por el poder político y económico, más que por las propias comunidades. Han circunscrito su acción al ámbito local estableciendo fronteras en defensa de "lo propio", de la tan preconizada "identidad".

Pero ¿de cuál identidad hablamos? En pleno nacionalismo Rodolfo Usigli se preguntaba ¿cuál es el verdadero rostro del mexicano, el del indio, el del mestizo, el del criollo?, y respondía: "no conocemos rostros, solo máscaras: el rostro del indio se "disimula" detrás de una gran máscara de silencio. El rostro del mestizo se disfraza con la máscara de la gesticulación, y el rostro del criollo se esconde tras una máscara de superioridad, de civilización y de cultura" (Usigli 2002, 138). No hay pues *un* verdadero rostro, sino, en efecto, múltiples rostros.

Octavio Paz, en la línea del pensamiento usigliano, caracterizó a los mexicanos como "cerrados a sí mismos y al mundo" (ver p. 21 en este libro), pues "colocan una máscara entre la realidad y su persona". Entre las múltiples máscaras y la negación del rostro propio a través de la simulación y el "ninguneo" ¿dónde queda la identidad?

Usigli y Paz identificaron a los pueblos indios como "región del silencio", Pedro Ángel Palou se suma también a esa idea (2009, 174). Pero, desde mi punto de vista, el México silencioso no es el indígena, se piensa así porque, en efecto, el México ruidoso parlotea, vocifera en la televisión, en el Congreso, en la Iglesia… Es más bien en la *transnación* donde habita el silencio. La *transnación* es producto del reconocimiento de la diversidad, especialmente la cultural, que emerge de los intersticios del silencio. Pero se trata de un silencio pleno, en un espacio lleno de sentido (Nicolescu 2009a, 78-79). Aquí es dónde se pueden encontrar respuestas a las preguntas planteadas.

La *transnación* es el espacio de la *transcultura* que nos enseña que no hay razón para temer a las diferencias, pues los seres humanos somos también idénticos desde el punto de vista espiritual. La *transnación* emerge entonces como un territorio con dimensión humana en permanente expansión. El ser humano es el lugar sin lugar de lo *transnacional* y en consecuencia de lo *transcultural*, lo *transreligioso*, lo *transpolítico* y lo *transteatral*.

Esta nueva concepción no pretende la desaparición del Estado-nación, sino la apertura a otras formas de pensamiento y asociación que pongan un freno a su poder destructivo en contra de comunidades e individuos. Vale la pena considerar, como lo hace Nicolescu que:

> Lo *transnacional* no implica en absoluto la devaluación o la desaparición de las naciones, sino todo lo contrario, lo transnacional no puede más que fortalecer lo más creativo y esencial que haya en cada nación. La palabra "nación" tiene la misma raíz *nasci* que la palabra "Naturaleza"; la forma *natio-onis* también tiene como sentido original, *nacimiento*. Las naciones podrán generar lo transnacional, y lo transnacional podrá eliminar el egoísmo nacional, generador de tantos conflictos sangrientos. La elefantiasis de las naciones tiene la misma causa que la elefantiasis del ego: el no respeto de la dignidad del ser humano (2009a, 101).

La noción de *transnación* que planteo aspira a rescatar esta dignidad. A partir de la transdisciplinariedad que se basa en la existencia de distintos *niveles de Realidad*[130] que interactúan simultáneamente —y no en un solo nivel como en el pensamiento clásico— es posible comprender la complejidad del

---

[130] Los niveles de realidad en los dominios sociales: individuo, comunidad geográfica e histórica, planetario, Ciber Espacio Tiempo y cósmico.

mundo actual. El paso de un *nivel de Realidad* a otro se debe a la lógica del *Tercero incluido*. Esta nueva visión de la persona humana supera la mirada reduccionista y permite la *comprensión*: fusión de "conocer" y "ser" (Nicolescu 2009b, 149).

Este es uno de los mayores problemas de la ontología del mexicano que ha sido atendido por destacados intelectuales y se refleja en nuestras diferentes teatralidades. Para comprender el mexicano necesita "saber" y "ser". Pero ¿qué saber? y ¿cómo ser? Según mi entender tendríamos que relacionarnos con plena conciencia con los conocimientos vivos, necesarios para la acción. Lamentablemente, la concepción educativa ha privilegiado la información en lugar de la comprensión. Además, hay que reconocer que ésta no es definitiva, pues siempre habrá nuevas cosas por comprender, lo importante es contar con las herramientas para hacerlo. Es a esto que Jean-Louis Revardel llama *"actuación de sí"* un ser que en libre disposición de sus pensamientos y emociones enfrenta los desafíos de la vida (2003, 110). La *"actuación de sí"* ejemplifica el paso que da una persona de un *nivel de Realidad* —donde la racionalidad, la efectividad, la sensorialidad está limitada por causalidades ligadas a su historicidad y a conflictos intrapsíquicos— a un mundo no delimitado, liberado de una existencia dependiente de causalidades y abierto al campo de sus aptitudes (*idem*).

El Sujeto-ciudadano de la *transnación* fue excluido de los proyectos de Independencia y Revolución que eliminó lo diferente, es decir al otro, por lo tanto al sujeto mismo.

El Sujeto-ciudadano es una persona que actúa con conciencia de sí mismo y solo puede emerger de todo lo que nos constituye culturalmente. Está colocado en el centro de su propio mundo, pero englobado en una subjetividad comunitaria. En este sentido, como sugiere Luis Villoro, la ruta no puede seguir siendo la del capitalismo mundial, que, dice "se ha acompañado de efectos nada deseables, tales como la depredación de la naturaleza por la tecnología, la primacía de una razón instrumental frente a la ciencia teórica y, en el orden social y político, el individualismo egoísta contra la primacía del bien común" (2010, 4).

Hacia la transteatralidad

En la perspectiva de una nueva epistemología, donde el conocimiento es una emergencia del propio conocimiento y la realidad y la representación son construcciones derivadas de nuestra capacidad de pensar, de sentir, de hacer y de relacionarnos con todo lo que existe. La concepción de teatralidad como juego de artificio que solo ofrece la "ilusión" de transformación y nos mantiene anclados en un mismo nivel de realidad, resulta limitada tanto para el estudio como para la práctica teatral.

Es por ello que he planteado la *transteatralidad* (Adame 2009a). Que, sin nulificar al teatro y a la teatralidad, se coloca más allá de todo reduccionismo. En un trabajo anterior estudié la teatralidad desde diversos enfoques, la cual me permitió analizar distintas representaciones tanto estéticas como sociales, (Adame 2005a). Pero no contaba entonces con la noción de *niveles de Realidad* que me ha aportado la transdisciplinariedad y me permite ahora transitar del *nivel de Realidad* de la *actualización del sujeto*, la existencia al servicio de la realización social; al *nivel de Realidad* de la *actuación del sujeto*, intemporalidad del ser donde, además de lo exterior, se expresa sobre todo lo que pertenece al mundo interior (cfr. Revardel 2003, 110).[131]

México y sus teatralidades

Un recorrido por las distintas teatralidades de México a partir de la Conquista muestra la imposibilidad de unificación bajo el paradigma simplificador de la cultura dominante, dado que el imaginario indígena y la visión occidental no se funden en nuevo producto que pudiera ser llamado Teatro Mexicano sino, por el contrario, mantienen sus diferencias dando lugar a distintas teatralidades en el seno de las distintas culturas que conforman el país.

En cuanto a la gran mayoría de las historias del teatro en México, basadas en la tradición aristotélica, no admiten llamar "teatro" a ninguna de las teatralidades indígenas mesoamericanas —a pesar de los esfuerzos que se han hecho, por ejemplo con el *Rabinal Achi*, tratando de ajustar las categorías aristotélicas a su estructura (Lanzilotti 1972)—. En cambio, hay otras que desde la sociología y/o antropología teatral o de la misma teoría de la teatralidad, legitiman las ceremonias, ritos, fiestas y juegos representacionales (Toriz 1983).

---

[131] Equivalente a la *enacción* propuesta por Francisco Varela (Cfr. Adame, 2009a, pp. 78-81).

Lo que es innegable es que las sociedades prehispánicas contaban con un sistema de representación espectacular de carácter simbólico que les resultaba útil para asegurar su existencia.

Con La Conquista se impuso un cambio en el sistema simbólico existente y para esto sí se recurrió al teatro, es decir a la representación "objetiva" de imágenes y situaciones dramáticas que pertenecían al sistema simbólico que se pretendía imponer. En este sentido la labor de los padres-misioneros con su Teatro de Evangelización fue la más eficaz para el propósito de conquista. Hasta ese momento no es posible hablar en sentido estricto de una teatralidad estética, no obstante y que pueden reconocerse en las representaciones elementos artísticos (la actuación y el vestuario, por ejemplo). Lo que resulta irrefutable es que la inserción de la cultura "mexicana" en el marco de la tradición teatral europea tuvo lugar en 1533 con la representación de *El juicio final* en Santiago Tlatelolco.

El propósito de ese teatro era cumplir con su función didáctica y una vez alcanzado solo quedó la manifestación ritual-espectacular de los símbolos en los que se sustenta la religión católica, es decir, la misa.

El teatro y la dramaturgia novohispana se desarrollan con la construcción del Primer Coliseo de Comedias, con el establecimiento del calendario de fiestas religiosas, civiles y palaciegas, así también con el surgimiento de instituciones educativas. Los signos que el teatro empleó de manera privilegiada correspondieron a los de la cultura dominante: la española. Por eso es de destacarse el caso de Sor Juana Inés de la Cruz que en la Loa de su *Auto Sacramental del Divino Narciso* pone frente a frente los dos sistemas culturales existentes: el indígena y el español.

En sus variadas formas de existencia el teatro ha ocupado un lugar en la vida cultural de México. A partir de la Independencia comenzó la asimilación del teatro moderno europeo, aunque la resistencia cultural no permitió que se nulificara la visión del mundo y el modo de ser y sentir propios. En los albores del siglo XX se consolidó en las grandes ciudades el modelo burgués —como expresión de la así llamada "alta cultura"— en sus formas dramática y lírica. La "Revista", como producto híbrido, también se aclimató en el territorio y llegó a convertirse en la expresión más popular durante las tres primeras décadas, destinada al público urbano. Las vanguardias teatrales, como expresión de la intelectualidad que oponía la universalidad al nacionalismo, se comenzaron a manifestar a partir de la década de los veinte estableciendo una separación con las formas decimonónicas y procurando mantener al día las innovaciones escénicas. El cambio social impulsado por la Revolución dio origen a un teatro educativo y de orientación política que tomó también el modelo europeo y se difundió sobre todo en las poblaciones rurales, donde perviven representaciones que, al margen de la influencia occidental, mantienen la herencia de las antiguas culturas prehispánicas.

Es así que he distinguido la existencia de 5 teatralidades (ver pp. 143-150 de este libro).

En una primera revisión de las cinco teatralidades, salvo la India y Comunitaria —y en menor medida la de Experimentación Escénica e Investigación— el resto se mantiene en un mismo *nivel de Realidad*. Lo que resulta evidente es que cada una se ubica en distintos contextos socio-culturales. Esto hace patente la pluralidad característica de México que el "nacionalismo" trató de suprimir.

Al pasar de esa primera clasificación en *niveles de organización* a otra basada en *niveles de Realidad* se abre la posibilidad de que aparezcan la riqueza y las contradicciones de la creación escénica y de las prácticas de la teatralidad en México. Es el caso de la "Teatralidad Dramática", a propósito de la cual señalé en un trabajo anterior que la intención de Usigli era la de transformar a la sociedad a partir de un teatro realista (ver p. 31 en este libro).

Usigli marcó sin duda una *desviación* con respecto a los condicionamientos culturales que lo determinaban a seguir un modo de pensar y actuar. Se opuso a reproducir los estereotipos y las doctrinas sociales. Para él las máscaras del indio, del mestizo y del criollo tenían que caer para que apareciera el "rostro del mexicano", que tal vez —decía— sería una máscara: la del teatro (2002, 144). La intención usigliana de convertir al mexicano en ciudadano a través del teatro tuvo, sin duda, ciertos logros; pero lamentablemente los políticos —y yo agregaría los empresarios televisivos y sus anunciadores de productos y noticias con su habilidad manipuladora y vociferante— se encargaron de hacerla fracasar, por eso hoy el rostro del mexicano parece ser el de una vergonzante y patética gesticulación.

Transteatralidad

Si la *teatralidad* es el fundamento para organizar, representar e interpretar el discurso teatral, la *transteatralidad* es un proceso mediante el cual el sujeto actúa desde la incertidumbre, transita simultáneamente por diferentes *niveles de Realidad* y, con un sentido de *proporcionalidad*, establece contacto consigo mismo, con los demás y con el cosmos. Este último principio plantea, además, un cambio fundamental con respecto a las prácticas basadas en el derroche y abuso de recursos y energías, cuyos ejemplos en las teatralidades estéticas y sociales son también abundantes, como las costosas producciones de la Compañía Nacional de Teatro y los festejos del bicentenario, por solo mencionar los patrocinados por el Estado.

Pero también contamos con propuestas para acceder a la *transteatralidad* como los proyectos de Teatro comunitario, las investigaciones escénicas del maestro Rodolfo Valencia (Adame 2008a). Y las dinámicas propuestas por Nicolás Núñez (2009, 144-149). Todas ellas permiten experimentar distintos *niveles de Realidad*.

La *transteatralidad* atraviesa todas las formas conocidas de representación: el rito, el teatro, el performance. El proceso de teatralidad es un proceso lineal de articulación entre los componentes teatrales; la *transteatralidad* es un proceso circular de articulación que hace que el resultado ejerza sus efectos sobre su propio origen. Es, finalmente, una propuesta acorde a la concepción actual de la sociedad-mundo, es decir, de un sentimiento común del destino planetario.

Si las élites con una visión excluyente y con un discurso integrador construyeron la moderna nación mexicana y en ella se generaron distintas teatralidades, es necesaria la participación de todos los que constituimos a este sorprendente y devastado país para construir la *transnación* e implementar la *transteatralidad*.

Esto quiere decir: a partir de una nueva manera de ser y conocer compartir valores comunes y convertir en práctica cotidiana la solidaridad y la comprensión; en suma, vivir la vida como una experiencia multidimensional donde se conjuguen lo estético y lo ético.

---

* Comunicación presentada en el Coloquio *Teatralidades bicentenarias* organizado por la Universidad Iberoamericana, en la Ciudad de México, noviembre de 2010.

V. Hacia el Transteatro

Rodolfo Valencia y el lenguaje del actor*

Rodolfo Valencia[132] ha sido, con toda seguridad, el único maestro de actuación en México que llevó a cabo una investigación sistemática sobre el lenguaje del actor, eso lo convierte en una de las figuras significativas del teatro mexicano del siglo XX cuyas aportaciones lo trascienden.

Valencia realizó estudios de filosofía en la Universidad Nacional Autónoma de México (UNAM) entre 1944 y 1947 y en 1950 obtuvo una beca a París para estudiar literatura dramática en La Sorbona y actuación en la escuela de Jean Louis Barrault.

Formó parte del grupo "La linterna mágica"[133] y fue ayudante de dirección de Ignacio Retes y de José Revueltas. Luego de su estancia en Europa inició su carrera como actor profesional. Trabajó como maestro y dirigió a grupos de aficionados en Casas de Cultura del Seguro Social. En el

---

[132] Rodolfo Valencia (Jiquilpan, Michoacán, 1925 – Ciudad de México, 2006). Director y maestro de teatro. Estudió filosofía en la Universidad Nacional Autónoma de México, Literatura Dramática en La Soborna, y actuación en la escuela de Jean Louis Barrault en París. Formó parte del grupo "Linterna Mágica" y fue ayudante de dirección de Ignacio Retes, José Revueltas y Seki Sano. Fundador de la revista *Hojas de Literatura* en Veracruz. Director artístico del "Teatro CONASUPO de Orientación Campesina" y de Arte Escénico Popular e la SEP. Dirigió varios proyectos de teatro popular en Cuba y México. Propuso un método de actuación basado en su investigación del lenguaje teatral y el entrenamiento corporal a partir de la bioenergética. Fue profesor en el Colegio de Teatro de la Facultad de Filosofía y Letras de la Universidad Nacional Autónoma de México.

[133] En 1946, el Sindicato Mexicano de Electricistas (SME) otorgó local y apoyo económico a Ignacio Retes para que funcionara ahí un grupo teatral. El grupo denominado "La Linterna Mágica" inició sus actividades con la obra de Juan Bustillo Oro *Los que vuelven*, posteriormente presentó *Mariana Pineda* de Federico García Lorca y *Los zorros* de Lilian Hellman. La escenografía y el vestuario estuvieron a cargo de los hermanos Carlos y Rafael Villegas, y la música fue responsabilidad de Carlos Jiménez Mabarak.

Rompiendo con lo planteado por los grupos renovadores en cuanto a la función del director, Retes fue al mismo tiempo actor. La escenografía y vestuario de la temporada estuvieron a cargo de Juan Soriano.

En la tercera y última temporada realizada en 1948, "La Linterna Mágica" cumplió su viejo sueño de encontrar un dramaturgo propio, montan así *Israel* de José Revueltas, con escenografía de Raúl Zarra, el propio Retes, y música de Silvestre Revueltas (Adame 2004, 182).

Estudio de Artes Escénicas, fundado y dirigido por Seki Sano, colaboró entre 1954 y 1957 como actor, ayudante de dirección, adaptador de varias obras y maestro de actuación. Formó parte de los intelectuales y artistas invitados por el Gobierno Revolucionario de Cuba donde residió entre 1962 y 1967, ahí fundó el "Teatro Musical de la Habana", dirigió las Brigadas de Teatro Francisco Covarrubias, fue maestro y director de la Escuela Nacional de Teatro. A su regreso a México impartió un curso en el Centro Universitario de Teatro de la UNAM y fue maestro de actuación en la escuela de teatro del Instituto Nacional de Bellas Artes.

En 1969 se incorporó al Teatro de Orientación Campesina y, siendo su director artístico, organizó y dirigió los talleres donde se capacitaba a campesinos en las disciplinas escénicas y como promotores de teatro comunitario.

Antes de viajar a Cuba inició una investigación sobre los reflejos condicionados a partir de la tesis de que los ensayos constituían una forma de condicionamiento del actor y una posibilidad de vencer sus resistencias en la creación del personaje. Sin embargo, al regresar a México su visión había cambiado a partir de las propuestas de Wilhem Reich sobre bioenergética que le sirvieron de base para desarrollar un método de entrenamiento del actor en tanto y primordialmente como ser humano. Esta investigación habría de culminar con la definición de la especificidad del lenguaje del actor.

A partir de la creación en 1976 del grupo *Teatro 21* con sus ex- alumnos de la Escuela de Arte Teatral del INBA, Valencia combinó su trabajo en el Teatro Popular con la profundización de su investigación sobre el entrenamiento actoral y la creación de espectáculos como: *El hombre Prometeo* en 1977, adaptación de *Prometeo encadenado* de Esquilo, una denuncia de las atroces torturas sufridas por jóvenes de toda América Latina en esos años; *Trufaldino, servidor de dos patrones* en 1979, crítica del abuso de poder a través del texto de Goldoni; y *Los rubios* en 1989, basada en *La estrella de Sevilla*, atribuida a Lope de Vega y en la danza de la mixteca oaxaqueña *Los rubios*. De sus creaciones con grupos de teatro indígena y campesino destacan, entre otras obras: *El circo, El tornillo suelto, La ventanilla, Corrido, Rollos y desarrollos, La escuela de dioses, Los hombres de los bosques* y *Los machos*.

En sus creaciones, además de mostrar los resultados de sus investigaciones del lenguaje actoral, dejó plasmado su profundo compromiso social, su conocimiento de la tradición teatral, así como su admiración y respeto por las culturas indígenas.

Valencia transitó los caminos del "México profundo". Su labor en el Teatro Popular entre 1969 y hasta fines del siglo XX es una de las más impresionantes de la historia del teatro nacional y, por desgracia, poco conocida. Por todo el territorio se presentaron obras que hablaban de la realidad de las comunidades, que mostraban de una manera crítica los problemas de machismo, drogadicción, tala clandestina, pérdida de la identidad cultural, etcétera.

De 1985 hasta el fin de su vida en 2006 fue profesor de actuación y dirección escénica en el Colegio de Literatura Dramática y Teatro de la UNAM.

En reconocimiento a su labor como investigador escénico la Asociación Mexicana de Investigación Teatral le confirió en 2003 su máximo galardón: el *Diploma al Mérito Teatral* que aceptó gustoso, cuando antes se había negado sistemáticamente a cualquier homenaje ya que nunca se interesó por el culto a su persona. Lo que le importaba era contribuir a hacer del teatro un vehículo para potenciar la condición humana, esa es la enseñanza que dejó a sus discípulos y en ella se halla la razón de este texto.

Actuar ¿para qué teatro?

La trayectoria teatral de Rodolfo Valencia va de 1946 a 2006, seis décadas que cubren la mitad del siglo XX y el inicio del XXI. Si bien la enseñanza y la práctica del teatro en México estuvieron dominadas todavía hasta fines del siglo XX por el texto escrito, Valencia nunca consideró a la obra dramática literaria como fundamento del teatro, sino a las acciones que el actor realiza siguiendo sus impulsos interiores y exteriores. Por ello rechazó la idea de "construir personajes" propuesta por Stanislavski —aunque valoraba su aportación para ahondar en la relación actor-ser humano y personaje imaginario-literario.

Valencia vio en la actuación un medio para comprender cómo el ser humano se da cuenta, a través de sus acciones, si está o no conectado consigo mismo y con los otros. En ello se percibe su formación filosófica y las enseñanzas recibidas de Seki Sano pero, sobre todo, su trabajo personal y su relación con el contexto: México y su teatro en el inicio de la modernización.

Así como Rodolfo Usigli se preguntó al concluir la Revolución por el teatro que México necesitaba, Valencia se cuestionó por el actor requerido para transformar la realidad del teatro en el país, que si bien contaba ya con expresiones innovadoras[134] seguía dominado por la escuela española y por una interpretación superficial del método de Stanislaviski.

A Usigli le preocupaba la identidad del mexicano ¿quién es ese ser —decía— que se esconde bajo la máscara del indio, del mestizo o del criollo? Veía a la sociedad como un teatro "sin teatro"; Valencia iba más allá, quería descifrar el misterio del enmascaramiento para lograr el desenmascaramiento, tanto en la vida como en el teatro. El dramaturgo desarrolló en sus obras y en sus ensayos críticos una pedagogía para acabar con la "gesticulación" —el mayor mal que afectaba a nuestra sociedad y cuyos mejores representantes eran (y siguen siendo) los políticos. Esta "gesticulación" perjudicaba sobe todo a nuestros aspirantes a actores, pues decía Usigli: "El mexicano todavía no puede ser actor en el teatro, como lo demuestra palmariamente la escasez de actores de que sufrimos, porque gesticula demasiado en la vida, de un modo anárquico, gratuito y pasajero. Cuando es actor de modo permanente, todos sus gestos se dirigen fuera de su profesión" (1979, 474),

---

[134] En 1928 surgió el Teatro de Ulises, un teatro conceptual, de "esencia literaria" opuesto al modelo predominante y al nacionalismo. En 1932 el Teatro de Orientación inició su trabajo sostenido económicamente por la Secretaría de Educación Pública, síntesis del movimiento experimental en lo concerniente al papel del director como autoridad en la escena, a la actuación que exigía el entrenamiento de la memoria del actor, a la organización del grupo eliminando el vedetismo y las primeras figuras, a la escenografía y a la formación de público. *Escolares del Teatro* (1931) y *Trabajadores del Teatro* fundados por Julio Bracho. *Teatro de Ahora* (1932) experimento teatral que deseaba ser un "teatro político hispanoamericano, a través de los temas mexicanos". *Teatro de las Artes-Teatro de la Reforma* (1941-1951) entre cuyos miembros se encontraban: los pintores Gabriel Fernández Ledesma (Aguascalientes, 1900- Ciudad de México 1983), Miguel Covarrubias, "El chamaco" (Ciudad de México, 1904 - 1957) y Germán Cueto (Ciudad de México, 1893- 1975); el compositor Silvestre Revueltas (Santiago Papasquiaro, México, 1899 - Ciudad de México, 1940); el director Seki Sano, y la bailarina y coreógrafa Waldeen (von Falkenstein Brooke de Zatz) (Dallas, 1913- Cuernavaca, 1993); cuyo objetivo fundamental era hacer un teatro del pueblo y para el pueblo muy diferente al de la "tradición española".

Proa Grupo (1941-1948) a cargo del actor y director José de Jesús Aceves (Tampico, 1916 - Ciudad de México, 1962), impulsor de los llamados "Teatros de bolsillo" y el mencionado *La Linterna Mágica* (1946-1948). El *Teatro de Arte Moderno* (1947), un esfuerzo más por consolidar las propuestas iniciadas dos décadas atrás por el Teatro de Ulises, en cuanto a crear un teatro de actualidad. La Universidad Nacional Autónoma de México por su parte fundó el Teatro de la Universidad (1936) a cargo de Julio Bracho y Poesía en voz alta (1956) cuya propuesta consistía en hacer un teatro al servicio de la palabra, que rescatara la poesía y cuya base fuera la experimentación constante, así como la libertad absoluta del director (Adame 2004, 177-184).

por ello, "la tragedia del mexicano, reside por igual en todo lo que oculta porque (eso) lo exhibe, y en todo lo que exhibe porque (eso) lo oculta" (2002, 137).

Valencia, por su parte, consideraba que el personaje y la cuarta pared eran formas de ocultamiento pues ambas exigían que el actor se olvidara de la persona para quien trabaja, es decir, el público. Ambas eran máscaras que servían de ocultamiento al actor impidiéndole una verdadera comunicación y un "juego limpio".[135]

Una notable diferencia entre Rodolfo Valencia y otros creadores y pedagogos teatrales mexicanos del siglo XX es que "jugó el teatro", no "al teatro" es decir, se colocó en el lugar donde se da el encuentro aurático, o sea el espacio habitado por actores y espectadores. Estuvo ahí exponiéndose plenamente para verificar en sí mismo su concepción del actor. Esto no quiere decir, desde luego, que no valore la calidad de teatristas "no-actores" interesados y honestos como Peter Brook que desde su función de director ofrecen una "ayuda" invaluable a los actores.

Valencia fue un actor que leía el texto de su cultura, lo convertía en acciones mediante el juego de relaciones con otros actores y lo confrontaba con el espectador, a quien invitaba a formar parte del juego sin gesticulación. De este modo actor, espectadores y cultura tenían la oportunidad de regenerarse permanentemente en cada acto.[136]

---

[135] "El actor se defiende, es muy curioso pues se sube a un escenario para ser visto; peor aún, cuando está en el escenario teme la mirada del otro, se defiende, eso afirma la idea del personaje literario en escena, porque el personaje se convierte en una máscara para el actor que se siente expuesto" (Valencia en Adame 2008a, 25).

[136] Esto se confirma con la intención que dio origen a *Los rubios* y que Valencia dio a conocer en una entrevista con *El financiero* en agosto de 1989: "La reacción del público ha sido interesante y contradictoria. Hay gente que la encuentra extraordinariamente interesante y otros que la rechazan total y absolutamente, que sienten que una danza popular mexicana no tiene nada que ver con Lope. Pero en mí tiene que ver porque ambas son expresiones de la cultura a la cual pertenezco" (apud. Herrera 2006) Y en otra nota aparecida en *Uno más uno*, el 31 de agosto de 1989: "Este sincretismo entre lo popular mexicano y la raíz española es parte de una de las inquietudes artísticas expresadas en el montaje: la identidad nacional. En esta exploración no se busca hacer folklor en la escena, sino utilizarlo para combinarlo con el texto español como un proposición de lectura para el espectador y conocer su reacción"… "Realmente me considero un mexicano fascinado por su propia realidad y la riqueza de nuestra cultura, pero siento que todavía somos un pueblo en la búsqueda de sí mismo, de una identidad que aún se nos diluye. Esta carencia

Afirmo lo anterior porque tuve la oportunidad de ver en escena al maestro en 1977 en esa obra que causó tan fuerte impacto en gran parte de la comunidad teatral *El hombre Prometeo*,[137] así como en *Los rubios* y, desde luego, en muchas sesiones de trabajo con Teatro 2I.

Afinidades con creadores contemporáneos: Grotowski y Brook

La primera presentación de un trabajo escénico de Jerzy Grotowski en Latinoamérica ocurrió en el marco de las "Olimpiadas culturales" con *El príncipe constante*, durante la XIX Olimpiada que se realizó en la ciudad de México en el nefando octubre de 1968. Esta obra hizo que, frecuentemente, Valencia pusiera como ejemplo de actuación "orgánica" la de Riszard Cszieslack.

Tanto Grotowski como Valencia son, a mi juicio, dos teatristas que hicieron contribuciones significativas en la segunda mitad del siglo XX para comprender el sentido del teatro como la más pura realización de la acción del ser humano. Grotowski comenzó hablando del "actor santo" que se muestra desnudo ante el espectador, y terminó alejado del teatro investigando los procesos biológicos que generan la acción. Valencia inició su investigación en busca de un actor lúcido y sensible y confirmó que éste tenía que despojarse de todo lo que le impedía estar en comunión con el otro. Ambos estuvieron dentro del teatro de "arte", sin embargo optaron por el teatro laboratorio, Grotowski con su "Teatro de las trece filas" y Valencia con su "Teatro 21". Cuando el maestro polaco realizaba su investigación sobre el *Teatro de las fuentes*, el maestro mexicano se encontraba trabajando en comunidades indígenas y campesinas. Valencia siempre siguió con atención las conferencias que Grotowski impartió en México a invitación de otro de los guardianes del linaje sagrado del teatro, Nicolás Núñez, director del Taller

---

oscila entre creernos los mejores o los peores del mundo, pero no somos lo uno ni lo otro" (apud. Herrera 2006).

[137] Roberto Bardini en su crítica periodista escribió sobre *El hombre Prometeo*: "Sin exagerar, la mayoría de las personas que pasaron por la pequeña sala —muchas de ellas pertenecientes a la actividad teatral o cinematográfica— quedaron marcadas de alguna manera. Y es que —comentarios elogiosos aparte— la adaptación y puesta en escena de Valencia persigue objetivos que trascienden lo meramente artístico: integrar la realidad al teatro y comprometer a éste con la sociedad y el hombre" (*El Día*, 30 de marzo de 1977).

de Investigación Teatral de la UNAM (Adame 2011a, 11-12). Recuerdo particularmente la coincidencia de sentido entre el concepto grotowskiano de *in-tensión* con el valenciano de *disponibilidad*: en ambos casos se trata de estar en profundo contacto con uno mismo, sin perderlo con el exterior; de igual manera, al considerar que lo imprescindible en el teatro es "lo que sucede entre el espectador y el actor" (Grotowski 1978, 27).

Con Peter Brook, Valencia compartió su interés por las tradiciones teatrales y culturales más arraigadas de los pueblos, pero no la tradición como intento de momificación, de preservación de formas externas, sino por hacer vivir en el presente toda la sabiduría heredada. Por ello ambos se interesaron en la teoría cuántica y reconocieron la *contradicción* como el motor de cada proceso sobre la realidad. Su mayor afinidad reside, sobre todo, en la triada que según Basarab Nicolescu define el teatro del maestro inglés: energía, movimiento y relación, esto se verá más adelante al abordar el método del maestro Valencia. Doy un ejemplo: para ambos el movimiento no es resultado de la acción de un actor: el actor no 'hace' un movimiento, más bien *se mueve* a través del movimiento, es el caso de Merce Cunningham a quien Valencia admiraba y de quien Brook dice "él ha acostumbrado su cuerpo a obedecer, su técnica está a su servicio, de modo que, en lugar de quedar envuelto en la ejecución del movimiento, puede hacer que el movimiento se desarrolle en compañía íntima de la música que se despliega" (apud. Nicolescu 2011b, 14).

Uno y otro consideraron la preparación del actor como proceso de apertura e intercambio, así como de unión entre pensamiento, cuerpo y sensaciones.

Fundamentos del método

Valencia profundizó su conocimiento teatral con Seki Sano quien, no obstante haber sido un gran director moderno, estaba todavía muy apegado al texto, por eso su mayor interés fue establecer la diferencia entre literatura y teatro, para poder plantear el lenguaje del actor.

El propósito de su investigación corresponde a su afán por comprender los principios y los medios que hacen de una acción el momento en que el ser humano comunica algo conectado profunda y verdaderamente con su ser.

Su primera consideración, entonces, fue que había que pasar de la palabra escrita a la acción para lo cual habría que tener en cuenta una gran aportación de Stanislavski, su teoría de "las pequeñas acciones físicas" pues:

> el lenguaje del actor es el lenguaje de la acción: toda acción tanto interior —es decir, creación y comunicación de los sentimientos creados por el actor que aquí llamo las acciones interiores— como las acciones exteriores (...) empezando por la palabra misma como una acción orgánica: la articulación de la palabra, de ahí para adelante con el gesto, con las relaciones dramáticas que establecen los actores en el espacio escénico, etcétera, ese realmente es el lenguaje teatral (...) El actor pasa de ser un títere a un ser humano que se convierte en elemento significativo...No es cuestión de crear imágenes, es cuestión de tomar de nuevo la palabra y cargarla de sentido (Valencia en Adame 2008a, 31).

En el teatro convencional el actor "representa personajes", por eso la noción de "personaje", central en la concepción del teatro dramático occidental, se convirtió en cuestionamiento básico del método del maestro Valencia, debido a que, en lugar de ayudar a formar personas "lúcidas, sensibles y críticas", los alejaba de sí mismos y, en el mejor de los casos, los llevaba a ser una "copia" o caricatura del otro. El compromiso del actor es con el espectador, no con el personaje, decía (Valencia en Adame 2008a, 32). Un espectador asiste al teatro a ver actores y su tarea es crear al personaje, a través de la información que el actor le proporciona:

> Yo no quiero que el espectador se identifique con el personaje, me interesa que se comunique con el actor. No hay *un* Hamlet. Yo quiero un actor totalmente lúcido no pensando que quiere ser "otro" (Hamlet, por ejemplo). El espectador va al teatro a ver actores, no a escuchar la voz del dramaturgo. Lo que define un espectáculo teatral es el contenido, porque define la forma. Con el puro texto se cae en la lectura sensible: en este sentido, al actor, el personaje le sirve de defensa

no de vehículo. El personaje literario es solo una posibilidad de lectura. El teatro es el actor. Un solo actor puede ser un espectáculo (Valencia en Adame 2008a, 32).

Pero el actor, en lugar de desarrollar toda la gama de posibilidades que posee, prefiere —por miedo en muchos casos—, dejar la responsabilidad de lo expresado en un ente de ficción.

En su perspectiva, por actor se entendía al sujeto que con plena conciencia entra en contacto consigo mismo y se coloca frente a otro sujeto (actor o espectador) en un tiempo y espacio compartido. El actor debería estar permanentemente "disponible" para trabajar consigo mismo, pero siempre en grupo, en una "investigación en vivo" donde involucra cuerpo, mente y emoción. Se trata de un método de trabajo corporal que parte del concepto de cuerpo como única realidad tangible del ser, que viabiliza la investigación de los medios expresivos del actor. De este modo las emociones se producen a voluntad del actor, por ello la "Memoria de las emociones" de Stanislavski no tenía cabida, pues se trataba de "recordar" algo ocurrido en el pasado, en cambio, para Valencia era "vivir cada vez" la emoción.

Para alcanzar su objetivo el maestro se valió, entre otras técnicas, de la terapia bioenergética propuesta por Wilhem Reich (1897-1957), quien hizo una síntesis entre el psicoanálisis y el marxismo a fin de recuperar las nociones de la vida psíquica del individuo en relación directa con su estructura corporal y el funcionamiento de su organismo, así como los bloqueos de energía y el equilibrio psique-cuerpo por medio de la respiración. Tomó de Alexander Lowen (1910-2008), discípulo de Reich, la noción de "traición al cuerpo", o sea, las restricciones corporales que el individuo va moldeando en la cultura que vive. Su método también contempla el legado de la bioenergética en cuanto a la definición del ser humano abierto a la vida, que en Valencia se traduce, entre otras cosas, en la conciencia del estar en el aquí y el ahora del actor. "El lenguaje del teatro contemporáneo se constituye en un presente absoluto" (Valencia en Adame 2008a, 30).

Mediante la bioenergética podría darse la liberación interior del actor para profundizar y ampliar su capacidad de comunicación. "Un actor liberado que entre al juego liberará a millones de seres humanos", afirmaba (Valencia en Adame 2008a, 33).

Aplicación del Método

Conocí la propuesta del maestro Valencia tanto en su vertiente de formación de actores con el grupo Teatro 21 entre 1979 y 1981, como de comunicadores y promotores de teatro popular en el Programa de Arte Escénico Popular (1979-1982) y pude constatar su evolución a lo largo de su trabajo con estudiantes de la UNAM mediante el taller que ofreció en la Facultad de Teatro de la Universidad Veracruzana en 2005, poco antes de su fallecimiento. Si bien incorporaba otros elementos, su esencia seguía siendo la misma.

Los tres ejes en los que se basa el trabajo con el actor son:

a) Las acciones físicas realizadas por el actor en forma lúcida y consciente están al servicio de la articulación y comunicación del discurso teatral, y no como manierismo para la caracterización del personaje literario.

b) La producción a voluntad de los sentimientos necesarios.

c) El juego de las relaciones dramáticas en el espacio de las que emanan en forma orgánica, y no simplemente estética o de cuadro plástico, las imágenes teatrales. Este lenguaje entra por tanto, y a menudo, en contradicción dialéctica con el sentido literal del texto, volviendo visible lo invisible y dándole al espectáculo su carácter multidimensional (Valencia 1995, 24).

Para cada uno de ellos diseño una serie de ejercicios concernientes a:[138]

1. Creación del estado de disponibilidad
2. Relaciones dramáticas en el espacio
3. Fabricación del sentimiento
4. Sentido del Conflicto
5. Manejo de la Confrontación
6. Uso dramático de un objeto
7. Uso dramático de un texto
8. Uso del texto
a) Comunicar lo que dice el texto

---

[138] En la tesis de Iván Herrera (2006) se desarrollan todos los aspectos que integran el Método de trabajo del maestro Valencia.

b) Comunicar lo que personalmente mueve el texto en el actor
c) Resignificar el texto de acuerdo al contenido del discurso

Aquí expondré sintéticamente lo concerniente a los dos primeros aspectos,[139] por ser la base para el trabajo actoral.

1. Creación del estado de disponibilidad

Lo primero es generar un estado de "disponibilidad" para poder "estar" en el espacio dramático y ser capaces de generar y transmitir "orgánicamente" acciones, ideas y sentimientos sin tener que fingir o recurrir a artificios, trucos, estereotipos o apoyos externos como engolamiento de la voz, exageración gestual, movimientos sin control, etcétera.

Solo mediante ese estado es posible intervenir "sensible y lúcidamente" sobre la realidad. La "disponibilidad" sustituye al concepto de "concentración" (rechazado por su connotación de cierre y ensimismamiento) y hace referencia al estado de claridad, apertura y proyección que el actor debe alcanzar para comunicar desde la escena.

La respiración juega un papel muy importante en la búsqueda de "estar". Se trata de la respiración bioenergética, presente en todos los ejercicios de preparación física y de sensibilización.

El proceso para alcanzar la "disponibilidad" comprende:

I) Registro de las tensiones físicas y del "ruido" de la mente.

II) Relajación, por medio de la cual se trata de soltar las tensiones y de parar el "diálogo interior".

Estas dos actividades exigen una autodisciplina que permita realizar el trabajo propio sin obstaculizar el de los demás compañeros. El registro y la relajación se hacen de pie y con los ojos cerrados, mediante la respiración se recorren todas las partes del cuerpo desde la planta de los pies hasta la cabeza. A cada parte se llega sensiblemente con la respiración, y se sugiere permanecer ahí el tiempo de tres inhalaciones-exhalaciones, sin mover o transformar el estado muscular. Al terminar da inicio la relajación en la cual, a cada inhalación corresponde un aumento de tensión y a cada exhalación su liberación.

Durante todo el proceso, se trata de parar el "ruido" o "diálogo interior", considerado como una interferencia inútil de lo cotidiano. Esto es difícil de conseguir ininterrumpidamente, por eso se pide a cada actor que,

---

[139] Véase Adame 2008a pp. 89-95, así como Herrera 2006.

en caso de reincidencia del "ruido", detenga el proceso y respire poniendo atención en la introducción del aire por las fosas nasales, hasta pararlo nuevamente. Naturalmente cada actor sigue su propio ritmo, no se espera que todos se relajen al mismo tiempo y de la misma manera. Al concluir se establece:

III) La comunicación no verbal, que consiste en mirarse a los ojos desde el nuevo estado producido por la relajación. En este punto pueden aparecer reacciones mecánicas que impiden comunicar, solo con la mirada, una manera de "estar". Tampoco hay que modificarlas, solo darse cuenta de ellas. Enseguida se pasa a la:

IV) Comunicación Verbal, donde cada integrante del grupo que lo desee comparte con los demás el resultado de su experiencia en la relajación. Esto se hace de manera breve y sintética. Después se hacen ejercicios de:

V) Movimiento en el espacio. Desplazamientos en distintos tiempos, variación de pesos, niveles, volúmenes, líneas, movimientos libres con sonidos, en silencio o con música, etcétera.

VI) De relación y contacto físico. Aprovechando el movimiento en el espacio se hacen pausas en diferentes momentos, en las que se abren los ojos y desde el lugar, posición y estado emocional alcanzado se busca relación con los demás. A veces ésta se da en el transcurso del movimiento, mediante el contacto físico de los cuerpos, y cuando ocurre los propios actores deciden el tipo de relación que establecen. No así en otros momentos específicos en los cuales todo el grupo hace, por parejas, un reconocimiento corporal, o cuando un actor ayuda a otro en su relajación. Por último vienen los ejercicios de

VII) Energía. Estos son ejercicios para "cargarse", para entrar en contacto con la propia energía y poder proyectarla. Tres son por lo general los más practicados: a) "Vibración" con las rodillas flexionadas, la pelvis hacia el frente, el tronco ligeramente inclinado hacia atrás y la cabeza y los brazos sueltos se respira aumentando el ritmo hasta originar un movimiento vibratorio que inicia en las piernas y se expande por todo el cuerpo; b) "Cargar y descargar". Con la posición anterior (excepto los brazos, que se extienden hacia el frente) y con las manos abiertas, el actor jala hacia sí mismo el aire y contrae su cuerpo, y en un segundo movimiento lo expulsa con el correspondiente movimiento del cuerpo. El ritmo también aumenta paulatinamente, y c) "Manejo de la agresividad". El actor se coloca frente a cada uno de los demás miembros del grupo y con la mecánica de "carga y descarga", apoyado principalmente en la pelvis, lanza toda su energía pronunciando la palabra: "toma", acción que repite cuantas veces quiera, quedando al actor que la recibe la opción de responder o no de la misma manera.

Este trabajo actoral debe ser mesurado y prudente, requiere —por parte del maestro— el conocimiento experimental de cada paso y su participación directa, pues no se le concibe como un "instructor" o "facilitador" que da órdenes desde fuera. Para "pedir algo al otro" tiene que hacerlo "uno mismo".

El entorno cultural crea una estructura de comportamiento que se manifiesta corporal, intelectual y espiritualmente. Con la sensibilización se trata de construir una nueva estructura para ampliar las bases de la experiencia del actor.

2. Relaciones dramáticas en el espacio

Las Relaciones dramáticas en el espacio son dentro del método de Valencia las relaciones que crea el actor en el espacio con relación a los otros actores y con un carácter significativo para el espectador.

La presencia del actor en el escenario tiene un potencial en tanto que al situarse en un punto cualquiera carga de sentido el espacio. Más allá de la proxémica, las relaciones dramáticas en el espacio contribuyen a crear conciencia en el actor de las posibilidades expresivas de su cuerpo dentro del espacio.

El proceso de trabajo consiste en:

I) Ubicarse en cualquier punto específico del espacio que cada uno escoge al azar y se dirige ahí aspirando al avanzar y exhalando al detenerse.

II) Escoger lúcidamente el lugar.

De manera simultánea se encuentra un sentido de movilidad orgánica al usar la respiración, pues al momento de inhalar el cuerpo se siente más ligero dando una sensación de fluidez, y al momento de exhalar se siente cómo baja el peso a la tierra. Es de gran importancia que se maneje un tercer momento de la respiración, entre la exhalación y la siguiente inhalación, pues en ese momento es cuando se "está" y solo entonces se adquiere conciencia de los cambios causados en el entorno por su movimiento y presencia, así como por los movimientos y presencia de los otros.

Como este ejercicio se realiza de manera grupal, el actor se encuentra inmediatamente con el hecho de que su movimiento y su presencia en el espacio crean un movimiento y una relación con los otros participantes. Así empieza a observar cómo cada movimiento y relación presenta una diferente composición en el espacio y, por tanto, una diferente relación con el otro. En consecuencia se produce significación.

El objetivo de este trabajo es comprender orgánicamente que cualquier irrupción en el espacio escénico no es impune. Que una misma ubicación en el espacio, pero cambiando la postura genera diferentes sentidos para el espectador, y que si las relacionamos con un compañero en el espacio, la posición del otro compañero, el uso de niveles y la posición del espectador, se abre una serie infinita de posibles combinaciones. Así el actor puede tomar consciencia del uso del espacio con relación a su presencia y buscar lúcidamente el lugar adecuado para comunicarse.

Como se puede comprender, al avanzar en las siguientes etapas el trabajo del actor se complejiza cada vez más, exigiendo mayor apertura y atención.

Este método ha sido diseminado por quienes fueron sus "compañeros de viaje" en sus distintos proyectos formativos y creativos como la notable teatrista comunitaria Susana Jones, por Paco Acosta, actual director del Centro de las Artes Indígenas en Papantla, Ver., por Alejandro Ortiz, académico universitario, por actores como Gerardo Trejoluna, quien ha mostrado con suficiencia las ventajas de una formación actoral basada en los postulados valencianos y por sus discípulos, yo mismo entre ellos, pero sobre todo Eduardo Cassab cuyo testimonio permite valorar la *efectividad* y *afectividad* de la propuesta:

> Darse cuenta que es posible estar de otra manera en el escenario me deja siempre el deseo de volver a estar así. Si no así, mucho más profundo. Pero eso fue lo que me deja. El otro teatro (se refiere al que se hace "por oficio"), aunque me pueda dar para comer, y fama y fortuna solo me deja eso. Pero dejarme realmente arraigado... Prometeo me dejó la riqueza de haberlo hecho y de hablar de lo que realmente me importaba. Todavía, tantos años después me queda la inquietud. [Y en cuanto a la aportación del método]: El método lo que te pone en alerta es "eres lo más importante" y a partir de mí, el otro, y si yo soy el otro, lo más importante soy yo y el otro. Eso es lo que a mí me deja el método. Eso es lo que a mí me dejó trabajar con

este método. Y el teatro se toma como una herramienta externa, lo voy a usar, me voy a subir porque quiero algo, voy detrás de algo, quiero decir algo. Si no, bla bla blá...Lo otro, donde estoy totalmente involucrado ¿qué importa el nivel? Ese es más interesante. Hacerse consciente de su respiración, eso hace que el teatro me siga entusiasmando (en Herrera 2006).

Además de aquellos que en los últimos veinte años de su vida siguieron sus enseñanzas en la UNAM.

La actuación es un proceso de autoconocimiento en busca de una teatralidad lúcida y crítica, la propuesta de Rodolfo Valencia es aplicable a todo proceso de formación actoral pues plantea no deformar al individuo al someterlo a las formas y exigencias dominantes, sino invitarlo a abrirse dentro de sus propios marcos culturales con la posibilidad de que, al remitirse a sí mismo, alcance la liberación interior necesaria para expresarse.

La propuesta de Valencia integra la actuación/transformación para el teatro, pero sobre todo para la vida.

Alcances

Después de muchos años de investigación el maestro Valencia llegó a identificar el sentido último de su búsqueda: "conseguir la abstracción, es decir, un manejo de este lenguaje que lleve a la abstracción ... que traería como consecuencia, idealmente, un teatro que vuelve a ser rito, no un rito establecido por una cultura a partir del mito, sino a partir del rito que nos corresponde y que yo llamo El rito de los hombres sin dios´ o `El rito asociado a la muerte de dios´ establecida por Nietzche; es decir, un rito no religioso, sino un rito eminentemente humano, lógico, de seres humanos entre sí donde todos los participantes viven una experiencia sensible que coadyuva a su expansión como ser humano" (Valencia en Adame 2008a, 33).

"Transformar el teatro para transformar la vida". Este fue uno de los mensajes que el maestro Rodolfo Valencia transmitía cada vez que llevaba a cabo uno de sus procesos pedagógicos o creativos. Para quienes tuvimos la oportunidad de compartir con él alguno de sus múltiples proyectos su actitud caló muy hondo. Lejos estaba de pensar que su postura correspondía a lo que Basarab Nicolescu llama "verticalidad consciente y cósmica"

(2009a, 45) y que para él era el objetivo del trabajo interno y externo del actor: expandir verdaderamente sus posibilidades expresivas y, al mismo tiempo, desarrollarse como ser humano al liberarse interiormente.

De la misma manera, su rechazo al personaje concernía con la "no identificación". Para ser un actor verdadero, uno debería ser una persona verdadera, alcanzar la "calidad" que se obtiene al combinar el nivel de conciencia con la frecuencia de vibración de la energía (Brook 1997), de este modo es posible estar verdaderamente presente en escena.

Podría sintetizar la concepción estética y ética de Rodolfo Valencia de la siguiente manera:

-El teatro es un acto donde se expone, no se representa, la humana condición. El verdadero aprendizaje consiste en confrontar —en el momento de realizar una acción— lo que uno "cree saber" con lo que motiva y da sentido a dicha acción.

-La creación no es un misterio, sino la suma de lucidez, disponibilidad y genuino deseo de comunicarse.

-El teatro ayuda a abrir los sentidos, la mente, el corazón, el cuerpo.

-Los verdaderos diálogos son francos y profundos mediante la palabra sincera, no complaciente, a veces dura, otras suave y gentil, pero siempre respetuosa.

-Es importante contar con profesionales del teatro con estudios universitarios.

-No se debe confiar en doctrinas y hay que dudar de los maestros.

-Hay que transitar el camino para conocer nuestras limitaciones, máscaras y miedos.

-Un creador debe consagrar su vida al cambio: como artista, como maestro y como persona.

Rodolfo Valencia fue un ser complejo: congruente en sus contradicciones, luminoso en sus momentos de oscuridad y libre dentro de sus dependencias. Ejemplar por su entrega absoluta al teatro y su honestidad ante la vida, su objetivo tiene a la vez de elevado y humilde: transparentar su alma y permitirse tocar sus más profundos sentimientos.

Valencia, antes de morir, fue a respirar y a cargarse de energía con sus estudiantes de la UNAM para poder seguir actuando en el escenario cósmico.

* Para este ensayo retomé información contenida en el libro de mi autoría *Las enseñanzas de Rodolfo Valencia. Teatro y Vida* (2008a).

De la ritualidad a la transteatralidad en el teatro de entre siglos en México*

Introducción

Mi propósito en este ensayo es revisar de qué manera el teatro de entre siglos en México, es decir aquel que se produjo a fines del siglo XX y la primera década del XXI, mantiene una visión reduccionista-disciplinaria o ha ampliado su perspectiva en lo que concierne a la relación rito-teatro. Para tal efecto revisaré el marco epistémico que caracteriza a dicho periodo, después las distintas formas de representación como rito, teatro y performance, con la intención de establecer un puente que las una. Me basaré para ello en dos creaciones escénicas: *Los enemigos*, puesta en escena por la Compañía Nacional de Teatro en 1989 y *Tejedoras del destino*, un evento a cargo de la Facultad de Teatro de la Universidad Veracruzana y el Centro de las Artes Indígenas Totonaca en 2008.

En primer término definiré el lugar desde el que hablo: mi interés por el diálogo entre culturas y disciplinas ha animado permanentemente mi actividad profesional como investigador, docente y practicante del teatro. Así, a partir de mi reconocimiento como mestizo que vive en un país latinoamericano "cuyas formas de civilización, son plenamente originales, en las cuales la pluralidad es afirmada no como fragilidad provisional sino como valor constitutivo" (Laplantine 2007, 90), he intentado contribuir para instalar puentes entre los pueblos originarios —el "México profundo" según Bonfil Batalla— y aquellos que introdujeron —no siempre de la mejor manera— la modernidad: el "México imaginario", según el mismo antropólogo (1987).

Situado en este punto observo el conflicto que se ha vivido, y aún persiste en México, entre la visión indígena y la occidental del mundo —tan nítidamente planteado en la novela de Enrique Serna *Ángeles del abismo* (2004): por un lado, una religión que separa al sujeto de la naturaleza, mientras que otra lo une; por otro, la historia y la ciencia opuestas al mito y la magia. En suma: el rito enfrentado al teatro.

Frente a ese panorama, y a partir de mi experiencia, considero que no se trata de excluir uno u otro componente, sino de impulsar una vía dialógica que incluya los elementos culturales indígenas y occidentales —desde los tradicionales a los contemporáneos— y ponga en juego sus sentidos, formas de producción, intención, técnicas y conocimientos. De este modo podremos comprender mejor la importancia de mantener las diferencias y de cultivar las semejanzas.

Conocemos, pensamos y actuamos de conformidad con paradigmas arraigados culturalmente que definen nuestras visiones del mundo, nuestras conductas y nuestras acciones, el *imprinting* según Morin (2001, 29). Además, un gran paradigma está profundamente inscrito en la organización de una sociedad a la cual condiciona. Ahora bien, éste se puede debilitar o atenuar mediante un diálogo cultural. En el ámbito de la creación los problemas humanos pueden ser tratados desde una real libertad de actuar, sin apego a dogmas y egoísmos.

En este sentido considero que la estrategia compleja y transdisciplinaria permite establecer una comunicación honesta e intensa con otros sujetos, un diálogo con distintas formas de crear y de pensar, así como construir un saber desde la base sensorial, en suma: comprender, sentir, y entrar en conexión con todo lo que existe.

Paradigma de la modernidad

El teatro moderno estuvo marcado por una epistemología caracterizada, entre otras cosas, por el reduccionismo y el binarismo que puso frente a frente: texto vs. escena, palabra vs. cuerpo, presencia vs. ausencia, autenticidad vs. falsedad, razón vs. emoción, rito vs. teatro. Esa manera de ver la *realidad* tiene su origen en la organización disciplinaria del conocimiento, misma que trazó fronteras entre los discursos culturales y artísticos.

La revolución científica significó ante todo, para la manera en que los hombres se veían a sí mismos, un sentimiento de reificación total: la percepción de un universo mecánico e indiferente, leyes de la naturaleza que actuaban de forma autónoma, fuera de la mente y del pensamiento. En la modernidad, la metáfora de "el mundo como máquina" se convirtió en paradigma (Capra 2006, 39).

Se estableció así, como rasgo característico de la ciencia, la separación del sujeto que conoce, del objeto por conocer. Precisamente eso fue lo que produjo un pensamiento reductor que oculta las solidaridades, inter-retroacciones, sistemas, organizaciones, emergencias, totalidades, y lo que suscitó concepciones parcelarias y mutiladas de lo real. A quienes, como es el caso de las poblaciones indígenas de México, permanecieron en el *Mundo encantado* (Berman 2001), se les consideró "atrasados e incivilizados".

Bajo el paradigma científico-positivista se estableció el concepto de disciplina, el cual remite a una categoría organizacional al interior del conocimiento científico, instituye la división y la especialización del trabajo y responde a la diversidad de dominios que recubren las ciencias. Esto quiere decir que la concepción del conocimiento, de la realidad y de la representación en los ámbitos de las artes y del teatro ha seguido esa lógica instalándose dentro del paradigma de la simplicidad tal como lo ha planteado Edgar Morin (2006a).

Paradigma transdisciplinario

Para que surja una nueva manera de conocer se debe transformar lo que genera las fronteras y no solo abrirlas,[140] es decir, hay que modificar los principios de organización del saber.

La transdisciplinariedad es una estrategia metodológica de gran utilidad para el estudio y la creación teatral a partir de la cual se han generado propuestas tanto teóricas como de creación.[141] Esto ha sido posible por la existencia de una epistemología que ve al conocimiento como emergencia del propio conocimiento, en tanto que a la realidad y a la representación como construcciones que derivan de la propia capacidad de pensar, sentir, hacer y relacionarse. Es pertinente señalar que el enfoque transdisciplinario

---

[140] Es lo que ha ocurrido con las propuestas de la multi y la interdisciplinariedad, han abierto las fronteras disciplinarias, pero su finalidad queda inscrita en el campo disciplinario e, inclusive, han contribuido al aumento de las disciplinas.

[141] Es el caso de la actriz chilena Valeria Radrigán quien dedicó su investigación final de maestría en Madrid al problema de la transdisciplinariedad, de la argentina Mariela Yaregui que trabaja las artes electrónicas con un enfoque dialógico y transdisciplinario, del chileno Sergio Valenzuela Valdés quien se propuso trabajar a partir de la *Carta de la Transdisciplinariedad* sobre lo que llama Arte de acción transdisciplinar, del mexicano Nicolás Núñez quien reconoce que el trabajo del Taller de Investigación Teatral de la UNAM que durante más de 35 años ha dirigido y al cual denominaron como Teatro participativo era en realidad *transteatro*, o del brasileño Oldair Soares quien con una experiencia teatral de más de 30 años fomenta el *transteatro* al cual define, a falta de una mejor forma, como origen-medio para la *transpretación*, integrada por la suma de sensibilidades presentes en el espacio y también por cada individuo interpretante (cfr. Adame, 2011b). Véase también *Conocimiento y representación. Un re-prendizaje hacia la transteatralidad*, (Adame, 2009a).

no elimina al disciplinar, sino que se sitúa entre, a través y más allá de las disciplinas a fin de construir una visión que corresponda al estado actual del conocimiento.

A diferencia de la multi y de la interdisciplinariedad, la transdisciplinariedad pretende sentar las bases de un nuevo paradigma científico. La investigación disciplinaria concierne, en la mayoría de los casos, a un solo *nivel de realidad*. En contraste, la transdisciplinariedad se refiere a la posibilidad de transitar libremente por diferentes niveles (Nicolescu 2009b, 52).

No es suficiente considerar la apertura hacia nuevas formas de saber y de hacer, es necesario *transformar la manera de conocer y de hacer*, de ahí la importancia de esta metodología.

La transdiciplinariedad puede reconocerse como "Ciencia y Arte de tender puentes" para una mejor comprensión entre personas y una mejor relación con la naturaleza.

Rito, teatro, performance

Los rituales son actos y prácticas simbólicas inherentes a todos los seres vivos. Todos los seres, los animales e incluso las plantas, realizamos actos simbólicos y rituales a través de los cuales entramos en comunicación/organización hacia el interior de nosotros mismos y hacia el exterior, con otros seres y/o con el cosmos.

A través del ritual se accede a *lo sagrado*. Pero, ¿qué es lo sagrado? Es una manera de nombrar, de designar algo que siempre ha estado ahí, que siempre está sucediendo, aquella forma del universo y de la vida donde existen espacios intrincados con infinitas modalidades coexistentes e inasibles, donde la cultura del cosmos se expresa y exige su misterio, racionalmente insondable. En las culturas tradicionales la gente es consciente de que la realidad sagrada es *la* realidad, la cual siempre es accesible para ellos; en contraste, en nuestra cultura moderna-occidental es precisamente lo no sagrado.

La cultura es algo creado por el hombre y no por la naturaleza, por eso todo producto humano es significante para el productor y para los demás, pues el hombre vive en un mundo significante. Por tal motivo, la generación de significado puede ser vista como función general y razón de ser de todo sistema cultural, entre ellos el rito.

La investigadora inglesa Debora Middleton, al estudiar el trabajo del Taller de Investigación Teatral de la UNAM, nos ofrece una síntesis del proceso que, según su director Nicolás Núñez, siguió la historia del teatro como un acontecimiento que se aleja de la eficacia del rito para acercarse al entretenimiento. En sus investigaciones Núñez tomó como punto de partida los primeros rituales con "energía pura", hasta la conversión de esa energía en deidad (mitología), y de allí a la personificación del héroe de la cultura épica. Cuando este héroe "se convierte en un ser humano [...] no realiza más hazañas extraordinarias y sus conflictos son ahora emocionales; su rango es teatral" (Middleton 2011, 125). Así, la historia del teatro, es para Núñez la historia del descenso de lo sagrado a lo profano.

Cuando para comprender el acontecimiento teatral se recurre al concepto de realidad asignándole una existencia autónoma al sujeto, eso que llamamos "realidad" se convierte en modelo "original" y el teatro en su reproducción. Es en esta relación donde aparece el problema de la *esencia* del teatro, es decir, de la teatralidad.

La teatralidad es el proceso de interacción de los códigos teatrales (personaje, actuación, gesto, movimiento, palabra, espacio, tiempo, objetos, sonidos, etc.) estructurados o entramados por un productor (dramaturgo, director, actor, escenógrafo) que al ser percibidos e interpretados por un receptor (lector, espectador) ponen de manifiesto la alteridad y sentido de la realidad representada. Es el fundamento para organizar, presentar e interpretar el discurso teatral (Adame 2005a, 42-43).

En Occidente, hasta fines del siglo XIX, el teatro estuvo sometido a la literatura. La forma teatral hegemónica se basaba en un texto dramático, y fue solo hasta la segunda mitad del siglo XX cuando comenzaron a ganar terreno otras manifestaciones vinculadas con lo que Erika Fischer-Lichte ha llamado el "giro performativo" (2011, 80). Surgieron así nuevos conceptos y otros se actualizaron como post-teatro, happening, performance o arte acción, danza-teatro, espectáculo, arte escénico, artes de la representación, arte electrónico, arte transgénico y cyberteatro. Esto puede verse como un síntoma de la necesidad de abrir el concepto más allá de sus límites disciplinarios a fin de incluir, efectivamente, todo tipo de práctica escénica vinculada con los desarrollos culturales, científicos y tecnológicos, y no exclusivamente la entronizada por el teatro burgués del siglo XIX.

Por otra parte, el término *performance* comenzó a ser utilizado a partir de la década de los sesenta del siglo anterior, inicialmente por la academia norteamericana, para distinguir el acto de escenificación de la obra escrita, a la cual —en ese contexto— se le designaba como "teatro". De modo que los *Performance Studies,* tenían como base cualquier tipo de representación humana. Richard Schechner, pionero de los *Performance Studies* reconoce que se trata de un nuevo paradigma que sustituye al teatro entendido como la representación de dramas escritos (2002).

El elemento substancial del performance es el cuerpo, como producto artístico e instancia política. Ante la dificultad para ubicar estas manifestaciones dentro de las categorías formales del teatro se les denominó meta-teatro o meta-drama.

Teatralidad y performatividad son diferentes, pero tienen algo en común: la primera se basa en la mimesis y en la representación; la segunda, aunque antimimética, no la elimina por completo.

Transteatralidad

Si los rituales sagrados permiten ajustarnos a los patrones de la naturaleza que se encuentran presentes tanto al interior de nosotros mismos como al exterior, el teatro es la representación de acciones humanas y el performance cualquier acto que tiene como fundamento el cuerpo, la *transteatralidad* permite restituir el vínculo hacia nosotros mismos, hacia el entorno, hacia el cosmos y crear un pulso comunitario. Es así que mediante la experiencia *transteatral* se expande nuestra percepción y cognición para reconstruir de instante en instante un mundo nuevo.

Los límites que el concepto "teatro" ha impuesto a una práctica que puede ser ilimitada obedecen a una visión rígida y lineal de organizar el conocimiento. La transteatralidad, en cambio, deja abierta la pregunta sobre la representación, sobre la realidad, sobre el teatro, se trata de una estrategia que se puede aplicar en diversos ámbitos, desde los disciplinarios artísticos hasta los propios transdisciplinarios, con múltiples medios de operar y metas a alcanzar, según el propósito que se tenga.

La nueva epistemología teatral basada en la transdisciplinariedad no solo integra los aportes de las nuevas ciencias del espectáculo, sino todos los saberes que ayudan a comprender, sentir, relacionar, en suma a vivir renovadamente y de manera unificada la experiencia de las representaciones humanas.

Visión disciplinaria: Del rito al teatro

En un montaje realizado en 1989 en la ciudad de México, la Compañía Nacional de Teatro (CNT) presentó *Los enemigos*, una obra de Sergio Magaña escrita a partir del *Rabinal Achí*, considerado el texto dramático más antiguo de Mesoamérica y que llegó a nuestra época gracias a la transcripción que hizo el clérigo francés Charles Etienne Brasseur de Bourboug (1862).

El *Rabinal Achí* o Danza del Tun es un evento de carácter ritual que desde el siglo XV y hasta la fecha se lleva a cabo en la comunidad maya de Rabinal, en la actual Guatemala, razón por la cual en 2008 fue declarado por la UNESCO "Patrimonio Cultural Inmaterial de la Humanidad". El tema que aborda ha sido motivo de diversas interpretaciones: desde la que afirma que se trata del enfrentamiento ritual entre el sol y la luna, hasta la gesta épica que ve el duelo entre el Varón de Rabinal y el Varón de Queche como un conflicto entre guerreros de los dos pueblos, siendo el Varón de Queche acusado de invadir tierras rabinalenses por lo que es juzgado, sentenciado y sacrificado.

Ante tales interpretaciones Donald Frischmann, investigador del teatro maya contemporáneo, sugiere comprender la relación entre lo cósmico y lo humano en esos actos de la siguiente manera: "Desde tiempos antiguos, los mayas han realizado actos simbólicos para lograr el contacto con el mundo de las divinidades y la trascendencia del espíritu individual y colectivo. Las festividades y manifestaciones escénicas que llevan a cabo los mayas actuales siguen canalizando sus fuerzas vitales desde lo mundano hacia lo divino en forma vertical y, en forma horizontal, entre miembros de la misma comunidad con el fin de lograr una liberación, una transformación y un renacer en lo espiritual y lo social" (2004, 9). Para Frischmann la danza transformativa con máscaras está en el principio del arte ritual que hoy en día se perpetúa entre los pueblos mayas.

El equipo de realizadores escénicos de dicho montaje[142] no consideró esa perspectiva y decidió basarse en una versión contemporánea, es

---

[142] Puesta en Escena: Lorena Maza (Egresada del Centro Universitario de Teatro de la UNAM. Fundadora, junto a Ludwik Margules, del Foro de la Ribera y el Foro Teatro Contemporáneo. Fue coordinadora académica del Centro Universitario de Teatro; directora de la Compañía Nacional de Teatro del INBA y del Centro Cultural Helénico). Escenografía y Vestuario: Tolita Figueroa (quien ha destacado junto con su hermana a nivel internacional en el área de diseño de vestuario para ópera, cine y teatro). Iluminación:

decir en un texto dramático con una estructura y sentido perteneciente a otro contexto histórico y cultural: el Siglo XX y la visión ideológica de un dramaturgo mestizo mexicano Sergio Magaña, formado académicamente en la tradición del teatro europeo, quien, a su vez, recurrió a la traducción al castellano del texto en francés. Además, el mismo equipo aportó su propia visión: incorporó a la puesta en escena al sacerdote francés Brasseur, divulgador de la obra, a su criado Colach, y a Bartolo Zis, el indígena que conservaba por tradición oral dicha ceremonia maya, sin ser ninguno de ellos personajes ni del *Rabinal*, ni de *Los enemigos* de Magaña.

Este montaje puede ser visto como un caso palpable de "dramatizar" y convertir en espectáculo un evento de carácter ritual.

La obra muestra el interés del abate Brasseur por conocer la antigua representación prehispánica del *Rabinal*, lo que consigue por haber curado de su enfermedad a Bartolo Zis y éste, en agradecimiento, accede a organizar la representación de "el viejo *Rabinal*" como lo llama. Así, el "drama" prohibido por la iglesia se ejecuta con el permiso del sacerdote en el interior de la propia iglesia del pueblo de *Rabinal*. El abate, según los realizadores, quería presenciar la representación: "satisfacer su pasión erudita", ver "teatro", "ficción"; y en contraste se encontró con una realidad: "el sacrificio, la sangre ofrendada a los dioses para asegurar el orden del mundo" (Olguín 1989, 10-16). Los creadores escénicos teatralizaron el deseo del abate y su resultado evidente con la representación del sacificio fue producir un *shock* en los espectadores.

El aspecto mimético, la representación, prevaleció en esta práctica teatral disciplinaria y puso de relieve el binarismo que enfrenta a dos culturas: lo que para el francés (y los creadores) era "teatro" para los mayas era "rito". Así, la voluntad del abate fue la que se exaltó.

En su transposición a la escena mexicana de finales del siglo XX, un rito que comunitariamente sigue manteniendo su eficacia, la "sacrificó" para ganar en teatralidad.

Alejandro Luna. Música Original: Federico Ibarra. Coreografía: Lidya Romero. El estreno se realizó el 18 de octubre de 1989 en el Teatro Julio Castillo del Instituto Nacional de Bellas Artes en la Ciudad de México.

Puente transteatral

La estrategia transdisciplinaria permite superar el binarismo mediante el reconocimiento de distintos niveles de realidad y la emergencia del *Tercero oculto*, a través del cual se hace presente lo sagrado. De este modo permite establecer el puente entre las prácticas rituales y teatrales.

El Centro de las Artes Indígenas "Xtaxkgakget Makgkaxtlawan" (El resplandor de los artistas) ubicado en el parque temático Takilsukhut, dentro del área correspondiente a la zona sagrada totonaca[143] de El Tajín, Veracruz, ha sido el espacio donde he desarrollado desde octubre de 2007 experiencias transteatrales. Sus fundamentos son el Teatro-Comunidad, una de las vertientes más significativas del teatro en México que tiene su fuente en las culturas originarias, la propia organización comunitaria donde sus integrantes participan y/o determinan el desarrollo de todo el proceso de preparación, ejecución y recepción, así como las prácticas mítico-rituales totonacas (tutu: tres y naku: corazón). Para ellos todos los elementos que existen en el mundo tienen vida, comenzando por sus dioses que dotaron al ser humano de todo lo necesario para vivir: el sol, la luna, las estrellas las plantas, los animales, el aire, el agua, las piedras, el fuego, la montaña, la tierra; todos tienen un espíritu y un dueño que cuida de ellos. Es por eso que toda acción tiene un sentido ritual y es necesario pedir permiso a las deidades para contar con su protección. La danza, la música y el teatro forman parte de su cosmovisión religiosa. El ejemplo más significativo es sin duda la "Ceremonia de los voladores" de origen precolombino y consagrada al Padre Sol.

Una experiencia transteatral

El Centro de las Artes Indígenas está organizado en *Casas*, la *Casa del Teatro* es un espacio de diálogo e intercambio de las diferentes tradiciones teatrales que las diversas experiencias culturales han generado en la región totonaca.

---

[143] La cultura Totonaca que tuvo su origen hacia el 400 d.C. pervive hasta la actualidad en los estados de Puebla y Veracruz, siendo en este Estado de la República mexicana donde se encuentra su vestigio más importante, la ciudad sagrada de El Tajín.

Las actividades de la Casa del Teatro iniciaron con un taller a cargo del maestro Nicolás Núñez, creador del Teatro Antropocósmico (1987) en el cual un grupo de actores comunitarios de la región totonaca, así como estudiantes y maestros de la Facultad de Teatro de la Universidad Veracruzana, construimos de manera colectiva el evento transteatral denominado "Tejedoras del destino" que se presentó del 19 al 23 de marzo de 2008 en las instalaciones del Parque Takilshukut y actualmente forma parte del repertorio de la Casa del Teatro. Se trata de una experiencia sustentada en el mito totonaca de la creación del universo. El mito dice que en el cosmos habitan 13 abuelas tejedoras que, como arañas, tejen el destino de cada persona el cual queda plasmado en su ombligo. Cuando, por alguna razón, el individuo se extravía y pierde su destino necesita recuperarlo a través del retorno al origen, a la tradición y a los valores que le fueron otorgados. En este caso el valor principal fue adjudicado a la lengua totonaca.

El evento se desarrolló en tres espacios, con base al mismo proceso de trabajo de la Casa del Teatro y de la conformación de *Tejedoras*: iniciaba en el centro de la plaza, donde se realiza la Ceremonia de los Voladores[144] —al término de ésta con la intención de unificar la energía por ella generada. Otro espacio era uno de los senderos del parque por donde los visitantes realizan su habitual paseo, aquí se realizaba el tránsito de un nivel de realidad a otro mediante un canto y una caminata en forma de serpiente. Y, por último, el árbol del Chote, sede de la Casa del Teatro, donde se teatralizaba el mito a través de los relatos de experiencias de los jóvenes totonacos que habían "extraviado su destino". Las "abuelas tejedoras" les entregaban nuevamente el hilo de su destino y se iniciaba el tejido de la red cósmica con el hilo y con las palabras que salía del corazón de cada participante (por ejemplo: fortaleza, respeto, dignidad, amor, unidad, etcétera). Al concluir, la abuela oficiante pasaba al centro y hacía una oración para que los ombligos de los congregados, totonacas o no, hombres, mujeres, niños y todos los que allí se encontraban, se reconectaran con su destino. Oraba pidiendo por todos los presentes, para que no perdiéramos esta conexión y, al terminar su oración, sahumaba a todos y nos invitaba a profundizar en esta conexión cósmica y a hacer contacto con el árbol del chote.

---

[144] También declarada por la UNESCO "Patrimonio Cultural Inmaterial de la Humanidad" en 2011.

En ese momento solo existía la energía que nos reconectaba con uno mismo, con los otros, con el mundo y con el cosmos. La presencia del *Tercero oculto* transformaba ese acto en un evento transteatral donde rito, teatro y performance estaban presentes pero, al mismo tiempo, eran trascendidos.

Comentario final

Enfatizar el trabajo más allá del binarismo representa, ante todo, un cuestionamiento y un alejamiento de los determinismos, de los discursos privilegiados, las verdades universales, la realidad objetiva y el criterio del conocimiento científico como algo objetivo y fijo. No hay conceptos unificadores, sino un coro polifónico de relatos interrelacionados y cambiantes.

Al disolverse la distinción entre arte y realidad, la atención se centra en el espacio que queda abierto. Este espacio tiene que ser llenado por la presencia plena del sujeto con su verticalidad cósmica y consciente.

Por lo tanto, más que elegir entre Rito y Teatro, una alternativa para la creación escénica es el *transteatro*, porque —parafraseando a Nicolescu— más que un "nuevo teatro" necesitamos un nuevo nacimiento del teatro, que solo será posible después de un nuevo nacimiento del sujeto (2009a, 57), es decir, de un ser humano capaz de vivir de manera simultánea diferentes niveles de realidad, de favorecer la emergencia del *Tercero oculto* y de estar abierto a la complejidad.

En el *transteatro* se da el diálogo múltiple entre lenguajes, representaciones y realidades. No hay espectáculo "puro": se trata de acciones gestionadas por un sujeto, donde la organización es auto-poética y está más allá de las reglas y convenciones de la representación. Los actos o experiencias transteatrales como la descrita son acciones presenciales que un individuo o un grupo de personas realizan con plena conciencia de lo que hacen, y cuya intención es responder a una pregunta guía que tiene un sentido comunitario. De este modo se establece una relación diferente con lo "Real". Con este fin se utilizan todos los recursos disponibles de cada tradición, pero en diálogo con otras tradiciones y con todas las formas de conocimiento disponibles. Por ello el *transteatro* es *transcultural*.

El *transteatro* tiene como principio básico el establecimiento de una nueva relación del ser humano con la naturaleza, con los otros y con las nuevas tecnologías. En el *transteatro* todos los individuos —hombres y mujeres— participan auténtica, libre y confiadamente, compartiendo con el otro la maravillosa oportunidad de estar vivos, lo cual resulta en seres más conscientes y verdaderos.

Desde mi propia experiencia en distintas comunidades indígenas y mestizas de México, y a partir de la metodología transdisciplinaria, afirmo que es en esos espacios donde se están gestando proyectos creativos viables y sostenibles que buscan colocarse más allá de la repetición y de una vida dispendiosa y enajenada. Proyectos que van más allá del paradigma simplificador y, en consecuencia, más allá del teatro.

Considero, por todo lo expresado, que el Teatro del siglo XXI en México requiere alinearse con los principios de la comunidad local y planetaria, lo que implica mantener la equidad, la proporcionalidad y la verticalidad cósmica y consciente. Para ello sus realizadores habrán de tender un puente que los conecte consigo mismos, con sus origenes y con su entorno.

*Una versión de este ensayo fue publicada en *America Latina y Europa. Espacios compartidos en el teatro contemporáneo*. Madrid, 2015, pp 417-431.

Experiencia *trans*-escénica y *trans*-cultural en El Tajín*

"Transformar el teatro para transformar la vida". Este fue uno de los mensajes que el maestro Rodolfo Valencia transmitía cada vez que llevaba a cabo uno de sus procesos pedagógicos o creativos. Para quienes tuvimos la oportunidad de compartir con él alguno de sus múltiples proyectos su actitud caló muy hondo. Lejos estaba yo de pensar que, casi 30 años después, encontraría una gran afinidad entre su postura y lo que Basarab Nicolescu llama "verticalidad cósmica y consciente". Inimaginable también que, después de ese mismo lapso de tiempo, nos encontráramos en la zona sagrada totonaca de El Tajín quienes, afines a su propuesta, habíamos transitado caminos distintos.

Pues bien, la experiencia de la que deseo dar cuenta en este texto consiste en una integración *afectiva, efectiva y compleja* de las enseñanzas que recibí del maestro Valencia, de mis vivencias en el teatro comunitario, de los principios del Teatro Antropocósmico propuesto por Nicolás Núñez que aquí expongo, de la sabiduría totonaca y de la visión compleja y transdisciplinaria del teatro que he venido configurando en los últimos años.

Esta experiencia inició en octubre de 2007 cuando se abrió la Casa del Teatro en el Centro de las Artes Indígenas "Xtaxkgakget Makgkaxtlawan" (El resplandor de los artistas) dentro del parque temático Takilsukhut, ubicado en la zona sagrada totonaca de El Tajín, Veracruz.

Llamo experiencia *trans*-escénica a la acción que una persona realiza de manera consciente y con sentido comunitario a partir de una urgencia individual y colectiva para responder a la pregunta que detona la acción y situarse de otra manera en la realidad. Para tal fin se utilizan los recursos escénicos y mitológicos del propio ámbito cultural (espaciales, actorales, musicales, dancísticos, escenográficos; así como mitos, leyendas, tradiciones, etcétera), pero que trascienden lo local, de ahí lo transcultural. Creo necesario adelantar que el primer aspecto *"trans"* aparece desde la denominación "escénica", elegida en lugar de "teatral", pues si bien se parte de esta disciplina, el propósito es ir más allá del teatro, e inclusive de lo escénico.

Teatro Antropocósmico

La investigación sobre teatro/rito que por más de 30 años ha desarrollado el Taller de Investigación Teatral de la UNAM coordinado por Nicolás Núñez se acerca, en su enfoque, al pensamiento cuántico. Este cientificismo del futuro, nos dice Núñez, "permite imaginar diseños dramáticos como complicadas máquinas de concentración y dirección de energía; espacios y ambientes teatrales como vehículos de conciliación cósmica; estructuras lúdicas de revisión y transformación de nuestra condición, y no solo de información y entretenimiento" (1987, 16).

Núñez, considerado investigador y creador dentro del ámbito del Teatro Nahuatl, elaboró el método del Teatro Antropocósmico como una guía que propone opciones factibles de replantearse o trascenderse con el mismo trabajo directo. Se trata de un proceso abierto, un mecanismo que se convierte en contexto adecuado para plantear preguntas. Más que "actores", quienes realizan este teatro son "intérpretes" que tienen que averiguar y pulirse a sí mismos con la experimentación como base, Núñez lo explica así:

> ¿Qué es un intérprete para nosotros? Alguien que acepta el compromiso de conocer lo más profundamente que pueda su instrumento psicofísico; si lo conoce técnica y orgánicamente, se convierte en médico, si lo aprende conductual y emocionalmente, se convierte en psicólogo, si lo indaga espiritualmente, se convierte en místico, si lo reconoce en sus posibilidades sensibles, se convierte en poeta, pintor, músico, bailarín; si lo descubre en su totalidad se transforma en intérprete. Intérprete en el mundo que lo rodea, en donde el ser es estar y estar es interpretar. Para que este fenómeno se dé, es necesario que el trabajo se realice en grupo, dando la posibilidad de confrontación y aportación colectiva al desarrollo individual (1987, 97-98).

El maestro Núñez plantea tanto un trabajo individual como grupal ya que el grupo, en su proceso, pretende que cada uno busque y desarrolle su personal técnica de interpretación.

Al revisar las formas a través de las cuales los mexicanos hemos recibido y aprendido nuestra educación teatral, Núñez encuentra que ha sido a través de sistemas estructurados en el extranjero, considerando éste un grave conflicto debido a que, en ocasiones, se cuenta con interpretaciones particulares de estos sistemas hechos por algunos maestros; es decir, la interpretación del sistema se convierte en otro sistema, pero no en la creación de uno propio. Agrega que algunas de estas interpretaciones son fallidas porque están al servicio del comercio, preparando o fabricando gente para su consumo. Sin embargo, dichas interpretaciones —buenas o malas— no son suficientes, es fundamental un proceso integral que ubique y valore al intérprete como ser humano en el mundo.

De acuerdo a esta perspectiva, la tarea de los intérpretes mexicanos actuales es explorar y desarrollar una línea de trabajo propia; ya que en México el teatro convencional está supeditado y manipulado por pautas culturales que imponen un estilo que generalmente proviene del extranjero; por el contrario, en el teatro no convencional se cuenta todavía con un mecanismo capaz de revitalizarnos. Esta tarea, plantea Núñez, representa un compromiso común de todos los que nos dedicamos al teatro.

Acorde a los planteamiento de Núñez las interrogantes ¿dónde estoy?, ¿quién soy?, ¿a dónde voy? constituyen esquemas de trabajo del intérprete y "como intérprete que trabaja en México son deseos de resonancia global, sin nacionalismo, la patria del intérprete es su propio cuerpo, y quien no está lo suficiente en sí mismo, no tiene país. Nuestra primera identidad es nuestro cuerpo abierto a resonancias cósmicas; este es el verdadero patrimonio del intérprete. Esta es la guía que nos interesa desarrollar" (1987, 101-102). Aquí percibo con claridad el enfoque transcultural.

Prácticas mítico-rituales totonacas

Para los totonacas las danzas, la música y la teatralidad forman parte de su cosmovisión religiosa. El ejemplo más significativo es sin duda la "Danza de los voladores" de origen precolombino y consagrada al Padre Sol.

En este marco, la creación del Centro de las Artes Indígenas en las instalaciones del Parque Temático *Takilhsukut*, tiene la intención, según se enuncia en el documento elaborado por su director, el maestro Francisco Acosta, "de fortalecer tan importante patrimonio y de tomarlo como base para una permanente generación artística en diálogo e intercambio con creadores de otras culturas del país y del mundo". En ese mismo documento se explicita el núcleo de todas las actividades, o sea la sabiduría ancestral depositada en los abuelos. Por eso El Kantillán o Casa de los abuelos es la *raíz* y el *tronco* del nuevo árbol que se esta plantando con el Centro de las Artes Indígenas. Aquí se compartirán los conocimientos básicos que todo artista totonaca debe hacer suyos, racional y sensiblemente. A saber: el significado de *ser totonaco*, la cosmogonía, los "Dueños", el panteón totonaca, la cosmovisión, los valores, la lengua, el pensamiento, la memoria, el conocimiento del mundo, el tiempo, el espacio, el ritmo, la vida, la actitud, la ritualidad y el maíz como sustento físico y espiritual

De este Kantillán se desprenden, entre otras: la Casa de la Palabra Florida donde se cultiva el uso del arte de la palabra *"para convencer, reconciliar, educar, arreglar y sanar el cuerpo y el espíritu".* La Casa del Arte de la Sanación física, mental, espiritual, humana, del medio ambiente y cósmica. El Mundo del Algodón, que rescata la herencia de una rica tradición en el arte del algodón que poseen las mujeres totonacas. La Escuela de Danzas y Música, en esta escuela se propone la formación de "danzantes completos", acordes con la tradición, y, por supuesto, la Casa del Teatro: espacio de diálogo e intercambio de las diferentes tradiciones teatrales que las diversas experiencias culturales han generado.

Antecedentes teatrales trans-culturales

La reflexión sobre el teatro *trans*-cultural es todavía incipiente, y lo es más todavía desde la transdisciplinariedad, dado que los trabajos existentes están ubicados en el campo de los Estudios culturales (Pavis 1994, Shevtsova 1993).

Patrice Pavis, en "¿Hacia una teoría de la interculturalidad en el teatro?" (1994, 325-345) presenta —en una verdadera guerra terminológica— todos los prefijos del concepto cultura, pone el énfasis en lo "intercultural" y se instala dentro de la postmodernidad.

Pero si en el campo de la teoría se está apenas en los inicios, en el terreno de la práctica teatral las interacciones entre teatro y cultura iniciaron desde la antigüedad, como bien aclara Fischer-Lichte (1994, 37-52). Aunque hasta finales de los años sesenta del siglo pasado comenzaron a manifestarse de forma más sistemática en la obra de los directores europeos Peter Brook, Eugenio Barba o Arianne Mnouchkine, entre otros.

Para comprender lo *intercultural* Pavis propone entender la *cultura* como un sistema de significaciones que permite a una sociedad o a un grupo comprenderse a sí mismos en su relación con el mundo, o sea un sistema de símbolos mediante los cuales el hombre confiere una significación a su propia experiencia (Pavis 1994, 325-347). En este sentido, aclara el teórico francés, el teatro intercultural limita su campo de experiencias pues casi nunca se pone directamente al servicio de una lucha política, ya que parece haber perdido su virtud militante ligada a la búsqueda de una identidad nacional, debido a la relativización histórica y política de los fenómenos culturales que hace el sincretismo posmoderno (Pavis 1994, 326-329).

Considerando la interculturalidad como matriz, Pavis propone las siguientes variantes: lo *intracultural* es correlativo a lo intercultural; designa la búsqueda de las tradiciones nacionales a menudo olvidadas, deformadas o rechazadas con el fin de reevaluar las fuentes de un estilo de actuación para situarse mejor con relación a las influencias externas y profundizar los orígenes y las transformaciones de su *propia* cultura.[145] Lo *transcultural* trasciende las culturas particulares a favor de un universalismo de la condición humana. Los directores de escena transculturales solo se interesan en las particularidades y en las tradiciones para captar mejor lo común, no reducible a una cultura determinada. Brook, por ejemplo, se interesa en esta "cultura de los lazos" que une a los hombres en su humanidad profunda más allá de las diferencias etnológicas e individuales y es comunicable directamente sin distinción de razas, culturas y clases. Este transculturalismo lo empuja a buscar un lenguaje universal del teatro, a "articular un arte universal que trascienda el nacionalismo estrecho en su intento por alcanzar la esencia humana" (1994, 330-331). Pavis habla además de lo *ultracultural* o sea la búsqueda mítica, de los orígenes y de la supuesta pureza perdida del teatro, el movimiento de retorno a las fuentes y la reapropiación de los lenguajes primitivos tal como los consideraba Artaud; lo *poscultural*, remite al pensamiento posmo-

---

[145] Dentro del campo multicultural el "intraculturalismo" es la posición considerada válida en países víctimas del colonialismo por Rustom Bharucha, teatrista hindú que cuestiona la actitud "intercultural" asumida por los creadores occidentales (Bharucha 1993).

derno que recupera elementos ya conocidos o expresados en todo acto cultural o artístico. Finalmente lo *Metacultural* es lo poscultural que se da cuenta de tener en su naturaleza y su estrategia no venir "después", sino "por encima", en posición de dominio con relación a otros datos culturales.

La perspectiva multi o intercultural tiene importantes limitaciones de cara a la visión transdisciplinaria.

Complejidad y Transdisciplinariedad

El paradigma de la complejidad diseñado por Edgar Morin y la metodología transdisciplinaria propuesta por Basarab Nicolescu son dos herramientas que ofrecen una vía de conocimiento para la construcción del *sujeto planetario*.

Con la certeza de la incertidumbre, el pensamiento complejo —opuesto al pensamiento simplificador— plantea la relación multidimensional entre el hombre, la sociedad, la vida y el mundo. Por eso Morin ha señalado como rasgos de la complejidad: la necesidad de asociar el objeto a su entorno, de unir el objeto a su observador, el carácter de sistema organizado y organizante del objeto, la desintegración del elemento simple y la confrontación con la contradicción (1994, 342-346). La complejidad resulta pertinente porque propone la invención frente a la repetición, se trata de un nuevo juego del pensamiento frente al desafío del mundo real: retener los lazos, interacciones e implicaciones mutuas, los fenómenos multidimensionales, las realidades a la vez solidarias y conflictivas: un juego en el que se juega permanentemente a modificar el juego.

Es indispensable, por lo tanto, articular las dimensiones bio-antropológica y social del sujeto, aceptar que desconocemos qué es el conocimiento y que éste no es uno, sino múltiple, en consecuencia fomentar la transdisciplinariedad y el diálogo de saberes.

El mayor problema del conocimiento ha sido su parcelación disciplinaria que ha producido múltiples deformaciones. Por eso, frente a una posible transformación en la manera de conocer, se hace necesario modificar ese enfoque.

La transdisciplinariedad como ya se dijo (ver pp. 7-10 en este libro) es una propuesta epistemológica acorde a los postulados de la *complejidad* en cuyos principios se vislumbra el advenimiento de un ser humano capaz de contender con todo aquello que está entre, a través y más allá de lo que se ha considerado como *Realidad*.

En la perspectiva transdisciplinaria el ser humano es visto como *Homo sui trascedentalis*, una persona que ha nacido de nuevo (*Ibid*: 57) y cuya potencialidad "está inscrita en su propio ser". Se trata de un ser que se reconoce en su irreductibilidad y en su doble trascendencia interior y exterior por la cual accede a la libertad.

Rigor, apertura y tolerancia son los tres rasgos fundamentales de la actitud transdisciplinaria. El *rigor* exige rigor del lenguaje en la argumentación fundada sobre el conocimiento vivo, a la vez interior y exterior. Es resultado de una permanente investigación. La *apertura* es la aceptación de lo desconocido, lo inesperado y lo impredecible. La *tolerancia* resulta de aceptar la existencia de ideas contrarias a los principios fundamentales de la transdisciplinariedad (Nicolescu 2009a, 87-88).

Transculturalidad

La transdisciplinariedad no concibe la división entre ciencia y cultura y apela a la transculturalidad. Este principio muestra que los seres humanos somos idénticos desde el punto de vista espiritual, más allá de la inmensa diferencia entre las culturas. La cultura transdisciplinaria es una cultura del preguntar, que se acompaña permanentemente de respuestas aceptadas como temporales.

Otro signo alentador para la convivencia humana es que la transdisciplinariedad no es religiosa ni irreligiosa, sino transreligiosa, por eso no entra en contradicción con ninguna religión.

Si el *multiculturalismo* es un diálogo entre culturas sin una real comunicación y el *interculturalismo* la transferencia de elementos de una cultura a otra, lo *transcultural* designa la apertura de todas las culturas a lo que las atraviesa y las sobrepasa.

La realidad de tal apertura es testificada por el trabajo de investigación emprendido hace un cuarto de siglo por el director de teatro Peter Brook, con su compañía del Centro Internacional de Creaciones Teatrales.[146] Los actores son de nacionalidades y culturas diferentes, sin embargo, en el

---

[146] Sugerimos la lectura del texto de Basarab Nicolescu "Peter Brook y el pensamiento tradicional". En *Investigación Teatral* Núm. 2: 9-41.

tiempo de un espectáculo nos revelan lo que atraviesa y lo que sobrepasa las culturas, del *Mahabharata* a *La Tempestad*, y de la *Conferencia de los Pájaros* a *Carmen*. El éxito popular de estas representaciones en diversos países del mundo muestra que lo que atraviesa y va más allá de las culturas es tan accesible como nuestra propia cultura.

Esta percepción de lo que atraviesa y va más allá de las culturas es primero que todo una *experiencia* irreductible a toda teorización.

Desde el punto de vista físico los seres humanos somos idénticos: estamos constituidos por la misma materia, más allá de su conformación diferente. Los seres humanos somos idénticos desde el punto de vista biológico: los mismos genes engendran los diferentes colores de la piel, las diferentes expresiones de nuestro rostro, nuestras cualidades y nuestros defectos. Lo transcultural muestra que los seres humanos somos también idénticos desde el punto de vista espiritual, más allá de la inmensa diferencia entre las culturas. "El lenguaje transcultural, que hace posible el diálogo entre todas las culturas y que impide su homogeneización, constituye una de las principales cuestiones de la investigación transdisciplinaria" (Nicolescu 2009a, 80).

Experiencia en El Tajín

Con la certeza de que el Teatro Comunitario no puede seguir siendo visto como una expresión marginal —pues es sin duda el que mejor expresa el sentido de la civilización planetaria que nos alienta a la plena hominización y a reconocer nuestro destino común[147]— iniciaron las actividades de la Casa del Teatro en el Centro de las Artes Indígenas.

---

[147] "Tenemos que aprender a estar ahí en el planeta. Aprender a ser, es decir aprender a vivir, a compartir, a comunicar, a comulgar... En adelante tenemos que aprender a ser, vivir, comunicar, comulgar como humanos del planeta tierra. No ya solo a ser de una cultura, sino a ser terrenos. ¿Un planeta como patria? Sí, ese es nuestro arraigo en el cosmos. Sabemos en adelante que el pequeño planeta perdido es algo más que un lugar común a todos los hombres. Es nuestra casa..., es nuestra *matria* y, más aún, nuestra tierra-patria. Hemos aprendido que nos convertiríamos en humo entre los soles y quedaríamos congelados para siempre en los espacios. Ciertamente, podremos partir viajar, colonizar otros mundos, pero éstos, demasiado tórridos o helados, no tienen vida. Aquí, en nuestra casa, están nuestras plantas, nuestros animales, nuestros muertos, nuestras vidas, nuestros hijos. Es preciso conservar, es preciso salvar la Tierra-Patria... Asumir la ciudadanía terrestre es asumir nuestra comunidad de destino" (Morin 1993, 224-225).

Todo surgió de un Taller propuesto por la Facultad de Teatro de la Universidad Veracruzana a partir de las siguientes premisas: Hoy podemos escuchar y ver en muchos lados voces y movimientos que expresan la urgencia de una nueva convivencia con todo lo que existe. Requerimos entonces de prácticas de reconexión que reconstruyan nuestro estar en conciencia para percibir la belleza de la forma, el aquí y el ahora. Requerimos percibir el enorme poder creador de nuestro ser y de cada elemento que nos rodea, del movimiento de nuestro cuerpo y de nuestra comunidad que potencia nuestra capacidad de conocer y de vivir.

Los objetivos eran coincidentes con los del Centro de las Artes Indígenas: "Que la población Totonaca sea generadora de una expresión creativa que manifieste su riqueza cultural y que permita el diálogo creativo entre las mismas y con otras culturas del país y del mundo".

Como resultado del primer taller coordinado por el maestro Nicolás Núñez se elaboró de manera colectiva la obra: *Tejedoras del Destino* a partir de un mito de creación totonaca que nos compartieron las y los participantes en la Casa del Algodón.[148] Los diálogos de la obra se hicieron en totonaco y español.

En *Tejedoras del destino* participaron estudiantes totonacos de la Universidad Veracruzana Intercultural con sede en Espinal: promotores culturales de la Unidad Regional de Culturas Populares en Papantla: así como estudiantes y maestros de la Facultad de Teatro.

Tejedoras del destino se presentó en Cumbre Tajín 2008 y en el UV-FEST "Festival de la Tierra" que se celebró el 29 y 30 de mayo de ese mismo año en las instalaciones de la USBI-Xalapa.

Talakgánu

Con el antecedente de las *Tejedoras*, dimos inicio a una nueva experiencia, a la cual me referiré enseguida. Desde la primera reunión de trabajo se detonó la actividad creativa, posteriormente cada participante fue aportando

---

[148] El mito dice que en el cosmos habitan 13 abuelas tejedoras que como arañas tejen el destino de cada ser y que queda plasmado en el ombligo. Cuando por alguna razón las personas se extravían y pierden su destino necesitan recuperarlo a través del retorno al origen, a la tradición y a los valores que les fueron otorgados. En este caso el valor principal estuvo asignado a la lengua totonaca. (Ver p. 244 en este libro).

y recibiendo lo que en el proceso se fue generando. Esto implicó una transformación permanente y la consciencia de que no había objetivo final, sino una intención y una estructura unificada y abierta hacia lo sorprendente e imprevisto.

El compromiso que se asumió rebasó el que tradicionalmente exige el "oficio actoral". Sin que se haya hecho explícito, todos los miembros de la Casa del Teatro aceptamos que estábamos en un lugar regido por las deidades totonacas y cargado de muy diversas energías. Teníamos, por lo tanto, que estar atentos a todas las señales que aparecieran en el curso de nuestro trabajo y, por supuesto, realizar las ofrendas y mantener una actitud vertical para que no se alterara la armonía cósmica.[149]

Desarrollo del proceso:

1. Primer Taller de Creación. Este Taller se realizó el segundo fin de semana de octubre de 2008 con duración de 30 horas. Su objetivo fue la integración y sensibilización de todos los participantes, así como la definición del planteamiento guía. En círculos de diálogo nos fuimos conociendo y re-conociendo los miembros de los distintos grupos provenientes de Coxquihui, Espinal, Papantla y Xalapa; a través del círculo de la palabra establecimos que era importante trabajar, desde nuestra experiencia socio-cultural, con el problema de la identidad, para lo cual nos pareció pertinente el símbolo de la máscara. La máscara, elemento central de todas las culturas y que en México ha sido motivo de reflexión de pensadores como Rodolfo Usigli y Octavio Paz. El primero se preguntaba sobre cuál era el verdadero rostro del mexicano, ¿el del indio, el del mestizo, el del criollo? y respondía que "no conocemos rostros, *solo máscaras*". En tanto que Octavio Paz caracterizó a los mexicanos como "cerrados a sí mismos y al mundo", pues —decía— "colocan una máscara entre la realidad y su persona" (ver p. 30 en este libro). Por eso, en esta ocasión, teníamos la oportunidad de responder desde la zona más profunda de nuestro ser al arraigado problema de la gesticulación.

---

[149] Es importante compartir que durante el Primer Taller de Creación se presentó una situación de riesgo. Al término de la jornada de trabajo, cuando dormía, una de las integrantes tuvo un agudo problema respiratorio que puso en riesgo su vida. El coordinador de la casa del teatro Domingo Francisco se dio a la tarea de ayudarla y afortunadamente lo consiguió. A la mañana siguiente se comentó en círculo el incidente, y Domingo Francisco, haciendo referencia a su sueño, dijo que "los dueños" estaban enojados porque no se les había hecho ofrenda al inicio y en el lugar donde habíamos realizado la experiencia anterior. Entonces hicimos la ofrenda y el Taller transcurrió sin percances.

En sesiones coordinadas por el maestro Nicolás Núñez trabajamos para dar la batalla como actores capaces del máximo de entrega. La dinámica propuesta en esta ocasión fue *Citlalmina*, una combinación de danza tolteca-chichimeca y la danza tibetana del "Sombrero negro". También se enriqueció el Taller con movimientos del Cuarto Camino a cargo de Jorge Rodríguez Cano.

2. Cada grupo se comprometió a seguir su preparación y a proponer en una siguiente reunión, a través de sus representantes, elementos para la organización del acto. Una vez realizada esta reunión se propuso desarrollar la siguiente estructura: transitar desde la falta de identidad a la identidad social y desde aquí a la planetaria y cósmica.

3. Segundo Taller de Creación. El objetivo fue poner a prueba la estructura y elaborar la columna vertebral del acto. Se realizó del 5 al 7 de febrero.

TALAKGÁNU (Columna vertebral)

Primer momento
Situación: Cada individuo aislado, sin identidad (sin máscara)
Lugar de la acción: Todo el parque Takilhsukut
Puntos a explorar: caos/orden, contacto con todo lo que existe, energía vital, ¿Qué hago aquí? ¿A que he venido? ¿Cuál es mi camino? ¿Quién soy?

Elementos de apoyo: pañoleta sobre el rostro, música de flauta y tambor, todo lo que encuentre a mi paso.

Acciones: desde el punto elegido se inicia con un movimiento corporal desequilibrado y se hace participe al público nuestra no identidad, así, en un estado caótico nos desplazamos hacia el palo volador. Al acercarnos comenzamos a interactuar entre nosotros y con el público cercano, se enfatiza el caos en donde las fuerzas masculinas y femeninas se encuentran mezcladas y son experimentadas por hombres y por mujeres indistintamente con dos movimientos, uno de fuerza y contracción para el masculino y otro ondulatorio y sutil para el femenino. Al sonar el caracol se polarizan las dos energías y de esta interacción se irán conformando dos círculos: femenino y masculino.

A la señal de un integrante de cada círculo se realizará una serie de trece movimientos masculinos y femeninos según el círculo correspondiente. Posteriormente cada círculo continuará realizando los movimientos tendientes a la percepción del espacio y los elementos del lugar: con las manos sobre el corazón se realizarán cuatro círculos amplios comenzando desde el cielo y regresando al pecho, sintiendo el contacto con el espacio y el cuerpo. Una vez terminada esta primera secuencia se toman las esencias de los distintos rumbos con la mano y se llevan a la boca y a la nariz, empezando hacia arriba, luego a la izquierda, a la derecha, abajo y atrás. Al finalizar esta secuencia quedamos mirando hacia afuera de los círculos, acabando con la palabra; kaanchaw (vamos) y se da inicio a los movimientos libres e individuales invitando al público a buscar la Mesa de la Creación.

Transición: Búsqueda de la Mesa de la Creación.
Desplazamiento del Palo volador al árbol del chote

Segundo momento
Situación: identidad social (máscara / rol)
Lugar de la acción: La mesa de la creación (El árbol del Chote)

Puntos a explorar: Relación con los cuatro rumbos del universo, creación de las máscaras con movimientos, conexión con la mesa de la creación, percibirse "sin rostro", dar vida a la máscara, ¿Qué máscara soy? ¿Cuál es mi misión? ¿A dónde voy?

Elementos de apoyo: Cuatro mesas con ofrendas en los cuatro rumbos del universo, máscaras y canto.

Acciones: Una vez llegadas las mujeres a este sitio se irá conformando la Mesa de la Creación en los cuatro puntos cardinales (oriente, poniente, norte y sur), cuyo centro es el Árbol, en este punto se descubren los rostros, colocando la pañoleta en sus cuellos, o como cada una lo decida. Inmediatamente a su llegada inician la elaboración de las máscaras con un vaivén corporal, simulando el movimiento de las olas del mar. En la elaboración de las máscaras, las mujeres que representan a las Abuelas irán tomando los elementos del espacio circundante para su conformación y gestación de sus caracteres: la sonrisa del compañero, el azul del cielo, un pensamiento de la otra Abuela, etcétera. Simultáneamente, los hombres se agrupan hacia el suroeste, junto al cañal, interactuando entre ellos en caminata libre hasta que entre en acción el personaje del Diablo. El Diablo, por su parte, entra haciendo gestos y acciones propias de su talante y, diciendo con orgullo que está encargado de meter el desorden, clava su bastón en el piso. Acto seguido los músicos dan pie al canto de un son con el cual se acercan a la Mesa de la Creación: Makxtum kalachaw (juntémonos)/ unukkatuxxawat (aquí en la Tierra)/ kalapaxkichaw (amémonos)/ la linantalan (como hermanos).

El narrador cuenta el Mito de la Creación Totonaca. Para este momento los hombres se encuentran hincados frente a las Abuelas y posteriormente cada uno pasa a recibir en el rumbo del universo que le corresponda su máscara. Una vez recibida, cada uno presenta su máscara y expresa su tarea, función o destino. Los hombres se van situando en un círculo externo alrededor de las mesas, como en una órbita.

Una de las Abuelas marca el momento de ir a poblar los rumbos del Universo y las diferentes Abuelas responsables de dichos rumbos indican el camino: ¡Al oriente! ¡Al poniente! ¡Al norte! ¡Al sur! Y se encaminan a su rumbo, llevando su propia máscara en la mano, cruzando la órbita de los enmascarados se colocan su propia máscara, pero son interrumpidas por el Loco que dice ¡Yo quiero ir al norte! Y se dirige sobre la órbita en sentido contrario a las manecillas del reloj, pero un enmascarado lo intenta detener. A partir de este encuentro se suceden más enfrentamientos entre los recién enmascarados, se forman cuatro parejas que empiezan luchando entre sí, incluyendo a este desafío físico, la lucha verbal que cada vez se intensifica en mayor grado hasta transformarse en una danza que inicia con el sonido del violín. En el momento álgido una de las abuelas se asombra de lo que se presenta ante sus ojos y dice ¿pero qué están haciendo? ¿Por qué se pelean? ¡basta!, a la voz de ¡silencio!, apoyada por todas las abuelas (en este momento retiran sus máscaras) y continúa: ¡Silencio, nadie se pelee, el mundo es muy ancho y hay sitio para todos, que cada uno escuche su corazón (se lleva la mano al corazón acción que es imitada por los enmascarados) y sigan su camino! Al momento de escuchar su corazón los enmascarados manifiestan un acto de contrición y se concilian. Una de las Abuelas enfatiza esta integración al decir: Por la reconciliación de todos los pueblos, démonos la mano en este lugar, el sol y la luna en todos los rumbos saludan la vida. Cada rumbo se relaciona con un elemento: el oriente con el fuego, el norte con el agua, el poniente con el aire y el sur con la tierra. En cada uno de estos rumbos, los responsables dirigen una sensibilización para que los invitados contacten con el elemento correspondiente y cuentan en cada rumbo la parte del Mito de los Doce Tajines relacionada con su elemento. Terminada la sensibilización, con el sonido del caracol, cada grupo se dirigirá en formación de serpiente (en fila, con las manos tomando los hombros del compañero de enfrente) al árbol del chote.

Tercer momento
Situación: identidad cósmica y consciente (trans-máscara)
Lugar de la acción: El árbol del Chote
　　Puntos a explorar: ¿Qué significa despojarme de mi máscara? Reconocer las distintas máscaras, la ilusión de verme en el espejo, reconocerme en el otro, experimentar la verticalidad cósmica y el convivio sagrado.
Elementos de apoyo: máscara, espejos, amaranto en dulce.
　　Acciones: Desenmascamiento. Nos quitamos la máscara y la colocamos frente a nosotros, sobre la tierra. Se gira a la izquierda, se comienza un recorrido danzante y ondulante entre todas las máscaras en el sentido de las manecillas del reloj hasta llegar de vuelta a la propia; en este recorrido la intención es tomar contacto con todas las caracterologías inmanentes en las máscaras, asumiéndolas como partes de nosotros mismos, haciendo a un lado toda resistencia. La máscara propia se recoge del suelo para ser llevada al árbol. Cuatro de los integrantes que se transforman en Oficiantes se acercan al montículo, toman unas bolsas de paliacate y comienzan a guardar las máscaras en ellas, recogiéndolas desde su lugar hacia la izquierda y las dejan en estos cuatro puntos para iniciar el cocimiento con una danza que irá creciendo en intensidad, acompañados por el círculo de los demás miembros participantes.
　　Terminada la cocción los Oficiantes sacan de las bolsas unas sorpresivas máscaras de espejo horadado, producto de dicha cocción, las presentan a los desenmascarados y al público, avanzando

en círculo hacia la izquierda hasta regresar a su lugar. Inesperadamente algunos desenmascarados les arrebatan los espejos horadados y juegan con ellos y los invitados diciendo: ¡Soy yo! ¡Sí, soy yo! Al darse cuenta de ello, uno de los Oficiantes a la voz de ¡Ewa!, reforzada por los otros Oficiantes los llaman y les muestran el verdadero uso del espejo: "ver mi rostro en el rostro del otro" Akit wix (yo soy tú), Wix akit (tú eres yo). Los desenmascarados reaccionan al descubrimiento y esculcan las bolsas para encontrar más espejos horadados. Los toman y comparten el descubrimiento con el público diciendo: Akit wix, Wix akit. Se ofrecen semillas de amaranto a los participantes y tomados de las manos se cierra el círculo y se canta: Makxtum kalachaw...

4. Tercer Taller de Creación. El objetivo de este taller fue compartir la propuesta con Basarab Nicolescu y pulir la Columna Vertebral.

5. Presentación del acto en Cumbre Tajín 2009

La última etapa se llevó a cabo del 17 al 22 de marzo en las instalaciones del Parque Temático Takilshukut. Aquí todavía se hicieron ajustes, atendiendo al flujo de las energías. Este fue el final y el verdadero inicio de la Casa, o más bien Árbol del Teatro formado por muchas ramas que representan a diversas generaciones de teatristas comunitarios, trans-culturales y trans-escénicos que, juntos y despojados de nuestra máscara-rol tocamos nuestra identidad cósmica reconociéndonos plenamente en el otro y diciendo desde ese lugar: Akit wix- Wix akit (Yo soy tú-Tú eres yo).

Comentario final

Una vez realizada, afirmo que la experiencia *trans*-escénica y *trans*-cultural genera momentos de intensa comunicación con uno mismo y con los otros convirtiéndolos en participantes activos; permite establecer un diálogo con formas de creación y de pensamiento diferentes; construir un saber complejo y transdisciplinario teniendo como base el elemento sensorial; hace del cuerpo el escenario de la articulación (física-mental-espiritual) del ser-conocer-hacer; mantener lúcidamente la postura vertical guiados por los principios del teatro antropocósmico y, ante todo, de alcanzar la plena liberación y ayudar a otros a liberarse. Lo *trans*-escénico integra todos los saberes para ayudarnos a comprender, sentir, relacionar y en suma a vivir plenamente.

Tuvimos oportunidad de compartir *Talakgánu* con Basarab Nicolescu, su comentario fue que a través del evento se sintió conectado con el cosmos. También compartimos la experiencia con cientos de asistentes a la Cumbre Tajín 2009; pero, sobre todo, tuvimos oportunidad de compartirlas con los "dueños" del universo totonaca, con quienes nos encontramos —luego de *transitar* hacia otro nivel de realidad— en la zona de no-resistencia absoluta, es decir en la zona de lo sagrado.

*Una versión de este ensayo fue publicada en *Actualidad de las Artes Escénicas* (Universidad Veracruzana, Xalapa, 2009b).

Nicolás Núñez: *Esclavo por su patria*, violencia y muerte en el México contemporáneo*

Esclavo por su patria,[150] propuesta escénica de Nicolás Núñez[151] como homenaje a Jerzy Grotowski, basada en el texto de Enrique Olmos[152] y que fue presentada como parte del homenaje al creador polaco al conmemorarse en 2009 el décimo aniversario de su fallecimiento fue realizada, según su director y actor, desde el enfoque transdisciplinario.

La obra tomó como referencia la emblemática creación que hizo Grotowski de *El príncipe constante*, de Calderón de la Barca, con el propósito de invitarnos a reflexionar sobre la violencia en México.

Una aclaración necesaria es que no baso mi exploración en el texto dramático de *Esclavo por su patria* escrito por Enrique Olmos, sino en la puesta en escena de Nicolás Núñez. Esto corresponde a una realidad del teatro del siglo XXI: el llamado "giro performativo" (Fischer-Lichte 2011, 80).

Para hacer un comentario que permita descubrir la compleja red que constituye esta propuesta escénica, hay que decir que en la actualidad todo acto de representación, sea teatral o social, efectiva o virtual, requiere una observación que supere la incompletud del saber parcializado, del objeto

---

[150] Escrita por Enrique Olmos de Ita, basado en *El príncipe constante*, de Calderón de la Barca, y estrenada el 20 de agosto de 2009 en el teatro El Galeón de la Ciudad de México.

[151] Nicolás Núñez (1946), fundador en 1975 y Director del Taller de Investigación Teatral de la UNAM. Creador del "Teatro Antropocósmico". Fue discípulo de Jerzy Grotowski en Polonia en 1980-81. Autor del libro *Teatro Antropocósmico* con traducción al inglés *Anthropocosmic Theatre, Rite in the Dynamics of Theatre*. Amsterdam: Harwood Academic Publishers, 1996.

[152] Enrique Olmos de Ita (Llanos de Apan, Hidalgo, 1984 –). Dramaturgo, crítico de teatro, narrador. Estudió la licenciatura en Humanidades en la Universidad del Claustro de Sor Juana y en la Escuela Dinámica de Escritores de Mario Bellatín. Creador del concepto "Neurodrama", para definir la relación entre las artes escénicas y las neurociencias cognitivas. Director de la compañía Neurodrama desde 2013 con sede en Pachuca. Obras de teatro: *Inmolación, No tocar, Hazme un hijo, La voz oval, Job, Un curso de milagros, Iman Hussein, Generación Nini, Top manta, Era el amor como un simio, Ateo dios y Badana*. Premios: Nacional de Dramaturgia Manuel Herrera Castañeda (2008), Internacional de Autor Domingo Pérez Minik en España (2008), Ricardo Garibay de cuento (2011), Marqués de Bradomín en España, Internacional Sor Juana Inés de la Cruz y Nacional de la Juventud (2013).

descontextualizado, del fenómeno lineal, de la lógica causa-efecto que caracterizó al paradigma mecanicista-simplificador. En suma, habrá que observar *la realidad* ligada a múltiples fenómenos y niveles que exceden el campo de la lógica clásica.

Nicolás Núñez consideró *Esclavo por su patria* —acorde al paradigma transdisciplinario— "un acercamiento conectado con la verticalidad cósmica", con la finalidad de "transformarnos para alcanzar la plenitud a la que estamos destinados" (2011, 136). Pero también la definió como "una irreverencia que estoy seguro Grotowski festejaría" (2011, 135). Irreverencia porque, en primer lugar, en más de 40 años nadie se había atrevido a tocar el texto fuente y, en segundo, porque en *Esclavo por su patria* se altera por completo la situación planteada por Calderón de la Barca, en la cual el príncipe Fernando, prisionero de los moros, prefiere morir antes de abjurar de su fe cristiana. Aquí se trata de otro Fernando, un comandante retirado de la policía mexicana que trabaja como guardia privado de un empresario, y al cual sus excompañeros detienen para que les proporcione información confidencial que, a su vez, les permita secuestrar a la hija de su patrón, a lo cual el excomandante se niega y muere a causa de la tortura.

Estructura de Esclavo por su patria

Concebido en su origen como un monólogo, el director y actor agregó un coro de cuatro actrices que asumen diversos roles de acuerdo con la situación que se desarrolla; así, luego de un acto de preparación que el grupo realiza frente al público, y en el que ejecutan algunas de las dinámicas elaboradas por Núñez para que el actor adquiera la energía y la atención necesarias, las mujeres se transfiguran en putas, estudiantes adolescentes, policías y madres dolientes emulando a los personajes que asedian al Príncipe en la versión de Grotowski.

¿Teatro? ¿*Performance*? Ambas cosas y aún más allá del binarismo. En el trabajo actoral de Núñez vemos a un actor que, a través del juego escénico se despoja de todo lo que podría impedirle rebasar los límites de la ilustración de un hecho escénico y, así, desde su desnudez, va descubriendo las acciones. La ética reside en no ocultar —más allá de la gesticulación—, en tanto que la estética en la manera genuina y consciente de hacerlo. Por todo lo anterior, llamó a *Esclavo por su patria* un producto "trans-teatral" con el que se invitaba a "tomar conciencia de que nosotros mismos somos nuestra propia enfermedad, y de que no nos damos cuenta de ello porque —como decía Shakespeare— "estamos tejidos con las mismas sustancias que los sueños, y nuestra corta vida está sitiada por ellos" (2011, 139).

Así, Núñez deseaba confrontar a los dueños del dinero, a los intereses criminales, a las políticas mezquinas que manipulan las conciencias, para lo cual recurrió a la postura ética y estética de Jerzy Grotowski "como motivo de reflexión e inspiración ética y moral para aquéllos que buscan en la teatralidad un alimento de primera calidad para el espíritu" (2011, 138).

Puentes transdisciplinarios y transculturales entre El Príncipe constante *de Calderón de la Barca y la versión de Jerzy Grotowski con* Esclavo por su Patria *de Núñez*

Intentar establecer desde la transdisciplinariedad y la transculturalidad las fronteras que separan tres creaciones, así como los puentes éticos y estéticos que las unen, resulta apasionante pues implica involucrarse orgánicamente en el proceso.

En las tres obras las fronteras más evidentes son aquellas que tienen que ver, por un lado, con el concepto de *nación* en cuanto forma de organización social y, por otro, con el linde entre Vida y Muerte. Es aquí donde se requiere una ética acorde al estado actual de la humanidad.

De la Nación a la Transnación

Los estados nacionales de la modernidad han sido sustituidos *de facto* en la posmodernidad por la globalización que implica un modo de vida tendiente a la estandarización u homogeneización cultural, en cambio la transición hacia la sociedad-mundo se muestra más significativa y compleja. Es necesario preservar y abrir las culturas, situarse entre lo local y lo planetario, fomentar el transculturalismo y la ética de la diversidad. En este sentido, *Esclavo por su patria* trasciende las fronteras locales y nacionales, contiene matrices culturales comunes a las obras que la preceden, fortalece los vínculos comunitarios y estimula la transformación personal y social.

En los intersticios de los "niveles de Realidad" surge el *transciudadano* excluido de todos los proyectos de la modernidad y que la posmodernidad solo contempla en su fase egocéntrica. Un *transciudadano* que actúa con conciencia de sí mismo y de todo lo que forma parte de su entorno, que está colocado en el centro de su propio mundo, pero englobado en una subjetividad comunitaria. De esta manera se va conformando la *transnación*, es decir, un espacio *transnacional, transcultural, transreligioso, transpolítico* e inclusive *transteatral* que nos enseña a vivir en la diferencia. Se trata de un territorio con dimensión humana en permanente expansión.

La noción de *transnación* que planteo aspira a rescatar la dignidad del Sujeto. Considero que el Teatro del siglo XXI en México requiere alinearse con los principios de la comunidad local y planetaria, lo que implica mantener la equidad, la proporcionalidad y la verticalidad cósmica y consciente. Para ello sus realizadores habrán de posibilitar que surjan puentes que los conecten consigo mismos, con sus orígenes y con todo lo que existe, así como lo intentó hacer Nicolás Núñez en *Esclavo por su patria*.

La muerte en las obras de Calderón, Grotowski y Núñez

¿De qué manera es tratado el tema de la muerte en la trilogía que nos ocupa? ¿Cómo actuar y ofrecer al espectador una propuesta teatral que, al mismo tiempo de conectarlo con la violencia cotidiana, le ofrezca la posibilidad de enlazarse con los valores humanos imprescindibles para el convivo social?

Para Núñez, la metáfora poética que hace vigente el texto de Calderón de la Barca es que poca gente está dispuesta a morir por lo que cree; entonces, dice, la enfermedad de la sociedad está en nosotros mismos.

Al revisar el lugar que la muerte ha ocupado en el contexto histórico-social de cada obra encuentro que, pese a ser un tema que ha acompañado a la humanidad desde sus orígenes, no lo es menos que el periodo llamado paradójicamente "Renacimiento" estuviera caracterizado, debido a los afanes de conquista de las otrora potencias europeas, por la violencia, la muerte, la destrucción, la esclavitud y la explotación de América y África. Después, la occidentalización del mundo a partir del Siglo XIX mostró una nueva fase y el Siglo XX —si bien permitió la expansión de las ideas y de las religiones, propició sobre todo la mundialización de las guerras: "la humanidad unida en la muerte", llamó Morin a la Primera Guerra Mundial (1993, 17-20) y de ella habría de desprenderse una secuela infinita: Segunda Guerra Mundial, Guerra fría, Guerra de destrucción del medio ambiente, Guerra por el petróleo y, en México, la "Guerra contra el crimen organizado" que en el periodo 2006-2012 arrojó más de 50,000 muertes, solo por mencionar algunas conflagraciones. Se trata de una máquina de terror sin fronteras que revela que seguimos anclados en la edad de hierro planetaria.

En razón de lo expresado anteriormente sostengo que vida y muerte son una misma. Nacimos por azar, por eso darnos cuenta de lo que significa esta suerte excepcional es el verdadero nacimiento, solo así podemos vivir plenamente nuestro Ser-*Sujeto*.

Al reconocernos cada uno como *Sujetos* colocados en el centro de su propio mundo será posible darnos cuenta de la vida, de la muerte y de las acciones que llevamos a cabo entre una y otra. La muerte del *Sujeto*, convertido en objeto por el conocimiento objetivo, fue el precio que la humanidad pagó en aras del "progreso", así el *Sujeto* pasó a ser objeto de explotación, de experimentos ideológicos, de estudios científicos que lo diseccionaron, formalizaron y manipularon. Por eso el hombre interior ha sido siempre la pesadilla de todo cientificismo y de toda ideología totalitaria, así ocurrió con la propuesta de Grotowski en la Polonia comunista.

De manera que, para ser *Sujeto*, hay que estar dispuesto a nacer de nuevo siendo necesario experimentar la muerte como señal inequívoca del acabamiento de un estado de organización bio-antropo-social para dar paso a otro. Esto es lo que otorga a la vida otra "calidad"[153] y solo se alcanza trabajando para vivir en diferentes "niveles de Realidad". Vivir es sentirse parte de la naturaleza en una conexión que siempre estará regenerándose; morir, en cambio, significa pasar a través de algo que nunca se podrá repetir.

---

[153] Aquí empleo el concepto de "calidad" siguiendo a Peter Brook "La verdadera calidad es una realidad objetiva, está regida por leyes exactas: cada fenómeno se eleva y declina, grado por grado, según una escala natural de valores. Encontramos una ilustración concreta de esto en la música: el paso sonoro de una nota a otra transforma su calidad. Cuando un sonido alcanza el punto más alto de una octava, la nota inicial se produce para comenzar una octava más alta. La nota es la misma, pero colocada en otro nivel, engendra un sentimiento distinto (1997, 90-97).

En coherencia con su concepción del teatro, Núñez puso en riesgo, según De Ita,[154] su integridad física y mental: "porque no se puede simular honestamente la degradación humana sin sufrir sus devastadores efectos".[155]

El cuerpo, pese a la violencia que se comete en su contra, se muestra dignificado; a través de él se revela un acto de fe para decirle a la sociedad y a sí mismo algo importante y lleno de sentido.

Y agrega el crítico De Ita:

> Lo atractivo para el sentido del drama es que el antihéroe de Olmos alcanza la heroicidad por cierta solidaridad consigo mismo y con su oficio que es el de proteger al prójimo. Y no deja de ser violentamente irónico que la víctima sea el verdugo. Nuestro teatro está lleno de escenas feroces que pierden en su simulación el terror de lo real. Por ello resulta estremecedor que Núñez lleve la ficción al límite de la teatralidad; más allá está el crimen.[156]

Nicolás "se ofrenda, como el actor santo de Grotowski, en el altar del dolor, del despellejamiento, de la desnudez total, no solo física sino interior, mostrando brutalmente la indefensión de las mujeres y los hombres raptados, secuestrados, sustraídos por la violencia que nos sofoca".[157] Aunque no alcance el aliento sobrehumano que se requiere para abominar de la conducta inhumana de los abusadores de la violencia, el discurso de Olmos y de Núñez nos hacen sentir en carne propia el terror de sus víctimas, y clava en nuestro sistema nervioso el grito de la gente harta de la impunidad del crimen y sus gemelas: la corrupción policíaca y la tolerancia gubernamental.

---

[154] Fernando De Ita (Llanos de Apan, 1946 –). Crítico de teatro, ensayista, investigador y periodista. También ha escrito teatro y ha dirigido algunas de sus obras. Sus principales libros son los compendios de entrevistas *Telón de fondo* y *El arte en persona*. Ha sido colaborador de los diarios *La Jornada* (fundador), *Uno más Uno*, *Excélsior* y *Reforma*, además de publicaciones especializadas en las artes escénicas. Se inicia en la crítica de teatro en 1977, en el diario *Unomásuno* del que fue fundador y donde colaboró hasta 1984.
[155] http://www.teatromexicano.com.mx/revista/articulo.php?id=59
[156] http://www.teatromexicano.com.mx/revista/articulo.php?id=59
[157] http://www.teatromexicano.com.mx/revista/articulo.php?id=59

Transestética: el transteatro

Las dicotomías que caracterizan a la representación teatral convencional: teatro/vida, ficción/realidad, actor/personaje, público/intérpretes, etcétera, no tienen en la perspectiva transdisciplinaria carácter excluyente: son una y otra cosa a la vez, unidas por el *Tercero incluido*. Por eso también la antítesis ética/estética desaparece como tal.

En la propuesta escénica de Núñez *Teatro* y *Vida* están unidos a través de la presencia de Jerzy Grotowski, para quien, igualmente, nunca estuvieron separados. Grotowski aparece en el escenario no solo como imagen que permanece a lo largo de la representación, sino en la esencia misma del acto; la ficción y la realidad se entremezclan en juego explícito. Como espectadores transitamos simultáneamente por distintos niveles de realidad: la individual, como personas que fuimos convocados a una obra teatral; la social, como miembros de una comunidad que vive en la violencia; la cósmica, por la presencia de Grotowski y la energía desplegada en torno a su existencia.

¿Cómo la violencia puede pasar a ser un artefacto estético? ¿Y cómo la ética puede permear en la forma artística del discurso sobre la violencia? La respuesta de Núñez es que solo a través de una revolución interna y de conciencia. Es así que tiende un puente al que denomina *"transteatro"*.[158] Se trata, dice, de un teatro de "vuelo interno que abre la conciencia, que está alineado con la *verticalidad cósmica*, que libera y celebra el festín de estar vivos", y se pregunta y responde al mismo tiempo: "¿cómo se hace un teatro con *verticalidad cósmica*? Redefiniendo todas las jerarquías que rigen nuestra vida, empezando por su sentido mismo... El ser humano tiene que recobrar su capacidad inocente de ser lo que es. ¿Y qué es lo que es? Vida en acción que,

---

[158] "Así que Shakespeare, Artaud y Grotowski, en el campo teatral, junto con las deslumbrantes disertaciones de Prigone y Kapra, quienes al difundir los intríngulis de la quántica en términos accesibles al vulgo de tal modo que los simples mortales pudiéramos entenderlo, nos abrieron a la certidumbre de que la ciencia contemporánea, la quántica en especial, con su principio de incertidumbre latente, el observador/observado interactuándose eternamente, espectador/actor – actor/espectador, construyen un espacio de *trans*-teatro que, a mejor definición, nosotros le nombramos, hace más de treinta años, teatro participativo. No, no es participativo, ahora nos damos cuenta, ni interactivo; era **trans**. El teatro en donde podamos darnos cuenta de nuestro lugar en la infinita danza cósmica en la que nos encontramos sumergidos, y aprender a disfrutar y a compartir la fiesta de estar vivos" (Núñez 2009, 144-145).

a través de la auto-observación, se va reconociendo a sí mismo".[159]

El "gran puente": el Tercero oculto

Considero que la manera de alcanzar una mejor comprensión de uno mismo, de los problemas del mundo y de la relación vida-muerte es situándonos en distintos "niveles de Realidad". Es así que experimento en las tres obras referidas el tránsito por los niveles individual, social y planetario como sujetos que afirmamos nuestra libertad, frente a otros cuya libertad es abolida; como miembros de una comunidad que vive en guerra o permanece sometida a un poder totalitario (sea la España del siglo XVII, la Polonia de la guerra fría, o el México actual); y como expresión del destino común.

En *El príncipe constante* de Calderón de la Barca, cuando el Príncipe toma la decisión de morir, se revela la simultaneidad de "niveles de Realidad" por los que atraviesa: el individual, al aceptar su muerte biológica; el social, al aceptar su condena y defender los intereses de su nación; y el espiritual, al mantenerse constante en su fe, por eso después de su muerte física reaparece guiando a su ejército a la victoria. En ninguno de los casos mueren su alma ni su fe, lo cual se confirma en el último nivel, y esto es lo que, a nuestro entender, orientó las creaciones posteriores de Grotowski y Núñez.

Encuentro también, por lo menos, tres "niveles de Realidad", en la versión del maestro polaco: el individual (de Grotowski y de cada actor) que marcó de manera radical su distancia con la visión del teatro "rico"; el social, con un fuerte sentido de crítica al totalitarismo; y el cósmico, que hace percibir por los intersticios del evento escénico la presencia de lo sagrado.

Finalmente, en *Esclavo por su patria* destacan: el riesgo que tomó Núñez al exponerse completamente en el escenario como persona y artista (nivel individual), su acto de confirmación de una doble fe: hacia el teatro de "vuelo interno" (nivel espiritual), y hacia México en cuyo renacer confía, pese a estar devastado por la ambición y el crimen, tal como se afirma en la obra (nivel social). Tres "niveles de Realidad" conectados por la verticalidad cósmica y consciente.

En suma, postulo que el *Objeto* de la creación de Núñez se construyó con la información de la que disponía sobre la obra calderoniana, con su experiencia "en vivo" en los proyectos grotowskianos, con el conocimiento,

---

[159] Ídem.

también "en vivo" de la realidad mexicana y con el texto escrito por Olmos; en tanto que, como *Sujeto*, afirmo que el director/actor ha buscado ampliar su percepción y su conciencia mediante dinámicas de reconexión con lo humano y con el cosmos. Al momento de fusionarse Objeto y Sujeto emerge el *Tercero oculto* que cruza todos los "niveles de Realidad" y conduce hacia la zona de no-resistencia, o más precisamente hacia la *Transrealidad* espacio donde *Conocimiento* y *Ser* se convierten en *Comprensión*.

Comentario final

¿Cómo entender el fenómeno de la violencia en México? En un artículo de notable pertinencia, Ricardo Guzmán Wolffer señala que: "Sería fácil hablar de las causas de la violencia en los mexicanos: somos un pueblo históricamente violentado, pero los niveles de violencia es lo sorprendente. El desprecio por la vida humana ha llegado a niveles insospechados" (2011).[160] Ante esto propone comprender este fenómeno haciendo un análisis diferente del que se ha hecho con sujetos delincuentes. Tal y como Edgar Morin lo ha propuesto desde la *complejidad*, es decir, verlos como humanos y como personas que conviven con amplios sectores de la población. Por eso dice: "la lucha a muerte no podría entrañar la reducción del enemigo a un ser abyecto, a un animal dañino. Nunca debemos dejar de comprenderlo, es decir situarlo, contextualizarlo, continuar reconociéndolo como ser humano" (Morin 2006b, 135). Y **é**ste es el acierto en el planteamiento dramático: el expolicía, con todos sus antecedentes delictivos, es un ser humano.

Al finalizar la obra, la madre colectiva se duele por la forma violenta en que su hijo fue asesinado. Ese llanto, ese dolor, es el grito de tantas madres que cada vez se hace más poderoso y violento ante la desaparición de sus hijos[161].

La violencia destruye, es una agresión en contra de un objetivo que se considera propicio para satisfacer un objetivo egoísta (de un individuo, un poder establecido, una nación o un conjunto de naciones); el otro, aquel que recibe la acción no importa, no existe. El objetivo de la violencia es anti-ético, anti-poético y, por tanto, anti-estético.

---

[160] http://www.jornada.unam.mx/2011/10/23/sem-ricardo.html
[161] La mayor violencia que en los últimos años se ha presentado en México es la desaparición de 43 estudiantes de Ayotzinapa.

Solo desde la ética es posible alcanzar lo estético y liberarse de la violencia, ésa es la intención que observo en *Esclavo por su patria*, intención alimentada por el pensamiento transdisciplinario que propone, según Nicolescu:

> (Transformar) nuestra vida individual y social en un *acto tanto estético como ético,* acto de revelación de la dimensión poética de la existencia. Una voluntad política eficaz no puede ser, en nuestros días, sino una voluntad poética. Esto puede aparecer como una proposición paradójica y provocadora en un mundo animado por la preocupación exclusiva de la eficacia por la eficacia, de la productividad por la productividad, donde la competencia es sin piedad, donde la confrontación violenta es permanente y donde el número de excluidos del festín del consumo y del conocimiento no cesará de aumentar. De exclusión en exclusión, terminaremos por excluir nuestra propia existencia de la superficie de esta Tierra (2009a, 68)

*Para este ensayo se consideraron las comunicaciones presentadas en el Coloquio Internacional de Teatro Latinoamericano de la Universidad Iberoamericana (2011) y en X Congreso Internacional de la Asociación Internacional de Teatro Español y Novohispano de los Siglos de Oro" (AITENSO), Ciudad de México (2001). Así mismo se tomaron como base los ensayos "Puentes transdisciplinarios en la escena mexicana contemporánea: *Esclavo por su patria* de Nicolás Núñez en relación con *El Príncipe constante* de Calderón de la Barca (1629) y con la versión de Jerzy Grotowski (1965)" publicado en la revista electrónica *iMex. México Interdisciplinario. Interdisciplinary Mexico,* año 3, n° 6, verano-summer 2014; y "Cuerpo y representación de la violencia. Ética y estética en *Esclavo por su patria*" en *La representación de la violencia en el teatro latinoamericano cantemporaneo: ¿ética y/o estética?* (Alcántara, 2016, pp. 299-310).

Para no concluir

¿Cómo poner fin a este largo recorrido a través del Teatro y la cultura en México contemporáneo? Y la respuesta surge del mismo teatro y la cultura, pero transformados transdisciplinariamente en transteatro y transcultura. Deseo compartirles, entrañables lectores, mi experiencia con un evento transteatral llamado *Puentes Invisibles* pues en él tuve la oportunidad de experimentar, *en vivo*, que es posible colocarse más allá de la gesticulación y alcanzar un estado de Ser *verdadero*.

Transteatro: El caso de "Puentes Invisibles"

A partir de mis propios descubrimientos y a través de los escritos de Basarab Nicolescu (2009a, 2009b) he venido realizando investigaciones *en vivo* sobre la manera de contactar con la realidad por medio del teatro, y puedo decir que he tenido bellos encuentros con quienes, previamente, iniciaron el viaje en búsqueda del Symorg, como en *El lenguaje de los pájaros* de Attar (1978). Por ello reitero que es necesario un *nuevo nacimiento del teatro*.

A este *nuevo nacimiento del teatro* lo llamo *Transteatro* porque tiene como meta unir al Sujeto con el Objeto, poner en el centro la condición humana en toda su complejidad y colocarse entre, a través y más allá de la representación, de lo político, de lo religioso, de lo estético y de lo cultural para ser transpolítico, transreligioso, transestético y transcultural.

Dicho de otra manera, en el *Transteatro* el Sujeto transdisciplinario habrá de vivir la "verticalidad cósmica y consciente", ser él mismo bajo cualquier circunstancia de manera autocrítica, autónoma, responsable y auténtica. Con respecto a esta verticalidad, viene a mi memoria lo que expresó el hijo del admirable Dario Fó, recientemente fallecido: "a mis padres no los seguían por ser buenos actores, sino porque eran verdaderos" (En Ortiz Castañares 2016).

La propuesta del *Transteatro* es fruto de mi acercamiento con la transdisciplinariedad, pero también es producto de experiencias personales, resultantes de los trabajos de investigación-creación que he realizado durante mi vida profesional y que se han nutrido de referentes imprescindibles como los maestros Rodolfo Valencia y Nicolás Núñez.

Perspectiva teórica: la Transdisciplinariedad

El lugar desde el cual realizo mi *transinvestigación* es el de la epistemología transdisciplinaria como se indicó desde la introducción y se ha explicitado en varios ensayos de este libro, y de la Estética de lo performativo (Fischer-Lichte 2011).

En los principios transdisciplinarios se vislumbra la posibilidad de contender con aquello que está entre, a través y más allá de lo que se ha considerado como *realidad* es decir *la transrealidad*. ¿Cómo acercarnos al conocimiento de la transrealidad? Con una estrategia metodológica que tenga la misma capacidad que tuvo la metodología de la ciencia moderna para generar una organización del conocimiento con la diferencia que éste habrá de ser un conocimiento *in vivo*, no *in vitro*.

La Estética de lo performativo, por su parte, tiene por objeto de estudio, según Fischer-Lichte, "ese arte del rebasamiento de fronteras", sobre todo las establecidas con la Ilustración y que propiciaron la división entre arte y vida, entre alta cultura y cultura popular, entre el arte de la cultura occidental y el de aquellas otras culturas para las que es extraño el concepto de la autonomía del arte. También implica la redefinición del concepto mismo de frontera "que no separa dos ámbitos, sino que lo vincula" es decir que se opone al binarismo y "en vez de proceder argumentalmente con un `lo uno o lo otro´, lo hace con un `tanto lo uno como lo otro´, tal como lo propone la metodología transdisciplinaria (Fischer-Lichte 2011, 404-405).

De la Premodernidad a la Cosmodernidad

Tomando como base los análisis de Nicolescu en lo que concierne a la relación Sujeto–Objeto, de Fischer-Lichte sobre el "re-encantamiento del mundo" y haciendo relación con las formas de expresión y representación, tendríamos que: en el mundo pre-moderno, el sujeto está integrado al objeto y se vive en el mundo encantado; en esta etapa la realidad es predisciplinaria y su expresión la ritualidad. En el mundo moderno el sujeto y el objeto están totalmente separados, se trata de un mundo desencantado, la realidad es disciplinaria y se configura y domina la teatralidad. En la postmodernidad el Sujeto tiene preeminencia sobre el Objeto, la tecnología abre el camino a la virtualidad y a la digitalización, la realidad es postdisciplinaria y la performatividad su modo de expresión característico. Frente a estas distintas realidades Nicolescu construye la noción de *cosmodernidad* como era transdisciplinaria (Nicolescu 2014) donde el Sujeto y el Objeto están unidos por el *Tercero oculto* y se vive el re-encantamiento del mundo en una realidad transdisciplinaria en la cual emerge la transteatralidad.

En las tres primeras etapas (premodernidad, modernidad y posmodernidad) no hay emergencia del *Tercero oculto*.

Una experiencia Transteatral: Puentes Invisibles

Ser parte del movimiento armonioso de la realidad, sin perturbarla y sin imponer nuestro deseo de poder o de dominio, hacer teatro siguiendo el movimiento de la realidad, eso es el *Transteatro*.

Puentes Invisibles,[162] evento transteatral, está basado en el origen de "Citlalmina" una dinámica que fusiona la danza tibetana de "El sombrero negro" con la danza ritual mexicana, y que desde 1986 el Taller de Investigación Teatral (TIT) de la UNAM que dirige el maestro Nicolás Núñez utiliza como entrenamiento psico-físico para actores y no actores. El texto que narra a través de historias tradicionales tibetanas cómo surgió "Citlalmina" fue escrito por la dramaturga Deborah Templeton y en su integridad plantea la necesidad de establecer contacto profundo con nosotros mismos, con el otro y con el mundo. En un recorrido por el milenario bosque de Chapultepec y en el espacio donde se ejecuta el acto se llevan a cabo una serie de acciones participativas creadas por los miembros del TIT invitando a los asistentes a la comunión con los árboles y a tener un profundo —y potencialmente transformador— encuentro consigo mismo.

Lo transdisciplinario en Puentes Invisibles

Quienes participamos en *Puentes Invisibles* partimos de la premisa de conectar con nuestra verticalidad, esto significa transitar simultáneamente por diferentes niveles de realidad. Asumimos nuestra condición de individuos que trabajamos colectivamente en un espacio que nos conecta con nuestra

---

[162] Se presentó el 4, 5, 10, 11, 12, 17,18 y 19 de noviembre de 2016 en la Casa del Lago de la UNAM y Bosque de Chapultepec de la Ciudad de México.

pertenencia a un ámbito socio-cultural: México, con la intención de vincularnos —en el nivel planetario— con otro espacio: el Tíbet. El evento se desarrolla en conexión con la tierra, con los árboles, con el universo, es decir en un nivel cósmico.

A los miembros del grupo nos une la urgencia individual y colectiva de establecer una relación diferente con lo "Real", lo que siempre ha estado ahí y que es velado para siempre. Para ello nos retroalimentamos mutuamente de energía y creatividad.

En cuanto a la lógica del *Tercero incluido*: estamos conscientes de que somos, al mismo tiempo actores y no actores, más bien *transactores*. Todos los conceptos, por ejemplo: actor, personaje, espectador, teatro los visualizamos transdisciplinariamente en su doble identidad (dimensión ecológica y meta-sistémica), en su doble o triple origen: físico, biológico, antropo-sociológico y, lo más importante, en su doble enfoque (observador/conceptuador).

La complejidad reside en establecer relaciones mediante el diálogo, la recursividad y lo hologramático para unificar los niveles de realidad. En *Puentes Invisibles* se da el diálogo abierto entre lenguajes, acciones y realidades.

Puentes Invisibles *experiencia transteatral*

No hay espectáculo "puro": se trata, más bien, de acciones gestionadas por sujetos con una organización auto-poética que está más allá de las reglas y convenciones del teatro y del performance. La calidad se busca no en la fastuosidad, ni en la sobre-elaboración intelectual o técnica del acto, sino en la simpleza y humildad centrada en lo trascendente y significante en términos sagrados.

Puentes Invisibles no es una "obra cerrada", sino que propicia el "acontecimiento" abierto a la incertidumbre donde no existe la separación entre los participantes pues, como el rito, es una propuesta que invita a las personas y al ecosistema del bosque a la creatividad transformadora.

Entre inhalación y exhalación abrimos el espacio al *Tercero oculto*, término de interacción entre el mundo interno y externo de los Sujetos. Es por medio de la consciencia de la respiración que puede cambiar nuestra mentalidad.

Se busca una nueva convivencia y para alcanzarla afirmamos nuestra pertenencia a una cultura con apertura a otras. Es mediante el *Tercero oculto* que se puede propiciar la comprensión entre leguajes y culturas, por eso se otorga amplio espacio al silencio que hay entre las palabras. Somos incapaces de comprendernos entre individuos cuando solo vemos lo que nos separa y no lo que nos une.

Se trasciende la dualidad artista-espectador que convierte a la inmensa mayoría de los humanos en receptores pasivos de los procesos de transformación y participación del acto estético. Asumimos nuestra actitud "profesional" en el cumplimiento de nuestra tarea, sin protagonismos. No hay ninguna simulación, no "fingimos ser", "somos".

Nos proponemos hacer de cada presentación una celebración de carácter lúdico-festivo —como un medio para conjurar los actos que tienden a destruir los vínculos conviviales comunitarios— realizamos acciones de reencantamiento y buscamos contribuir al conocimiento, preservación y regeneración de las más valiosas tradiciones como expresión de la humana condición.

No hacemos un culto a lo nacional ni a lo global, procuramos que emerja la cosmodernidad, la sociedad-mundo como expresión del destino común planetario. Una sociedad-mundo donde es posible reconocer las diferencias, pero también las semejanzas. En *Puentes Invisibles* propiciamos la armonía entre las energías femeninas de la afectividad y la masculina de la efectividad, de esta manera los seres humanos y el planeta entero tenemos la oportunidad de manifestarnos en todo esplendor.

Hoy que la hiper-prosa intenta imponerse en el mundo, donde predomina el modo de vida monetarizado, cronometrado, parcelizado, compartimentado y atomizado; proponemos vivir en un estado poético.

Algunas de las condiciones para la emergencia del *transteatro* son: capacidad de autogeneración, cuidado para detectar y luchar contra la tendencia a la mecanización, dialogismo y convivialidad con distintas formas de representación y, sobre todo, resistencia a toda posibilidad de simplificar. La forma básica del código teatral, por muy útil que pueda resultar para identificar la los participantes del hecho teatral, no permite captar la multidimensionalidad, las interacciones, las solidaridades entre los innumerables procesos teatrales; sin embargo no se le rechaza, por el contrario, el paradigma de la complejidad permite su inclusión como punto de partida.

La premisa que debe tener en cuenta el trans*actor/ la transactriz* del transteatro es que su trabajo consiste en permitir que las cosas sucedan, debe hacer un *vacío* para ser *llenado*, para conectarse con la energía cósmica y desarrollar su atención para estar siempre presente, de este modo puede alcanzar la meta del arte y de la vida: la "calidad" como la define Brook: "Cuando la conciencia se eleva hasta una escala superior que transciende el arte y puede a su vez conducir al despertar espiritual; eventualmente, incluso, a la pureza absoluta, a lo sagrado" (1997, 93).

Un Sujeto transdisciplinario que hace transteatro se reconoce con capacidad para transitar por diferentes niveles de realidad y para contribuir al *reencantamiento del mundo*; no permanece estancado en un único campo disciplinar: teatro, danza, performance, psicología, sociología, antropología; es parte activa de una comunidad creativa cuya base de sustentación es el cuerpo donde movimiento, intelecto y emociones cohabitan; es capaz de producir momentos de honesta e intensa comunicación con otros sujetos, invitándolos a ser participantes activos y de establecer un diálogo con formas de creación y de pensamiento diferentes a las propias; de seguir los impulsos internos y externos; de no transformarse en "personaje"; de mantener lucidamente su postura vertical y, por encima de todo, procurar su propia liberación y ayudar a otros a ser liberados.

Trabajar para la evolución de la consciencia es el mejor laboratorio para la inclusión del *Tercero oculto* y para la coexistencia de diferentes niveles de realidad. Por eso concuerdo con Nicolescu en cuanto a que hoy en día la evolución no puede ser otra que una "revolución de la inteligencia que transforma nuestra vida individual y social en un acto tanto estético como ético, el acto de revelación de la dimensión poética de la existencia" (2009a 68).

En suma el transteatro es el espacio de encuentro y de convivio de visiones transestéticas, transpolíticas, transculturales y transespirituales promoviendo nuevas creaciones que reconecten con el cosmos.

Bibliografía

Bibliografía General

Acosta Báez, Francisco. "Teatro comunidad". *La escena latinoamericana*, nueva época, 5/6, (1995): 52-57.

Adame, Domingo. "Cuerpo y representación de la violencia. Ética y estética en Esclavo por su patria". En Alcántara Mejía, José Ramón y Jorge Yangali Vargas (coords.), *La representación de la violencia en el teatro latinoamericano contemporáneo: ¿Ética y/o estética?* México: Universidad Iberoamericana. 2016. 299-310.

---. "De la ritualidad a la transteatralidad en el teatro de entre siglos". En Aracil, Beatriz, José Luis Ferris y Mónica Ruiz (eds.), *America Latina y Europa. Espacios compartidos en el teatro contemporáneo*. Madrid: Visor libros, 2015. 417- 431.

---. "La reconceptualización del teatro más allá de los límites disciplinares". En *Investigación teatral* 1. (Nueva época), (2011b): 23-41.

---. "Grotowski y el cambio de mirada en el teatro latinoamericano". En Adame, Domingo (coord.) y Antonio Prieto (ed.), *Jerzy Grotowski. Miradas desde Latinoamérica*. Xalapa: Universidad Veracruzana, 2011. 5-20.

---. *Conocimiento y representación: un re-aprendizaje hacia la transteatralidad*. Xalapa: Facultad de Teatro/Universidad Veracruzana, 2009a.

---. "Experiencia Trans-escénica en El Tajín". En Adame, Domingo (Coord.), *Actualidad de las artes escénicas*. Xalapa: Facultad de Teatro/Universidad Veracruzana, 2009b. 150-166.

---. *Las enseñanzas de Rodolfo Valencia*. Xalapa: Facultad de Teatro/Universidad Veracruzana, 2008a.

---. Fediuk, Elka y Rivera Octavio. *Teorías y crítica del Teatro en la perspectiva de la Complejidad*. Xalapa: Facultad de Teatro-Universidad Veracruzana, 2008b.

---. "Rodolfo Usigli: Teatro de la gesticulación contra la simulación". En *Investigación Teatral* 9-10 (Primera época), (2006a): 45-53.

---. "Teatralidad india y comunitaria en México. Un acercamiento desde la complejidad". En *América sin nombre*. Boletín de la Universidad de Alicante: Recuperaciones del mundo precolombino y colonial en el siglo XX hispanoamericano 8, (2006b): 18-26.

---. *Elogio del oxímoron. Introducción a las teorías de la teatralidad*. Xalapa: Universidad Veracruzana, 2005a.

---. "Critica de la crítica: posmodernidad y teatro mexicano del nuevo milenio". En *Revista de Literatura Mexicana Contemporánea* 27, Vol.11. (2005b): 39-50.

---. *Teatros y teatralidades en México*. Siglo XX. Xalapa: AMIT, 2004.

---. *El director teatral intérprete-creador*. Puebla: Universidad de las Américas, 1994.

---. "Max Aub en México: Teatro y crítica". En Cecilio Alonso (ed.) *Max Aub y el laberinto español*. Actas del Congreso Internacional *"Max Aub y el laberinto español"*. Valencia: Ayuntamiento de Valencia, vol. 2, 1996. 788-804.

---. "La dramaturgia mexicana de 1950 a 1990 y sus temas fundamentales". En *Literatura Mexicana*. Vol. IV, núm. 2, (1993): 523-540.

Alcántara Mejía, José Ramón. *Textralidad. Textualidad y Teatralidad en México*. México: Universidad Iberoamericana, 2010.

---."La modernidad como paradigma teórico en la obra de Rodolfo Usigli". En *Investigación Teatral* 6/7 (2005): 9-22.

---. "Rodolfo Usigli y sus contemporáneos: encuentro de poéticas teatrales". En Investigación Teatral 9/10 (2006): 13-23.

Alcaraz, José Antonio. "1900-1950 de la Colonia a la Modernidad". En Moisés Pérez Coterillo (ed.) *Escenario de dos mundos. Inventario teatral de Iberoamérica*. Madrid: Centro de Documentación Teatral, 1988. 91-100.

Argudín, Yolanda. *Historia del teatro en México*. México: Panorama, 1986.

Argüelles, Hugo. *Teatro de Hugo Argüelles. Antología de comedias, tragicomedias y farsas* 2 tomos. Xalapa: Gobierno del Estado de Veracruz, 1992.

Aristóteles. *Poética*. (ed. de Aníbal González), Madrid: Taurus, 1987.

Arriaga, Lourdes y Santos Pisté Canche. "El laboratorio de teatro campesino e indígena de Tabasco". En *Memoria del Encuentro en torno al teatro rural*. México: Teatro Rural/Dirección General de Culturas Populares/SEP, 1985. [Copia mimeográfica, sin paginación].

Artaud, Antonin. *El Teatro y su doble*. Buenos Aires: Editorial Sudamericana, 1976.

Aswany, Alaa el. *J'aurais voulu etre égyptien*. Paris: Actes Sud, 2009.

Attar, Farid Uddin. *El lenguaje de los pájaros*. Barcelona: Edicomunicación, 1978.

Aub, Max. "Mi teatro y el teatro anterior a la República". En *Primer acto*. Núm. 144 (Mayo 1972): 37-40.

---. *Ensayos mexicanos. Poemas y Ensayos*. México: UNAM, 1974.

---. *Teatro breve. Obras Completas*, VII-B, 2002. Valencia: Generalitat Valenciana.

Azar, Héctor. *Funciones teatrales*. México: SEP-CADAC, 1982.

---. "Olímpica". En *Teatro al azar*. Puebla: Gobierno del Estado de Puebla-Instituto Nacional de Antropología e Historia, 1988. 117-196.

Bach, Eva y Pere Darder. *Desedúcate. Una propuesta para vivir y convivir mejor.* México: Paidós, 2005.
Bartra, Roger (sel. y prol.). *Anatomía del mexicano.* México: Plaza&Janés, 2002.
Basurto, Luis G. "Cada quien su vida". En *Teatro Mexicano del Siglo XX*, Vol. 3. 1981 [1955]. 563-647.
Berman, Morris. *El reencantamiento del Mundo.* Santiago de Chile: Cuatro vientos, 2001.
Bert, Bruno. "Una generación de perfil evasivo". En *La escena latinoamericana* (nueva época, año 3) núms. 5-6, (1995): 18-21.
Bharucha, Rustom. *Theatre and the World, Performance and the Politics of Culture.* London: Routledge, 1993.
Bonfil Batalla, Guillermo. *México profundo. Una civilización negada.* México: Grijalbo, 1987.
Brasseur de Bourboug, Charles Etienne. *Grammaire Quichée et le drame de Rabinal Achí.* Paris: A. Bertrand, 1862.
Brook, Peter. "Una dimensión diferente: La Calidad". En Panafieu, Bruno de (comp.), *Gurdjieff.* Caracas: Ganesha, 1997. 90-97.
Calderón de la Barca, Pedro. *Teatro.* México: Conaculta/Oceano, 1999.
Capra, Fritjof. *La trama de la vida.* Barcelona: Anagrama, 2006.
Carballido, Emilio. *Rosalba y los Llaveros, El relojero de Córdoba, El día que se soltaron los leones.* México: Fondo de Cultura Económica, 1979.
---. "Un pequeño día de ira". En *Teatro de Emilio Carballido*, Tomo II. México: Gobierno del Estado de Veracruz, 1992. 75-123.
---. "Yo también hablo de la rosa". En *Teatro Mexicano del Siglo XX.* V. México: Fondo de Cultura Económica, 1980. 234-278.
---. "Fotografía en la playa". En *Antología de Teatro Mexicano Contemporáneo* Madrid: Fondo de Cultura Económica, 1991. 561-619.
---. "Un gran ramo de rosas". En *Cuatro obras.* México: CONACULTA, 2011.
Castro Payno, Moisés, Eulalia Chávez Tomás, Blas Soto Islas, et al. "El teatro de San Miguel Tzinacapan no ha muerto, vive en las organizaciones". En *Memoria del Encuentro en torno al teatro rural.* México: Teatro Rural/Dirección General de Culturas Populares/SEP, 1985. [Copia mimeográfica, sin paginación].
Dauster, Frank. *Ensayos sobre teatro hispanoamericano.* Sepsetentas 208. México: SEP, 1975.

De María y Campos, Armando. *El teatro de género chico en la revolución mexicana*. México: Instituto de Estudios Históricos de la Revolución Mexicana, 1956.

Derrida, Jacques. *La escritura y la diferencia*. Barcelona: Antrophos, 1989.

Diéguez, Ileana. "Escrituras parricidas/cuerpos rotos de teatralidad". En *Investigación Teatral* 4, 2003. Primera época, año 4, vol. 1, (2003): 69-79.

Domenech, Ricardo y Monleón, José. "Entrevista con el exiliado Max Aub, en Madrid". En *Primer Acto* (Marzo de 1971): 44- 51.

Domínguez Michael, Christopher. "Teatro completo, V. Escritos sobre la historia del teatro en México, de Rodolfo Usigli". *Letras Libres* 74, (2006).

Fediuk, Elka. "Teatro y conocimiento". En *Investigación teatral*, No. 2, enero-junio, (2002): 47-59.

---. "Prólogo". En Adame, Domingo. *Elogio del Oxímoron. Introducción a las teorías de la teatralidad*. Xalapa: Universidad Veracruzana. 2005. 13-28.

Féral, Josette. "La théatralité". *Poétique* núm. 75, (1988): 359-360.

Fiallega, Cristina (coord.). *Historia del teatro guadalupano a través de sus textos*. Xalapa: Universidad Veracruzana, 2012.

Fischer-Lichte, Erika. "Las tendencias interculturales en el teatro contemporáneo". En Pavis, Patrice. *Tendencias interculturales y práctica escénica*. México: Gaceta, 1994.

---. *Semiótica del teatro*. Madrid. Arco/Libros, 1999.

---. *The Transformative Power of Performance*. New York: Routledge, 2008.

---. *Estética de lo performativo*. Madrid: Abada Editores, 2011.

Fortier, Mark. *Theory/Théatre*. Roudlege, London, 1997.

Foster, David William. *Estudios sobre Teatro Mexicano Contemporáneo*. New York: Peter Lang, 1984.

Francisco Velasco, Domingo (Comp.). *A la luz del padre sol. Kxmakgaxkgakganatkintlatikan Chichiné. Guiones de teatro comunitario totonaca (1982-2011)*. DIF estatal de Veracruz y Centro de las Artes Indígenas. Papantla: Tres corazones, 2014.

Freyre, Northrop. *Anatomía de la crítica*. Caracas: Monte Ávila, 1991.

Frischmann, Donald. *El nuevo teatro popular en México*. México: INBA-CITRU, 1990.

---. y Carlos Montemayor (edits.). *Words of the True Peoples. Palabras de los seres verdaderos. Antology of Contemporary Mexican Indigenus-Language Writers*. (Vol. 3) Theatre. Teatro. Austin: University of Texas Press, 2004.

---. "Transformación y trascendencia en el arte ritual y escénico de los mayas peninsulares". En *Investigación Teatral 5* (2004): 9-20.

---. "El teatro en las comunidades zapatistas de Chiapas". En *Investigación teatral* 3 (primera época), (2003): 13-21.

---. "El teatro de comunidad en México: teoría y praxis". En *Entorno* 56-57 (nueva época), (2001): 36-43.

---. "Etnicidad activa: nativismo, otredad y teatro indio en México". En *Memoria del III Encuentro Nacional de Investigación Teatral*. México: CITRU-INBA, 1992. 25-34.

Gadamer, Hans Georg. *Verdad y método*. Salamanca: Sígueme, 1988.

García Barrientos, José Luis. *Drama y Tiempo*. Madrid: Consejo Superior de Investigaciones Científicas, 1991.

Gardner, Howard. *Inteligencias múltiples*. Barcelona: Paidós, 1983.

Garro, Elena. "Felipe Ángeles". En *Antología de Teatro Mexicano Contemporáneo*, Madrid: Fondo de Cultura Económica, 1991 [1975]. 335-427.

Gómez González, Hilda Saray. "Teatro mexicano y posmodernidad". En *Investigación Teatral* primera época, año 3, vol. 1, (2003): 95-105.

Grotowski, Jerzy. *Hacia un teatro pobre* (Trad. Margo Glantz). México: Siglo XXI (5ª ed.), 1976.

Hérnandez, Luisa Josefina. "Los frutos caídos". En *Teatro Mexicano del Siglo XX*, Vol. 3, 1981 [1955]. 403-478.

---. "Usigli y la enseñanza de teoría dramática". En *Rodolfo Usigli, ciudadano del teatro. Memoria de los homenajes 1990-1991*. México: CITRU-INBA, 1992. 43-45.

Herrera Flores, Iván. *Rodolfo Valencia en el Teatro. Su Trabajo y su Método*. Tesis de Licenciatura. Facultad de Filosofía y Letras. México: UNAM, 2006.

Ita, Fernando de (comp.). *Antología de Teatro Mexicano Contemporáneo*. Madrid: Centro de Documentación Teatral/Fondo de Cultura Económica, 1991.

Jiménez Castillo, Manuel. "Investigación sobre teatro indígena y campesino. Un punto de vista antropológico", en *Memoria del III Encuentro Nacional de Investigación Teatral*. México: CITRU-INBA, 1992. 42-52.

Juarroz, Roberto. *Antología vertical*. Madrid. Visor, 1991.

Kemp, Lois A. "Diálogos con Max Aub". *Estreno* III núm. 2 (1977): 8-11, 15-19.

Kowzan, Tadeusz. *Literatura y espectáculo*. Madrid: Taurus, 1992.

Laplantine, F. *Mestizajes. De Arcimboldo a zombie*. Buenos Aires: Fondo de Cultura Económica, 2007.

Layera, Ramón. *Usigli en el Teatro. Testimonio de sus contemporáneos, sucesores y discípulos*. México: CITRU-INBA/UNAM, 1996.

Lehmann, Hans-Thies. *Le théâtrepostdramatique*, Paris: L´Arche, 2002.

Leñero, Vicente. "Nadie sabe nada". *Gestos* núm. 7 (1989): 145-195.

---. "El resurgimiento de la dramaturgia mexicana". En *Memoria de Papel*. Año 1. Núm. 1, (1991): 86-91.

---. *La noche de Hernán Cortés*. Madrid: El público-Centro de Documentación Teatral, 1992.

Liera, Óscar. "El jinete de la divina providencia". En Leñero, Vicente (Sel. e Intr.) *La nueva dramaturgia mexicana*. México: Ediciones El Milagro Segund. Ed., 2012. 423-489.

López Medina, Paloma. "Al maestro con amor... o el patriarca Usigli y su manada atávica de imberbes". En *Investigación teatral* 9-10, (2006): 63-73.

Lluis Sirera, Joseph. "Estudio introductorio a Max Aub". En *Max Aub, Teatro breve. Obras Completas. VII-A*. Valencia: Biblioteca Valenciana, 2002.

Magaña Esquivel, Antonio. *Imagen y realidad del teatro en México*. México: INBA/Escenología, 2000.

Margules, Ludwik. "Un corrido para Pancho Villa." En De Ita, Fernando. *Antología de Teatro Mexicano Contemporáneo*, 1991. 1030-1050.

---. "Algunas reflexiones en torno a la puesta en escena mexicana de los años cincuenta a los años noventa". En Meyran, Daniel y Alejandro Ortiz (eds.) *El teatro mexicano visto desde Europa*. Perpignan: Presses Universitaires, 1994. 279-290

Magaña, Sergio. "Los Signos del Zodíaco". En *Teatro Mexicano del Siglo XX*. Vol III, México: Fondo de Cultura Económica, 1981. 208-325.

---. Moctezuma II. *En Antología de Teatro Mexicano Contemporáneo*, Madrid: Centro de Documentación Teatral-Fondo de Cultura Económica, 1991. 439-547.

Matus, Macario. "Teatro en lengua zapoteca". En *Memoria del Encuentro en torno al teatro rural*. México: Teatro Rural/Dirección General de Culturas Populares/SEP, 1985. [Copia mimeográfica, sin paginación].

Maya, Ildefonso. "El teatro masivo indígena, base del teatro mexicano". En *Memoria del III Encuentro de Investigación Teatral*. México: CITRU-INBA, 1992. 15-24.

Mendoza, Juan. "Vuelos y raíces: por una memoria escénica regional". En Adame, Domingo (Coord.) *Artes Escénicas y Universidad en el Siglo XXI*. Xalapa: Universidad Veracruzana, 2015. 91-94.

Mendoza, María Luisa. "Crítica a Olímpica" en *Teatro mexicano 1964*. México: Aguilar.

Merino Lanzilotti, Ignacio. "Las tandas del tlancualejo" en *Conjunto*, núm. 41, julio-septiembre (1979): 29-91.

---.1972. *El teatro*. México: ANUIES, 1967.

Meyer, Germán. El teatro en las fiestas indígenas. En *Memoria del Encuentro en torno al teatro rural*. México: Teatro Rural/Dirección General de Culturas Populares/SEP, 1985. [Copia mimeográfica, sin paginación].

Meyran, Daniel. *El discurso teatral de Rodolfo Usigli. Del signo al discurso*. México: CITRU-INBA, 1993.

Middleton, Deborah. "`Sacralidad secular´ en el teatro ritual del Taller de Investigación Teatral de la UNAM". En Adame, Domingo y Antonio Prieto (coord. y ed.), *Jerzy Grotowski, miradas desde Latinoamérica*. Xalapa: Universidad Veracruzana, 2011. 109-129.

Mijares, Enrique. "Presentación", *en Hugo Salcedo. Teatro de Frontera 2*. Durango: UJED, 1999.

Molina, Magdalena. "Teatro campesino e indígena. El despertar del jaguar". En *Memoria de Papel* 1. México: CNCA. (1991): 103-110.

Monleón, José. "Entrevista a Carlos Fuentes". En *América Latina: teatro y revolución*. Caracas: CELCIT, 1978.

Monsiváis, Carlos. "La cultura en México 1910-1970. En *Historia General de México*. México: El Colegio de México-SEP (ed. especial), 1981.

Monti, Silvia. "Entre el compromiso y la risa". En *Max Aub, Teatro breve. Obras Completas VII-B*. Valencia: Generalitat Valenciana, 2002.

Montoya, María Tereza. *Mi vida en el teatro*. México: Botas, 1956.

Moraleda, Pilar. "Max Aub y su visión del teatro: entre las tablas y el "fantasma de papel", en Cecilio Alonso (ed.), *Max Aub y el Laberinto español. Actas del Congreso Internacional "Max Aub y el laberinto español"*. Valencia: Ayuntamiento de Valencia, vol. 1, 1996. 221-236.

Morin, Edgar y Anne Brigitte Kern. *La Voie. Pourl'avenir de l'humanité*. Paris: Fayard, 2011.

---. *Método III. El conocimiento del conocimiento*. Madrid: Cátedra (5a. ed.), 2006a.

---. *Método VI. La ética*. Madrid: Cátedra (1a. ed.), 2006b.

---. *Introducción al pensamiento complejo*. Barcelona: Gedisa, 2003a.

---. *Método V. La humanidad de la humanidad*. Madrid: Cátedra, 2003b.

---. *Método II. La vida de la vida*. Madrid: Cátedra, 2002.

---. *Método IV. Las ideas*. Madrid: Cátedra, 2001.

---. *La mente bien ordenada*. Barcelona: Seix Barral, 2000.
---. *Tierra Patria*. Barcelona: Kairos, 1993.
Nicolescu, Basarab. *Science, Culture and Spirituality – from Modernity to Cosmodernity*. New York: SUNY Press, 2014.
---. "La idea de niveles de Realidad y su relevancia para comprender a la no-Reducción y a la Persona". En Núñez, Cristina et. al. (comp.), *Transdisciplinariedad y Sostenibilidad. Encuentro con Basarab Nicolescu*. Xalapa: Universidad Veracruzana/Editores de la Nada, A.C, 2011a. 13-29.
---. "Peter Brook y el pensamiento tradicional". En *Investigación Teatra*l 2, (2011b): 9-41.
---. *La Transdisciplinariedad. Manifiesto*. Trad. Mercedes Vallejo Gómez. Hermosillo: Multiversidad Mundo Real Edgar Morin, A.C, 2009a.
---. *Qu'est-ce que la réalité?* Montréal: Liber, 2009b.
Nomland, John B. *Teatro mexicano contemporáneo 1900-1950*. México: INBA, 1967.
Núñez, Nicolás. "De El Príncipe constante a Esclavo por su patria". En Adame, Domingo (coord.) y Antonio Prieto Stambaugh (ed.), *Jerzy Grotowski. Miradas desde Latinoamérica*. Xalapa: Universidad Veracruzana, 2011. 133-142.
---. "Transteatro". En Adame, D. (Coord. y ed.), *Actualidad de las Artes Escénicas. Perspectiva Latinoamericana*. Xalapa: Facultad de Teatro/Universidad Veracruzana, 2009. 144-149.
---. *Teatro antropocósmico*. México: Secretaría de Educación Pública, 1987. (En 2016 se hizo una nueva edición: Teatro antropocósmico. México: Libros de Godot.
Olavarría y Ferrari, Enrique. *Reseña histórica del Teatro en México*. Tomo II. México: Porrúa, 1961.
Olguín, David. (Coord.). *Un siglo de teatro en México*. México: Fondo de Cultura Económica/ CONACULTA, 2011.
---. *"¡Hasta que por fin vino alguien a descubrirme!"*. Los enemigos (programa). México: Compañía Nacional de Teatro, INBA, 1989.
Olmos, Carlos. "El eclipse". En Antología de Teatro Mexicano Contemporáneo. México: Fondo de Cultura Económica, 1991. 1361-1441.
Ortega, Carlos y Pablo Prida. El país de los cartones. México: Sociedad Mexicana de Autores, 1915.
Palou, Pedro Ángel. *La culpa de México*. México: Grupo Editorial Norma, 2009.

Partida, Armando. "Óscar Liera: De la farsa amigable al imaginario patrimonial regional". En *Conferencia Magistral presentada en el XXI Congreso Internacional de la Asociación Mexicana de Investigación Teatral* organizado por la Facultad de Filosofía y Letras de la Universidad Autónoma de Sinaloa en Culiacán, Sinaloa. (2015a, nov): en Cualiacan Sinaloa, 18 – 20 de noviembre del 2015.

---. "Malverde o la caída del héroe". En *Ponencia presentada en el XXI Congreso Internacional de la Asociación Mexicana de Investigación Teatral* organizado por la Facultad de Filosofía y Letras de la Universidad Autónoma de Sinaloa. (2015b, nov): en Culiacán, Sinaloa, 18-20 de noviembre del 2015.

---. *Modelos de acción dramática aristotélicos y no aristotélicos*. Seminarios Facultad de Filosofía y Letras UNAM. México: Ediciones Itaca, 2004.

---. *Escena mexicana de los noventa*. México: CONACULTA-FONCA, 2003.

Pavis, Patrice. *Tendencias interculturales y práctica escénica*. México: Gaceta, 1994.

Paz, Octavio. *El laberinto de la soledad*. México: Fondo de Cultura Económica, 1997.

---."San Juan". En *El hijo pródigo*. Núm. 5 (15 de agosto 1943): 135-144.

---. *Piedra de Sol*. México: Fondo de Cultura Económica, 1957.

Porter, Luis. "Eros y la educación: complejidad y ritmo justo" en Guillaumín, Arturo y Octavio Ochoa (eds.). *Hacia otra educación. Miradas desde la complejidad*. Xalapa: Arana editores/Complexus, 2009. 299-329.

Rabell, Malkah. "Felipe Ángeles, teatro mexicano." En *Decenio de teatro 1975-1985*. México: El día, 1986. 81-83.

Rascón Banda, Víctor Hugo. *El nuevo teatro*. México: El Milagro/Conaculta, 1997.

---."Playa azul". En *Antología de Teatro Mexicano Contemporáneo*, Madrid: Centro de Documentación Teatral-Fondo de Cultura Económica, 1991. 1453-1515.

Revardel, Jean- Louis. *Haptonomie et pensé moderne*. Paris: PUF, 2003.

Ricoeur, Paul. *Freud: una interpretación de la cultura*. México: Siglo XXI, 1983.

Ruiz Avila, Dalia. "El silencio y su significación. Análisis del discurso zapatista" en *Memoria*, núm.161 [julio], (2002): 13-18.

Ruiz Bañuls, Mónica. "La devoción popular guadalupana en la teatralidad mexicana" en *América sin nombre* (Boletín de la Unidad de Investigación de la Universidad de Alicante "Recuperaciones del mundo precolombino y colonial en el siglo XX hispanoamericano"). Núm. 8, Diciembre, (2006): 36-42.

Salcedo, Hugo. *Teatro de Frontera 2*. Durango: UJED, 1999.

---. Bárbara Gandiaga: crimen y condena en *La Misión de Santo Tomás*. Xalapa: Tramoya, Universidad Veracruzana, (1995): 4-38.

---. "¿Qué rayos está pasando?", en *El teatro mexicano visto desde Europa*, D. Meyran y A. Ortiz (eds.) Perpignan: Presses Universitaires, 1994. 257-264.

Schechner, Richard. *Performance Studies. An introduction*. New York: Routledge, 2002.

Serna, Enrique. *Ángeles del abismo*. México: JoaquínMortiz, 2004.

Shevtsova, Maria. *Theatre and Cultural Interaction*. Sydney: University of Sydney, 1993.

Solórzano, Carlos. *Testimonios teatrales de México*. México: UNAM, 1973.

Tavira, Luis de. "Entrevista" en Espinoza, Pablo. *La Jornada* 13 de julio, (1992): 25.

Todorov, Tzvetan. *La conquista de América. La cuestión del otro*. México: Siglo XXI, 1987.

Toor, Frances. *A treasury of Mexican Folklore*. New York: Crown, 1947.

Toriz, Martha. "A la luz del padre sol. Kxmakgaxkgakganat-kintlatikan Chichiné. Guiones de teatro comunitario totonaca (1982-2011)". Reseña en *Investigación Teatral* núm 9 (2016): 145-148.

---. *La fiesta prehispánica: un espectáculo teatral*. México: INBA, 1983.

Toro, Alfonso de. "Posmodernidad y Latinoamérica. Con un modelo para la narrativa posmoderna". En *Revista Iberoamericana* núm. 155-156 (abril-septiembre), (1991): 441-467.

Tovar, Juan. "La madrugada". En *Antología de Teatro Mexicano Contemporáneo*, 1991. 1053-1093.

Usigli, Rodolfo. *Teatro completo*. México: Fondo de Cultura Económica, 2005.

---. "Las máscaras de la hipocresía". En Bartra, Roger. *Anatomía del Mexicano*. México: Plaza&Janés, 2002. 131-144.

---. "El gesticulador". En *Teatro completo I*. México: Fondo de Cultura Económica. (Segunda reimpresión), 1997.

---. "Dimensiones del teatro en México" en *Repertorio* núm. 1, (1987): 13-18.

---. "Epilogo sobre la hipocresía del mexicano". En *Teatro completo III*. México: Fondo de Cultura Económico, 1979. 452-477.

---. *Itinerario del autor dramático*. México: La Casa de España, 1940.

---. *México en el teatro*. México: Imprenta mundial, 1932.

Valencia, Rodolfo. "Lenguaje literario y lenguaje teatral". En *La literatura dramática y el teatro hoy. Memorias del coloquio*. México: Facultad de Filosofía y Letras/UNAM: 1995. 19-25.

---."Metodología de Teatro Campesino" en *Acotación*, Núm. 3 año 2. México. CITRU, INBA, (1992): 1-4.

Valdés Medellín, Gonzalo. "Los miserables" en *Uno más uno*. 30 de mayo (1992): 11.

Varios. *El arte de ser totonaca*. Centro de las Artes Indígenas (CAI). Xalapa: Gobierno del Estado de Veracruz/DIF, 2009.

Villegas, Juan. *Para la comprensión del teatro como construcción visual*. Irvine: Gestos, 2000.

Villoro, Luis. "Comunidades indígenas, espacios para realizar la utopía: Luis Villoro" en *La jornada* (Sección Cultural), Viernes 8 de octubre (2010).

Weisz, Gabriel. "La piel mágica de los dioses". En *Memoria del Encuentro de Teatro Rural*. México: Dirección General de Culturas Populares/SEP, 1985. [Copia mimeográfica, sin paginación].

Páginas web

Adame, Domingo. "Puentes transdisciplinarios en la escena mexicana contemporánea: Esclavo por su patria de Nicolás Núñez (2014) y su relación con El Príncipe constante de Calderón de la Barca (1629) y la versión de Jerzy Grotowski (1965)". En Revista iMex. Mexico interdisciplinario. (http://www.imex-revista.com/puentes-transdisciplinarios/)

Baczynska, Beata. "Espacio teatral áureo y prácticas escénicas del siglo XX. Observaciones al margen de los montajes polacos de El Príncipe Constante de Calderón". 1993. En AISO. Actas III, p. 47-55. (http://cvc.cervantes.es/literatura/aiso/pdf/03/aiso_3_2_007.pdf) Consultado el 1 de septiembre de 2012.

Brook, Peter. 2014. En Jiménez, Vicente. Peter Brook: "El teatro es un cerebro compartido" (Entrevista). El país. http://cultura.elpais.com/cultura/2014/10/04/actualidad/1412421885_218346.html

De Ita, Fernando. Revista Teatro Mexicano 1. 2009. (http://www.teatromexicano.com.mx/revista/articulo.php?id=59)

Findlay, Robert y Halina Filipowicz. El teatro laboratorio de Grotowski, disolución y diáspora. Trad. Raúl Bravo Aduna. (http://cuadrivio.net/2012/04/el-teatro-laboratorio-de-grotowski-disolucion-y-diaspora/) Consultado el 14 de octubre 2012.

García Canclini, Néstor. "Opciones de políticas culturales en el marco de la globalización". http://www.unam.mx/cultura/informe/default.htm

Goring Kepner, Christine. El tema de la constancia en dos obras religiosas de calderón, pp. 1-13. (www.spu.edu/orgs/nacfla/paper014.doc - Estados Unidos). Consultado el 15 de agosto de 2012.

Guzmán Wolffer, Ricardo. "Violencia e identidad". En La Jornada semanal, 868. Domingo 23 de octubre de 2011. (http://www.jornada.unam.mx/2011/10/23/sem-ricardo.html)

Lomnitz, Claudio. "Insoportable Levedad". En Fractal 2, 1996.: 51-76 http://www.mxfractal.org/F2lomni.html.

Ortiz Castañares, Alejandra "Milán despide a Dario Fo, el Molière del tercer milenio". La Jornada. Cultura. Recurso electrónico. http://www.jornada.unam.mx/2016/10/16/cultura/a02n1cul 10 de octubre de 2016.

Robert, Paul. Le Petit Robert. París: Le Robert, 1984.S.N.L. https://openlibrary.org/books/OL2976929M/Le_petit_Robert_1.

Lista de obras citadas

¿A poco hay cimarrones?
A la deriva
Acapulco los lunes
Adiós, Blanca Paloma
Aguas estancadas
Águila o sol
Almanaque de Juárez
Ángeles del abismo
Antorchas para amanecer
Atlántida
Auto Sacramental del Divino Narciso
Baden-Baden
Bajo el silencio
Bárbara Gandiaga
Bodas de sangre
Cada quien su vida
Cantata a Hidalgo
Carmen
Clotilde en su casa
Corona de fuego
Corona de luz
Corona de Sombra
Cortés y la Malinche
D.F.
De la calle
De memoria
De todos para todos
Debiera haber obispas
Del espacio te bajaron, ¿y por qué estás en mí?
Desazón
Dinastía de jaguares
Dulces compañías
Égloga de los ciegos
El alfarero
El almanaque de Juárez

El aria de la locura
El atentado
El ausente
El burro y la mariposa
El camino rojo a Sabaiba
El corrido de Pablo Damián
El cuadrante de la soledad
El día que se soltaron los leones
El eclipse
El eco de nuestra voz
El extensionista
El gesticulador
El haragán y el zopilote
El hombre nuevo
El hombre Prometeo
El jardín de las delicias
El jinete de la divina providencia
El juicio final
El laberinto de la soledad
El maíz del tío Conejo
El maíz en casa
El manto sagrado
El medio pelo
El niño y la niebla
El origen de la creación
El origen del maíz
El oro de la Revolución Mexicana
El país de los cartones
El pájaro colorado
El pequeño caso de Jorge Lívido
El príncipe constante
El relojero de Córdoba
El Retablo del gran relajo
El robo del penacho de Moctezuma
El tesoro de Cuauhtémoc
El tuerto es rey
El último piso

El veneno que duerme
El viaje de los cantores
El vuelo sobre el océano
En busca de la razón
¿En qué piensas?
Entre menos burros, más olotes
Esclavo por su patria
Estado de secreto
Felicidad
Felipe Ángeles
Fotografía en la playa
Gramoxone
Ha llegado el momento
Herencia fatal
Historia de un anillo
Homenaje a Hidalgo
Ifigenia cruel
In Yankuit Tit
Invitación a la muerte
Israel
Jesús de Nazareth
Juchitán en el tiempo
La apassionata
La batalla del 5 de mayo
La cárcel
La Conferencia de los Pájaros
La danza que sueña la tortuga
La estrella de Sevilla
La hebra de oro
La hija de Rappaccini
La hora de todos
La incontenible vida del respetable Sr. Ta Ka Brown
La madrugada
La maldición de Pilatos
La Malinche
La máscara (Talakganu)
La Misión de Santo Tomás

La mujer que cayó del Cielo
La noche de Hernán Cortés
La Pasión de Pentesilea
La paz ficticia
La rosa de oro
La Tempestad
La vida conyugal
La vida es sueño
La zona intermedia
Las adoraciones
Las tandas del tlancualejo
Las vírgenes prudentes
Los albañiles
Los arrieros con sus burros por la hermosa capital
Los caminos solos
Los cuervos están de luto
Los desarraigados
Los dos hermanos
Los dos Juárez
Los endemoniados
Los enemigos
Los frutos caídos
Los gallos salvajes
Los guerrilleros
Los hijos de Sánchez
Los negros pájaros del adiós
Los niños prohibidos
Los prodigiosos
Los que vuelven
Los recuerdos del porvenir
Los reyes del mundo
Los rubios
Los siete abuelos
Los signos del zodíaco
Los sordomudos
Los zorros
Mahabharata

Malditos
Manga de clavo
Martirio de Morelos
Mi desgracia
Mi querido Juanito
Moctezuma II
Música de balas
Nadie sabe nada
Nican Mopohua
No
No ser Hamlet
Noche de estío
Nuevo tercer acto
Olímpica
Orquídeas a la luz de la luna
Parada de San Ángel
Parece mentira
Piedra de Sol
Planta y flor que regeneran el organismo del hombre
Playa Azul
Prometeo encadenado
Puentes invisibles
Quetzalcóatl
¿Quién dice verdad?
Rabinal Achi
Renacimiento
Rentas congeladas
Rosa de dos aromas
Rosalba y los Llaveros
San Francisco de Asís
San Martín de Porres
Sea usted breve
Señoritas a disgusto
Sexo, y pudor y lágrimas
Silencio pollos pelones ya les van a echar su maíz
Superhéroes de la aldea global
Tejedoras del destino

Tercera llamada, tercera, o comenzamos sin usted
Terrores y miserias del Tercer Reich
Tierra y fuego
Todos los gatos son pardos, (que en su versión de 1990 cambió a *Ceremonias del alba*)
Tránsito
Trufaldino, servidor de dos patrones
Un gran ramo de rosas
Un misterioso pacto
Un pequeño día de ira
Una ciudad para vivir
¡Vámonos al paraíso!
Vine, vi y mejor me fui
Y el milagro
Yo soy Juárez
Yo también hablo de la rosa

Lista de autores, instituciones y grupos citados

A
Aceves, José de Jesús
Acosta Báez, Francisco
Alcántara, José Ramón
Alcaraz, José Antonio
Alfa y Omega (Grupo teatral)
Alianza Francesa de México
Appia, Adolph
Argudín, Yolanda
Argüelles, Hugo
Aristóteles
Arreola, Juan José
Arriaga, Lourdes
Artaud, Antonin
Arte Escénico Popular
Asociación Mexicana de Investigación Teatral (AMIT)
Asociación Nacional Teatro-Comunidad (TECOM)
Aswany, Alaa el
Aub, Max
Azar, Héctor

B
Baba, Homi
Baczynska, Beata
Bajtín, Mijaíl
Banu, Georges
Barba, Eugenio
Bardini, Roberto
Barrault, Jean Louis
Bartra, Roger
Basurto, Luis G.
Benítez, Fernando
Berman, Morris
Berman, Sabina
Betto, Frei

Bhabha, Homi
Bharucha, Rustom
Blancarte, Óscar
Bloch, Susana
Bohn, David
Bonfil Batalla, Guillermo
Bourdieu, Pierre
Bourges, Héctor
Bourges, Marcela
Bracho, Julio
Brasseur de Bourboug, Charles Etienne
Brigadas de Teatro Francisco Covarrubias
Brook, Peter
Bustillo Oro, Juan
Byron, Lord George Gordon

C
Cabral, Amilcar
Calderón de la Barca, Pedro
Calderón, Felipe
Calles, Plutarco Elías
Campos, Julieta
Cantón, Wilberto
Capra, Fritjof
Carballido, Emilio
Cárdenas, Lázaro
Carranza, Venustiano
Carvahlo-Neto, Paulo de
Casa de la Cultura (UAS)
Casa de la Cultura de Pabellón de Arteaga
Casa de las Américas
Casa del Teatro (del Centro de las Artes Indígenas)
Casas de Cultura del Seguro Social
Cascarazo (Grupo teatral)
Cassab, Eduardo
Castellanos, Julio
Centro de las Artes Indígenas

Centro Europeo de Estudios sobre Teatro Mexicano
Centro Internacional de Creaciones Teatrales
Centro Libre de Experimentación Teatral y Artística (CLETA)
Centro Nacional de Investigación Teatral Rodolfo Usigli (CITRU)
Centro Universitario de Teatro (CUT)
Cisneros, Enrique
Cixous, Hélène
Colegio de Literatura Dramática y Teatro (CLDyT) de la UNAM
Coliseo de Comedias
Compañía Nacional de Teatro (CNT)
Conservatorio Nacional
Contreras, Gabriel
Copeau, Jacques
Cortés, Elba
Córtes, Ramos Cecilia
Cortés, Hernán
Covarrubias, Miguel
Craig, Edward Henry Gordon
Cruz, Sor Juana Inés de la
Cszieslack, Riszard
Cueto, Germán
Cunningham, Merce
Chabaud, Jaime
Chéjov, Antón

D

D´Erzel, Catalina
Darder, Pere
Dauster, Frank
De Ita, Fernando
Deleuze, Gilles
De la Cruz, Petrona
Departamento de Artes de la Universidad de las Américas-Puebla
Departamento de Bellas Artes de la Secretaría de Educación Pública
Derrida, Jacques
Desarrollo Integral de la Familia (DIF)
Diago, Nel

Díaz del Castillo, Bernal
Díaz, Porfirio
Díaz, Ricardo
Diéguez, Ileana
Díez Barroso, Víctor Manuel
Domenech, Ricardo
Domínguez Michael, Christopher
Dubatti, Jorge
Dullin, Charles
Dzul Ek, Carlos Armando

E
Eco, Umberto
El Búho
El Galeón, teatro
Escalante, Ximena
Escolares del Teatro
Escuela de Arte Dramático, Yale
Escuela de Arte Teatral
Escuela Nacional de Arte Teatral
Escuela Mexicana de Pintura
Escuela Nacional de Teatro, Cuba
Escuela nacionalista
Especies (Grupo teatral)
Esquilo
Esté, Aquiles
Estudio de Artes Escénicas
Evreinov, Nicolás

F
Fábregas, Virginia (Teatro)
Facultad de Filosofía y Letras (FFyL)
Facultad de Teatro (Universidad Veracruzana)
Faesler, Juliana
Fantoches (Grupo teatral)
Fediuk, Elka
Féral, Josette

Fernández Ledezma, Gabriel
Festival Cumbre Tajín
Figueroa, Tolita
Filipowicz, Halina
Fischer, Hervé
Fisher-Lichte, Erika
Fondo de Cultura Económica (FCE)
Foster, David William
Francisco Velasco, Domingo
Frischmann, Donald
Frye, Northop
Fuchs, Georg
Fuentes, Carlos
Fundación Rockefeller

G

Gadamer, Hans Georg
Gadner, Howard
Galindo, Hernán
Gama, Dagoberto
Gamboa, José Joaquín
Gaona Vega, Zeferino
Garbo, Greta
García Barrientos, José Luis
García Canclini, Néstor
García Dionisio, Esperanza
García Lorca, Federico
Garro, Elena
Garza, Juana María
Giner de los Ríos, Bernardo
Gobierno Revolucionario de Cuba
Goldoni, Carlo
Gómez de Orozco, Federico
Gómez, Hilda Saray
González Caballero, Antonio
González Dávila, Jesús
González Pérez, Flor Zoila

Gorostiza, Celestino
Grotowski, Jerzy
Grupo Apolo (GA)
Grupo cultural Zero
Grupo de los siete
Grupo multigeneracional Sac Nicté ("Flor Blanca")
Guattari, Félix
Guillaumín, Dagoberto
Guiochins, Elena
Gutiérrez, Alejandra
Guzmán Wolffer, Ricardo

H
Hellman, Lilian
Henríquez Guzmán, Miguel
Hernández Jiménez Francisco
Hernández, Luisa Josefina
Hernández Vázquez, Ygnacia
Herrera, Iván
Hol Po (Grupo teatral)
Huerta, Victoriano

I
Ibañez, Juan
Ibarra, Federico
Ibsen, Henrik
Inclán, Federico S.
Instituto Internacional de Teoría y Crítica de Teatro Latinoamericano
Instituto Mexicano del Seguro Social (IMSS)
Instituto Nacional de Bellas Artes (INBA)
Instituto Nacional para la Educación de los Adultos (INEA)

J
Jaramillo, Rubén
Jiménez Castillo, Manuel
Jiménez Mabarak, Carlos

Jiménez Rueda, Julio
Jodorowsky, Alejandro
Johnson, Ben
Jones, Susana
Jouvet, Louis
Juarroz, Roberto

K
Kapikúa (Grupo teatral)
Keleman, Stanley
Kresnik, Johan

L
La Casa de España en México
La Casa del Teatro
La Comedia Mexicana
La Linterna Mágica (Grupo teatral)
La Sorbona
Laboratorio de teatro campesino e indígena de Tabasco (LTCI)
Landa, Fray Diego de
Layera, Ramón
Lazo, Agustín
Lehmann, Hans-Thies
Lenkersdorf, Carlos
Leñero, Estela
Leñero, Vicente
León Portilla, Miguel
Liera, Óscar
Loeb Drama Theatre
Lo'il Maxil ("La Risa de los Monos"), grupo teatral
Lomnitz, Claudio
López de Gómara, Francisco
López Medina, Paloma
López, Cutberto
López, Willebaldo
Los Pirandellos
Los Zurdos

Lowen, Alexander
Lozano García, Carlos
Lozano García, Lázaro
Luna, Alejandro
Lyotard, Jean-François

M
Madariaga, Salvador de
Madero, Francisco I.
Magaña Esquivel, Antonio
Magaña, Sergio
Magdaleno, Mauricio
Margules, Ludwik
Marinetti, Filippo Tommaso
Martínez, José Luis
Matus, Macario
Maya Fernández, Balam
Maya, Ildefonso
Maza, Lorena
Medina Jiménez, Alejandro
Méndez Garcia, Sara
Mendoza, Héctor
Mendoza, Juan
Merino Lanzilotti, Ignacio Cristóbal
Meyer, Germán
Meyran, Daniel
Midletton, Debora
Mijares, Enrique
Miller, Arthur
Mnouchkine, Arianne
Moctezuma II
Moncada Galán, Raúl
Moncada, Luis Mario
Monleón, José
Montemayor, Carlos
Monterde, Francisco
Monti, Silvia

Montoya, María Tereza
Moraleda, Pilar
Morin, Edgar
Muestra Nacional de Teatro
Müller, Heiner
Museo Nacional de Culturas Populares

N
Nacionalismo Cultural
Navarro, Gerardo
Nicolescu, Basarab
Nietzche, Friedrich
Nimayana, (Grupo teatral)
Nomland, John B.
Noriega Hope, Carlos
Novo, Salvador
Nueva dramaturgia Mexicana
Nuevo Teatro Popular
Núñez, Nicolás

O
O´Neill, Eugene
Olarte, Serafín
Obregón, Álvaro
Olguín, David
Olmos de Ita, Enrique
Olmos, Carlos
Ortega, Carlos M.
Ortiz Bulle-Goyria, Alejandro
Ortiz, Rubén

P
Paccioto, Andrea
Pacheco, José Emilio
Palacio de Bellas Artes
Palou, Pedro Ángel
Parada León, Ricardo

Partida Tayzan, Armando
Pavis, Patrice
Paz, Octavio
Peón y Contreras, José
Pérez Hernández, Bonifacio
Pino Suarez, José María
Pirandello, Luigi
Pisté Canché, Santos
Platón
Poesía en voz alta
Porter, Luis
Prescotl, William H.
Prida, Pablo
Prieto, Julio
Proa, Grupo

Q
Quiroga, Camila

R
Rabell, Malkah
Radrigán, Valeria
Ramírez, Fausto
Ramos Juárez, Gerardo
Rascón Banda, Víctor Hugo
Reich, Wilhem
Retes, Ignacio
Revardel, Jean-Louis
Revueltas, José
Revueltas, Silvestre
Reyes, Alfonso
Ricoeur, Paul
Rivera, Octavio
Robles Arenas, Humberto
Rodríguez Cano, Jorge
Rodríguez Galván, Ignacio
Rodríguez Lozano, Manuel

Rojas, Xavier
Romero de Terreros, Manuel
Romero, Lidya
Ruiz Ávila, Dalia

S
Sahagún, Fray Bernardino de
Sala Chica del Teatro del Estado
Salcedo, Hugo
Sánchez Chan, Feliciano
Sander Pierce, Charles
Sano, Seki
Santander, Felipe
Schechner, Richard
Schmidhuber, Guillermo
Scholz, Roland W.
Secretaría de Educación Pública (SEP)
Serrano, Antonio
Shaw, Georges Bernard
Shelley, Percy B.
Shevtsova, Maria
Sindicato Mexicano de Electricistas (SME)
Sirera, Joseph Lluís
Sna Jtz'ibajom, A. C. ("La Casa del Escritor")
Soares, Oldair
Solana, Rafael
Solórzano, Carlos
Soriano, Juan
Soto Islas, Blas
Stanislavski, Constantin
Sten, María
Strindberg, August

T
Takilhsukut, Parque Temático
Taller de Investigación Teatral de la UNAM
Taller de Teatro de la Universidad Autónoma de Sinaloa (TATUAS),

Tamayo, Rufino
Tavira, Luis de
Teatro 21
Teatro Antropocósmico
Teatro-Comunidad
Teatro Conasupo de Orientación Campesina
Teatro de Ahora
Teatro de alto riesgo
Teatro de Arte Moderno
Teatro de la Universidad
Teatro de las Artes-Teatro de la Reforma
Teatro de las fuentes
Teatro de las trece filas
Teatro de medianoche
Teatro de Orientación
Teatro de Orientación Campesina de CONASUPO
Teatro de Ulises
Teatro del Murciélago
Teatro Estudiantil Autónomo
Teatro Experimental Guerrerense Universitario (TEGU)
Teatro indígena de la UABJO
Teatro Musical de la Habana
Teatro Popular Urbano
Teatro Popular de México
Teatro Popular del INEA
Teatro Popular Independiente.
Teatro Portátil Tayita
Teatro Sintético
Tehuantepec (Grupo teatral)
Tenochtitlán
Tlatzilini (Grupo teatral)
Toor, Frances
Toriz, Martha
Toro, Alfonso de
Toro, Fernando de
Torrunco Saravia, Geney
Tovar, Juan

Trabajadores del teatro
Trejo Luna, Gerardo
Treviño, Medardo
Turner, Victor

U
UNESCO
Unidad Regional de Culturas Populares
Unión de Autores Dramáticos
Universidad Autónoma del Estado de México (UAEM)
Universidad de Guadalajara
Universidad de Perpignan
Universidad de Vincennes
Universidad de Yale
Universidad Degli Studi
Universidad Nacional Autónoma de México (UNAM)
Universidad Veracruzana (UV)
Universidad Veracruzana Intercultural
Usigli, Rodolfo
Utopía Urbana (Grupo teatral)

V
Valdés Kuri, Claudio
Valencia, Rodolfo
Valenzuela Valdés, Sergio
Valeriano, Antonio
Valle Arizpe, Artemio
Vargas, Jorge
Vega, Lope de
Velázquez, Diego
Villa, Francisco
Villarreal, Alberto
Villaurrutia, Xavier
Villegas, Carlos
Villegas, Juan
Villegas, Óscar
Villegas, Rafael

Villoro, Luis

W
Waldeen
Waleska, María
Weinsberg, Iona
Weisz, Gabriel

X
Xóchitl (Grupo teatral)
Xochihua Ramírez, Santos

Y
Yaregui, Mariela

Z
Zapata, Emiliano
Zapata, Martín
Zarra, Raúl
Zepeda, Eraclio

Argus-*a*
Artes y Humanidades / Arts & Humanities
Buenos Aires, Argentina – Los Ángeles, USA
2017

www.ingramcontent.com/pod-product-compliance
Lightning Source LLC
Chambersburg PA
CBHW020628220526
45464CB00001B/66